汉学先驱巴耶尔

[丹] 龙伯格 著
王丽虹 译

著名汉学家研究丛书

中原出版传媒集团
大地传媒
大象出版社
· 郑州 ·

图书在版编目(CIP)数据

汉学先驱巴耶尔 / (丹) 龙伯格著; 王丽虹译.— 郑州 : 大象出版社, 2017. 10
(著名汉学家研究丛书)
ISBN 978-7-5347-8706-5

Ⅰ. ①汉… Ⅱ. ①龙… ②王… Ⅲ. ①巴耶尔(1694~1738)—生平事迹 ②汉学—研究—德国 Ⅳ. ①B979. 951. 6②K207. 8

中国版本图书馆 CIP 数据核字(2015)第 307733 号

著名汉学家研究丛书

汉学先驱巴耶尔

HANXUE XIANQU BAYEER

龙伯格 著

王丽虹 译

出 版 人 王刘纯
责任编辑 徐淯琪
责任校对 裴红燕 毛 路
封面设计 王莉娟

出版发行 大象出版社(郑州市开元路 16 号 邮政编码 450044)
发行科 0371-63863551 总编室 0371-65597936
网 址 www.daxiang.cn
印 刷 洛阳和众印刷有限公司
经 销 各地新华书店经销
开 本 787mm×1092mm 1/16
印 张 16.25
字 数 257 千字
版 次 2017 年 10 月第 1 版 2017 年 10 月第 1 次印刷
定 价 45.00 元

印厂地址 洛阳市高新区丰华路三号
邮政编码 471003 电话 0379-64606268

献给 Tua

鸣 谢

在研究巴耶尔及其汉学成果的过程中,本人得到来自个人及机构的帮助和指导。感谢美国爱荷华州锡达·拉皮兹(Cedar Rapids)寇伊学院(Coe College)的孟德卫(David E.Mungello)教授,他身为汉学专家,阅读了手稿并提出了宝贵意见;感谢阿胡斯(Aarhus)的彼得·特科尔森(Peter Terkelsen)硕士,他不厌其烦地校对了《中国博览》(*Museum Sinicum*)序言部分和巴耶尔著作的其他几个部分的翻译。还要感谢阿胡斯大学东亚研究室的讲师顾尔素(Else Glahn)夫人、安妮·威德尔-威德尔斯伯格(Anne Wedell-Wedellsborg)和陈献春(Chen Xianchun)等人,以及哥本哈根大学东亚研究所的易家乐(Søren Egerod)教授和讲师李来福(Leif Littrup)先生,他们帮助我解决了一些汉语语言方面的问题。尚蒂伊(Chantilly)“封丹”(Les Fontaines)图书馆的档案专家荣振华(Joseph Dehergne)神父多年来在很多方面给予我帮助,为此我深表谢意。

阿胡斯国立图书馆、柏林皇家图书馆、哥本哈根各大学的图书馆、巴黎国家图书馆、尚蒂伊“封丹”图书馆、柏林原联邦德国普鲁士文化国立图书馆、柏林原民主德国国家图书馆、罗马梵蒂冈使徒图书馆、列宁格勒科学中心档案馆等机构的管理人员和图书资料员为我提供了热情有效的帮助,使我受益匪浅。我很高兴并很荣幸地向他们所有人表达我的谢意。

我要特别感谢格拉斯哥大学图书馆特别文献部助理馆员大卫·J.威斯顿(David J.Weston)先生,他指导我一步步研究他本人整理分类的格拉斯哥图书馆巴耶尔文献部分。

前 言

我写这本书是希望能增加我们对 17 世纪末和 18 世纪初欧洲汉学的了解,尤其是了解中欧和东欧汉学的诞生及其早期研究情况。

本书介绍了台奥菲鲁斯(哥特利布)·希格弗里德·巴耶尔一生的汉学研究。巴耶尔一生短暂,前半生在东普鲁士的一个古老的文化学术中心康涅斯堡工作,其生命的最后 12 年于当时新成立的圣彼得堡帝国科学院度过。

在巴耶尔生活的那个时代,欧洲的哲学家们热爱中国,社会各阶层对中国形形色色的事物非常热衷。当时耶稣会虽然势力强大,但事实上他们受到普遍攻击。在华耶稣会士们在书中把中国描绘成"天国"形象,然而对此驳斥的声音也时有所闻。从仰慕中国到鄙视中国,这一潮流的逆转出现在 18 世纪中叶,到 18 世纪末达到了登峰造极的程度。

然而,巴耶尔自始至终并不崇尚中国——他最后一部著作可能加速了欧洲汉学热的衰落。巴耶尔最初只是对海路尚未开辟以前的印度以及亚洲的基督教会的历史怀有深厚兴趣。巴耶尔是一个虔诚的基督教徒,也是一位优秀的、训练有素的人文科学工作者。他开始对福音书和基督教义广泛传播的亚洲南部和东部,尤其是叙利亚和埃塞俄比亚地区的语言产生兴趣。

基于巴耶尔出版的著作及其手稿和信件,本书将探讨他如何开始汉语语言和文献的研究工作,以及他在各种冲动的驱使下为这项事业献出其毕生精力的学术历程。

目前,巴耶尔的汉语研究成果中唯一为人所知的——而且也只是知道一个书名而已——就是他的《中国博览》一书。他后期的汉学著作可能没有多少人知道,其中一个原因是他的大多数著作仅发表在圣彼得堡帝国科学院的年刊《圣彼得堡帝国科学院评论》(*Commentarii Academiae Scientiarum Imperiatis Petropolitanae*)上。

《中国博览》的前 100 页为序言,介绍巴耶尔汉学研究历史,从他最初对 17 世纪汉语研究的了解和认识开始,到最后以类似一种汉学研究自传的形式结束。本书翻译了这一部分,将其呈现给读者,因为它生动地展现了早期所谓“汉学研究”的状况。在当时,与其说中国令人欢愉和满足,不如说欧洲出于猎奇的心理而对她充满向往和渴望。

龙伯格

汉字二三言

在这本书里,某些简单的有关汉语的词语和概念反复出现。为了使那些对汉语一无所知的读者能更好地理解,下面对其做一个简要介绍。

众所周知,汉字不用字母或音节符号书写,而是由线条和笔画组成。大部分汉字据说包括两个不同的要素:一个要素通常被称作部首,经常但不总是代表或表示汉字的字义;另一个要素是声旁,在很多情况下只是近似地给出字的读音。

随着时间的推移,被称作部首的要素在数量上发生了变化,但是从 17 世纪到最近,214 个部首系统已被广泛接受并在汉语字典里普遍使用。在这些字典里,每个字都有一个部首作为这个汉字的一部分。但是在这方面也有某些任意性,因为很多汉字包含了不只一个部首。传统上被认为是"从属于"这个部首的汉字在字典里根据线条或笔画,从 1 画到 20 多画,都列在这个部首项下。

欧洲第一本汉语-欧洲语言字典——《汉语、法语和拉丁语词典》(*Dictionnaire chinois, français et latin*),1813 年在巴黎出版——就是以这样的方式编排的。从那以后,学汉语的学生使用的字典大多数根据汉字读音的字母表顺序编排,但它们都有一个部首索引。在索引里,根据上文提到的 214 个部首系统编排汉字。这个系统非常有必要,因为即使不知道一个字的读音,也能根据它查找到这个字的字义。

在本书里,我们将看到很多关于汉字、偏旁部首和语音,尤其是关于汉语字典方面的介绍。巴耶尔一生自始至终认为字典的汉字编排是汉学研究中最重要的部分。为什么巴耶尔从来就没有真正理解字典中排列的单个汉字的结构和意义?我们将对这个问题作出解释。巴耶尔相信在汉字的混乱表象下存在着一个系统。由于历史的原因,他感到汉语出了问题——中国人已经忘记了这个系统,而这一系统将由包括他本人在内的欧洲语文学家来重新发现。

至少在原理上可以说汉字的读音都是单音节的,尤其是较古老的形式。

音节的数量有限,但是每一个音节都有所谓 4 个声调,每一个声调变化都会引起意义上的改变。然而,巴耶尔从未有机会研究汉语的声调系统。

展开西方早期汉学的丰富画卷

如果把1814年12月11日法兰西学院正式任命雷慕沙为“汉、鞑靼、满语言文学教授”作为西方专业汉学诞生的标志，那么我们可以把从《马可·波罗游记》前后直到耶稣会入华这一段时间称为“游记汉学”时期。这期间有不少作品在西方也产生了持久的影响，如元朝的《柏朗嘉宾蒙古行记》、大航海以后拉达的《记大明的事情》、平托的《平托游记》、皮尔资的《东方志》等，其中以门多萨的《中华帝国史》为其发展的顶峰。这些作品的基本特点是仅停留在对中国表面的报道上，尚不能深入中国文化的内核之中，故以“游记汉学”给以概括应较为准确。

1583年耶稣会士罗明坚、利玛窦正式入华，并在中国腹地肇庆建立了第一所天主教教堂——“仙花寺”，从此拉开了中西方文化交流的帷幕。1601年以利玛窦进京为标志，天主教在中国站稳了脚跟，一个“传教士汉学”时期就此开始了。由于入华传教士大都遵循利玛窦的“合儒排佛”，适应中国文化的路线，他们读中国古书、念儒家经典、广交朝野文人，努力以中国的语言和传统去传播基督教，取得了文化交流史上前所未有的成就。从罗明坚开始到最后一名耶稣会士钱德明，这些入华耶稣会士及其他修会的传教士用中文写出的中文著作有千部之多。另外，他们使用各种西方语言，或介绍，或翻译，或研究，亦写了近千部的著作、报告和通信。

这些著作或通信明显区别于“游记汉学”时期的著述。原因有二：一是大多入华耶稣会士能用中文写作，当然也少不了中国文人的润笔；二是其中不少入华耶稣会士对中国的研究已相当深入，像后期的刘应对中国哲学的研究、宋君荣对中国天文学史的研究、冯秉正对中国历史的研究，就是许多当代的汉学家也是望尘莫及的。但这一时期汉学仍在传教学的框架中生长，中国还尚未被当作一个实证的、科学的对象，研究者基本上都是教内学者和传教士，汉学研究尚未成为学术职业，所以，以“传教士汉学”加以概括较为合适。

这样我们可以看到，西方汉学大体经历了“游记汉学”“传教士汉学”“专业汉学”三个时期。我这里所说的西方早期汉学主要指“传教士汉学”。这一时期的汉学研究较之“游记汉学”时更为可靠、更为准确，我们研究这一时期的西方汉学在学术史、思想史上都有着十分重要的意义。

经过这几年的研究，我们逐步认识到在“游记汉学”和“专业汉学”之间，仅仅用“传教士汉学”来概括是不够的，因为尽管这一时期在西方研究中国文化的主体是来华的传教士，但同时在欧洲也有一批研究中国文化的学者，如这本书所提到的巴耶尔、门采尔、米勒等，这批人以德国人为主，还有英国的约翰·韦伯，后来还有法国的傅尔蒙、弗雷烈等人。这样，我现在感到将这一时期的西方汉学研究仅仅称为“传教士汉学”不妥，而将这一阶段称为“早期汉学”阶段较为合适，早期汉学既包括传教士汉学，也包括在欧洲专业汉学兴起前从事中国文化研究的学者。

我和同事曾一起翻译的基歇尔的《中国图说》(*China illustrata*)几年前在大象出版社出版，这本书在欧洲产生的影响比利玛窦的《基督教进入中国史》大得多。基歇尔在早期汉学史中是一个具有双重性的人物。一方面他本人是耶稣会士，而且《中国图说》的主要材料也来自来华的耶稣会士，在这个意义上也可以将其归于传教士汉学之中。但另一方面，他并未来过中国，《中国图说》也并未呈现出明显的来华基督教传教士那样浓重的传教色彩，更多是欧洲早期东方学的学术路向。

在欧洲早期汉学史中，没有来过中国，也不是教会背景，但专门从事汉学研究的第一个人就是巴耶尔。

巴耶尔是17世纪德国汉学家中成就最高的一位，他出生于德国的一个新教家庭，从幼年时起就显示出卓越的学习才能，毫不费力地学会了拉丁语和希腊语，16岁时就被康涅斯堡大学录取。在那里他研究神学、哲学和希伯来文。1716年获得博士学位。毕业后他在德国游学，在柏林见到许多重要的东方学家，在皇家图书馆看到了门采尔留下的手稿，并收集了各种传教士著的关于中文的字典。从19岁起他就开始对汉语着迷，游学时和东方学家的接触也深刻地影响了他。1718年回到康涅斯堡后，他在市立图书馆做了一名图书管理员。作为古希腊和罗马史研究的专家，他出版了四本关于希腊和罗马史的著作，同时，他还保持着自己对汉学的热爱，同年出版了他的第一部汉学专著《中国日食》(*De Eclipsi Sinica*)。

1726年2月，巴耶尔接受了俄罗斯圣彼得堡帝国科学院的邀请，担任那里的希腊和罗马古代历史研究主席，从此开始了他在圣彼得堡的生活。

"1730年以后,巴耶尔越来越沉浸在汉学研究上,导致他在帝国科学院的职位发生了变化。1735年,帝国科学院决定让一位年轻的德国古典派学者约翰·乔治·洛特(Johann Geoge Lotter,1702—1737)取代巴耶尔古希腊罗马历史研究主席的职位,而巴耶尔则成为古代东方学的教授。"[①]这样,巴耶尔成为欧洲历史上第一位职业的汉学家。1730年他在圣彼得堡出版了他的汉学研究代表作《中国博览》,这是一部两卷本的"汉语教科书",虽然从今天的水准来看其十分肤浅,"但它是在欧洲印刷的第一部关于汉语语言的著作"[②]。

《中国博览》的序言中巴耶尔用了近5万字讲述欧洲早期汉学的发生,主要是17世纪德国汉学发生的历史,这一段叙述说明了巴耶尔作为欧洲最早的汉学家开始有了一种学术的自觉,有了一种很明确的学科意识。这样的一种汉学史的回顾在欧洲学术史上是第一次。他第一次将汉学作为欧洲东方学的一个重要部分,并将汉学的研究和欧洲学术史上的中亚史以及马可·波罗的研究相联系,从而使欧洲的学术界认识到汉学研究与欧洲的关系及其自身的独特性。

《中国博览》的序言后有两卷,第1卷有两部分。一部分是研究汉语语法的,巴耶尔将收集到的卫匡国的语法和柏应理的语法作为基本材料加以研究。第二部分是他在柏林皇家图书馆找到的一本漳州方言的语法。巴耶尔将其誊写下来,想告诉读者中国方言的特点。在这两部分之后,他还将收集到的米勒的《汉语关键论题》以及《传教士给巴耶尔的信》《米勒关于中文的信》作为三篇单独的文章附在后面。

《中国博览》的第2卷"包括两本字典和一些文章。在第一本字典里,我描述了汉字应该怎样分类及如何根据其构成要素进行查找。我本想以更准确的方式来处理这些问题,可要做到这一点,就得弄出一本800000汉字以上的巨著来,而这既非我的意图也非目前的手段和方法所能办到的。事实上,到现在我仅收集了10000多个字,就连这些我也不敢全部铺列在这本书中,以免书的印刷成本因此而更加高昂"[③]。这个字典有42张镌刻汉字的版和119页对照音译和意译表。最后是三篇配合学习语言的文化资料:第一篇是他从殷铎泽在果阿出版《大学》译本后所附的《孔子传》的短文;第二篇是他

---

① 参见本书第22—23页。
② 参见本书第23页。
③ 参见本书第93页。

对柏应理主编的《中国哲学家孔子》所做的修改,柏应理原计划在巴黎版上刻上中文,后来有困难没做成,巴耶尔在《大学》这篇文献中配上了汉字,同时,还做了注释;第三篇是曾被他使用过的《小儿论》,他也对这篇文章做了注释,加了汉字。

《中国博览》是当时欧洲汉学文献的集合,巴耶尔几乎找到了他所能找到的所有的有关中文的语言资料和文献,无论在内容上还是在解释的深度上,巴耶尔都已经大大超过了他的学术前辈——米勒和门采尔。

巴耶尔的汉学研究反映了那个时代的特点就是,当时的汉学研究是在中国本土和欧洲同时展开的。在中国的耶稣会士们在书写着他们的传教士汉学,而巴耶尔在圣彼得堡书写着欧洲本土汉学。巴耶尔也许是当时在欧洲的本土汉学家中和在中国的耶稣会士汉学家联系最多的汉学家。他本人与北京最有名望的耶稣会传教士建立了私人联络。这些人是宋君荣、巴多明、戴进贤、徐懋德、严嘉乐等,在北京的耶稣会士接纳了他并经常在信中激励他,送给他中文书籍和字典来帮助他。"巴耶尔,这位欧洲的汉学先驱,是入华耶稣会汉学家的学生,起先他们之间的联络是间接的,随后便是直接友好的接触。"①正是在巴耶尔这里我们看到经过传教士汉学这个环节,东方的知识如何传递到西方,并逐渐催生了西方早期的汉学研究。

巴耶尔被称为欧洲第一个职业汉学家。他与雷慕沙的区别在于,当时他在圣彼得堡的位置尚未像雷慕沙的位置那样明确,他基本上是在传统的东方学范围内展开中国研究,他研究的路向仍然受到传教士的重要影响,而没有像雷慕沙那样开辟新的研究方法。同时,他的学术成就自然也没有雷慕沙大。他可以说是欧洲早期汉学中,欧洲本土汉学研究的一个重要代表人物,是欧洲本土汉学研究的奠基人物。

对西方学术思想史来说,欧洲早期汉学的研究至少有两层意义。就学术而言,"欧洲早期汉学"奠定了1814年以后的专业汉学诞生的基础。雷慕沙1815年1月16日在法兰西第一次开汉语课时,用的是马若瑟的《汉语语言札记》的手稿,而德经则一直保持着与宋君荣的联系,并将整理宋君荣的遗稿作为其研究任务,法国19世纪东方学的巨头们则一直关注着传教士汉学名著《中国杂纂》最后一卷的出版。就是说"专业汉学"在其诞生的初期,其学术文献和资料都是在传教士汉学的基础上发展起来的。今天西方汉学

---

① 参见本书第143页。

已成为西方庞大学术体系中的重要一支,我们若要把握好西方汉学发展的历史、来龙去脉,则非要从欧洲早期汉学入手不可,因这是其整个学科的根,其全部基础。

从思想史来看,西方早期汉学已构成西方近代思想文化变迁的重要因素。自大航海以来,西方文化在精神侧面一直在发生着变迁,神奇的东方也一直是西方文化关注的方向。尤其是经"礼仪之争"之后,中国一下子搅动了整个西方。耶稣会、道明会、巴黎外方修会及其他入华各个修会的传教士纷纷著书写文,申辩自己的立场,一时间闹得沸沸扬扬,以至于当时的法国人对中国各省份了解得甚至比对法国本土还要多。这期间西方早期汉学的文献发挥着重要的作用。当时法国最伟大的历史学家圣西门说"这场礼仪之争产生了惊人的后果"。

"惊人后果"之一,就是一批启蒙思想领袖利用传教士汉学成果,发挥中国文化中特有的精神特质,如重人伦轻鬼神的自然神论倾向、确实的历史纪年的历史观等,用中国的精神之火来焚烧欧洲中世纪的城堡、抨击中世纪的神学。在伏尔泰那里,孔子是理性的象征;在莱布尼茨那里,宋明理学是自然理性的佐证。在这些进步思想家手中,中国传统思想被剥离与解释成为其战斗的武器和旗帜。

"惊人后果"之二,就是引发了持续将近一百年的欧洲"中国热",中国文化已不仅仅是在思想家的书斋中孕育,催生出启蒙的思想,而且在大众生活中也成为一种时尚:喝中国茶,用中国瓷器,看中国皮影戏。魁奈甚至把中国的重农思想作为其经济学的主张,鼓动了法国国王学习中国皇帝春天举行扶犁示耕仪式,以示对农业的重视。

在这个意义上,欧洲早期汉学实质上是近代欧洲文化思想史的一个重要内容。若不从欧洲思想本身的变迁来研究这批文献,就无法评估其真正的价值和意义。

若将"欧洲早期汉学"对东西两方的意义放在一个统一的历史进程中加以考察,我们会得出更为深刻的结论。一般认为世界近代化的过程就是西方资本向外扩张的过程,地中海的文明就是近代文明,一部世界近代史就是南北美洲和亚洲向欧洲俯首称臣、向其学习的过程。但西方人给予我们的这一套世界图景是否真实?在经济学上美国学者弗兰克对此提出了挑战,他的《白银资本:重视经济全球化中的东方》是想说明,在哥伦布、达伽玛以前就有一个世界体系,其中心是亚洲,是中国和印度,并不是欧洲。他以当时白银的全球流动证明了这一点。尽管弗兰克的观点还有待完善,但他的确恢复了一个从19世纪以后一百多年来西方人所忽略的事实:1500—1800年间中国在全球体系中居于中心地位,当时中国的富强与国力是欧洲无法相比的。以1960年的美元价格做计算,英国1700年人均收入150—190美元,法国1781—1790年人均收入170—200美元,印度1800年人均收入160—200美元,日本1750年人均收入160美元,而中国1800年人均收入228美元。这些数字是布罗代尔所提供的。他也认为当时欧洲决不像人们所想象的那样强大。其实早在弗兰克以前就有一个美国学者对这个问题展开了深入的研究,这就是芝加哥大学的拉克。他毕尽一生学术精力所写的皇皇大作《在欧洲形成时期的亚洲》证明:世界一直是一个互动的体系;欧洲在形成近代观念、走向近代社会的历程中并非一枝独秀,欧洲人也并非比亚洲人高明多少。在他看来,世界的近代体系既是一个欧洲影响亚洲的过程,也是一个亚洲影响欧洲的过程。

如果说《白银资本:重视经济全球化中的东方》从经济上证明了东西方的互动与亚洲的经济中心地位,那么由耶稣会入华所开启的西方早期汉学则证明,自观念形态上而言,世界近代的思想并非只属于欧洲,或者说西方早期汉学的存在说明并非只有欧洲的观念才与现代社会相符合,亚洲的观念就与近现代社会格格不入。历史并不是这样的。

如果沿着这个方向思考,就会发现我们现在所赖以解释世界体系的理论,我们现在所用以说明东方与西方关系的观念,我们长期以来解释中国近代史的理论框架都是很成问题的,因为几乎全部的论点都是从"欧洲中心主义"这个基点上推演出来的。如何从欧洲的"路灯光影"以外重新评说今天的世界成为一个大问题。而解开今日世界之谜,打破这种"欧洲中心主义"理论体系的一个重要环节就是对西方早期汉学的研究。

从这个方面来讲,无论是对中国,还是对欧洲,"西方早期汉学"的研究都是极为重要的学术论题,尤其是对重新理解世界体系,打破"欧洲中心主义"的理论框架有着重要的意义。

如何将这两个方向有机地结合起来,并通过实证性的研究与整个世界体系的研究融为一体,从而为重新了解中国与世界近代历史的发展探索新的方向,是"西方早期汉学"研究中的一个总体目标和原则。

本书的译者是北京语言大学的王丽虹老师,她出色地完成了翻译工作。丹麦已故学者龙伯格是欧洲早期汉学研究的重要学者,本书是他的代表作,将本书介绍给中国学术界,可以为我们展开一幅更为丰富多彩的欧洲早期汉学的画卷,使我们对中国文化在欧洲的传播和影响有更为深入的了解。

张西平

2015 年写于盛夏之中

中译者序

早在2003年年初,受北京外国语大学海外汉学中心之托,我接手翻译《汉学先驱巴耶尔》一书。他们的信任可能主要来自我曾经在作者的故乡丹麦学习过。由于初涉汉学领域,忐忑之状可想而知。其间,来自汉学中心同人的鼓励和多方帮助使我在知识背景与时间精力皆有所不逮的情况下历经一年多时间,完成译文初稿,后几经修改,终于在2004年10月我赴英国访学前,将译文交到海外汉学中心,但不乏惭怍,因实属汉学研究的门外汉,且仍留有大量拉丁语书名待译。多年在国外忙于学业,间或有来自中心和出版社的通信,对译文体例和图文格式提出意见和建议,但受时空之所限,往往未能及时佐助。疏于顾及《汉学先驱巴耶尔》一书出版的主要原因是此书版权问题一直没能及时解决,由于原出版社已经不复存在,作者龙伯格先生去世后版权所属为其后代,而一时又很难联络上其在丹麦的亲属,就这样译本又是几经搁置。

时隔数载,自2011年至今我有幸受命于国家汉办和北京语言大学被派往美国工作,任乔治梅森大学孔子学院中方院长,肩负着传播中华文化和海外汉语推广的光荣使命,这也再一次拉近了我与海外汉学研究的距离。2014年,我在十五年之后再访哥本哈根,并有幸见到丹麦商学院孔子学院院长曹伯义和奥尔堡大学韩涛声先生,提起与丹麦的这份渊源,经两位帮忙终于找到龙伯格先生的外孙尼古拉·克劳森先生,克劳森先生欣然签署了版权使用的授权书。至此,十年未果的中文译本终于即将问世。

汉学中心的拉丁语专家百忙之中补译了大量拉丁语的书名,刘若梅教授、张明明老师在译著出版过程中都给予莫大帮助,中心主任张西平教授也非常关注此书的出版,拨冗作序,也嘱予作中译者序,在此谨向海外汉学中心的同人们致以谢忱。

一　龙伯格其人

关于丹麦汉学家龙伯格的中文资料在国内很难找到,1995年孟德卫先生在龙伯格逝世后写了一篇长长的悼文发表在当年的《亚洲研究杂志》第三期，才使我们得以近距离地认识这位丹麦学者。

龙伯格 1912 年 12 月 26 日出生在丹麦的一个富裕家庭。他的职业生涯大致可以分为三个阶段：20 世纪 30 年代他是巴黎超现实主义诗人；1946—1947 年在耶鲁大学做研究员；40 年代到 70 年代末一直从医。龙伯格在奥胡斯大学率领一支医疗小分队在糖尿病研究方面成果卓著，1979 年获得奥胡斯大学颁发的 Anders Jahre 医学奖。斯堪的纳维亚糖尿病研究协会还设有"龙伯格讲座"和"龙伯格奖"，表彰他在医学研究方面的特殊贡献。

然而，就是在他医学事业的巅峰阶段，龙伯格毅然转向了汉学研究。从 1980 年直至 1995 年去世，他是丹麦成就显著的汉学家。事实上，龙伯格对中国的兴趣始于 20 世纪 50 年代，当时，他活跃于中丹友谊协会并结识了当时中国驻丹麦大使馆文化参赞。他在 1960 年到 1986 年间多次访问过中国。据孟德卫先生讲，龙伯格对汉学研究的兴趣确实与日俱增。龙伯格与很多青年汉学家保持通信，分享汉学成果，鼓励他们钻研进取。年逾古稀，他与小他四五十岁的年轻人同坐在奥胡斯大学的中文课堂上学习古汉语。龙伯格翻译和撰写了四部汉学著作，即《汉学先驱巴耶尔》(1986)、《从 17 世纪耶稣会士手稿看汉语书写的历史》(1988)、《马若瑟(1666—1736)：汉语语文学与索隐派》(1991)，并翻译了邵雍的《渔樵问对》(1986)。另外，他在《中西文化关系历程》(*Sino-Western Cultural Relations Journal*)、《思想史》(*Journal of the History of Ideas*)等多种期刊上发表汉学文章 20 余篇，并积极参加每三年一届的在巴黎郊外尚蒂利召开的国际汉学大会。

龙伯格对汉学研究的独特方法来自他在自然科学方面接受的训练。他研究的题目具体明确、针对性很强，都能在两年内完成——这是他医学研究的时间框架。他给自己制定的汉学研究计划是从 17 世纪至 18 世纪再到 19 世纪一脉贯穿下来，他也的确是这样做的，他本打算写一部 19 世纪法国汉学家雷慕沙专著，只是天不假年，未能完成夙愿。季羡林先生曾说："西方学者接受近现代科学方法的训练，由于他们置身局外，在庐山之外看庐山，有些问题国内学者司空见惯，习而不察，外国学者往往探骊得珠。"龙伯格就是这样一个经过严格的西方科学方法训练出来的学者，有好多独到发现。例如，他从 1687 年在巴黎出版的《中国哲学家孔子》一书中发现耶稣会士的翻译很大程度上依赖 16 世纪的大学士张居正(1525—1582)的评注，这一发现让研究张居正的中国学者都为之一振。在追踪在欧洲出版的中国汉字中的一些不寻常的字的来源时,龙伯格发现广为流传的基歇尔的《中国图说》中的汉字并非如很多人以为的来自突发奇想而都是基于一类中国书籍,其中一本就是《万宝全书》,这本书就保存在巴黎国家图书馆内。

孟德卫先生说龙伯格在奥胡斯的公寓的橱柜里放的不是盘子而是书,他的这些小小怪癖也增加了他特殊的人格魅力,他不看电视,每天只听十分钟的收音机。与第一任妻子离婚后,他从一个七间卧室的公寓搬到一个两间卧室的小公寓,他的书也从6000本减至300本,并给自己定了一个严格的规矩,即只要新增一本书,就要扔掉一本书。他大部分的汉学书籍都赠予了奥胡斯大学的东亚研究所。1995年3月23日,龙伯格平静安详地在彼科勒(Birkerod)的寓所辞世。

二 《汉学先驱巴耶尔》一书

巴耶尔是西方早期本土汉学及专业汉学研究的重要人物。他不仅是古代文献专家,同时也是历史学家、语文学家和东方学家。《汉学先驱巴耶尔》一书是龙伯格基于巴耶尔出版的著作、手稿和信件,以专著形式描述巴耶尔如何开始汉语语言和文献的研究工作并在各种驱动下为这项事业献出其毕生精力的学术历程。

巴耶尔一生都在汉语这片艰难的领域里辛苦耕耘,写出了一批汉学著作,生动地呈现了早期欧洲"汉学研究"的状况,但其几乎所有著作都是用拉丁语写的——不仅他的汉学研究成果用拉丁语写就,他本人与北京的耶稣会士之间的通信也是使用拉丁语,而且他的拉丁语著作频繁引用希腊和拉丁经典作者的文章,使得他的著作更加晦涩难懂。龙伯格做了大量的文献考察,将巴耶尔重要的汉学著作和研究成果翻译成英文,并做了大量注释,提供了翔实的背景资料,使更多的读者了解巴耶尔这位汉学先驱及其著作。巴耶尔的汉语研究成果中唯一为学术界所知的是其《中国博览》,此书于1730年在圣彼得堡出版,是在欧洲印刷的第一本有关汉语语言的著作,其长长的序言回顾了欧洲早期汉学的历史,龙伯格将其近乎完整地再现给读者。

如果说巴耶尔的《中国博览》一书多年来人们也只是知道书名而已,那么巴耶尔后期的汉学著作,如《中国日食》、《中国时间》(*De Horis Sinicis*)以及他与北京耶稣会士之间的通信和圣彼得堡帝国科学院《论文集》中的文章等更是鲜为人知。早在1718年,回到康涅斯堡后,巴耶尔在担任康涅斯堡市立图书馆管理员时就出版了他的第一部汉学专著《中国日食》,书虽只有40

页但讨论了一个备受关注的问题，即公元 31 年在中国观察到的日食与《旧约》中说的“哥尔撒天空一片黑暗(darkening of the sky over Golgatha)”(《路加福音》23 章)之间的关联(巴耶尔论证的结论是二者并无关联)。《中国时间》发表于 1735 年，是一部了不起的著作，不仅讨论了早期中国人的时间和日期，还解释了《易经》的八卦图和六十四卦，显示了巴耶尔在汉语语言和对中国问题总体研究上取得了重要进展。巴耶尔去世后，《圣彼得堡帝国科学院评论》发表了他的文章《字汇》和《春秋》，虽然翻译和印刷错误非常多，但这些文章对欧洲萌芽期的汉学研究也是一项重要贡献。正如龙伯格所言，把巴耶尔的《春秋》译文与理雅各或顾赛芬的现代译本进行比较，既不公正也无意义。

龙伯格在介绍巴耶尔的著作的时候，也对其灵感来源、其对汉字本质和汉语语法的认识，以及巴耶尔汉语字典给予中肯评价。例如，巴耶尔一生自始至终认为字典的汉字编排是汉学研究中最重要的部分，但他从来就没有真正理解字典中排列的单个汉字的结构和意义，龙伯格的这本著作对这个问题的原因也作出了解释。

闫纯德先生曾形象地比喻汉学是文化的“混血儿”，是漫长的中国历史文化和外国历史文化撞击之后派生出来的一种特殊的学问，也暴露出在西方本位主义文化背景的制约下西方人对中国文明认识的偏颇。从这部著作中读者既可以看出西方汉学在汉语语言这个领域所走的弯路，如从宗教的角度追寻汉语作为“原初语言”以及从西方语言和认知的角度审视汉语，异想天开地要找到打开这种神秘语言大门的“汉语钥匙”，也可以看到早期欧洲汉学家对中国不切实际的印象、认识和评价：一方面在华耶稣会士们在书中把中国描绘成充满无限智慧的礼仪之邦，一幅“天国”形象；另一方面，也有反耶稣会士的学者和神职人员对中国道德和政治学说以及中国文献诋毁和蔑视，认为根本没有体现一个民族的智慧和理性。面对同时代欧洲学者对中国典籍表现出来的毁誉参半的现象，巴耶尔也委婉地表达了他的观点：“我不想说中国书籍和著作集没有体现中国人的理性和智慧，但是我的确认为欧洲著作更具有创造性和判断力，而且我相信中国人也会同意我的观点。”

张西平先生对巴耶尔汉学研究给予了高度评价，如其在前言中所讲，巴耶尔第一次使欧洲的学术界认识到汉学研究与欧洲的关系及其汉语研究自身的独特性，表现出明确的学科意识和学术自觉，尽管他对汉语孜孜研究取得的成果在如今看来是那么的有限。总之,此著作以中文版本呈现给读者会有助于学界对巴耶尔其人及其汉学著作做出公允评价,并确定其在汉学研究历史上应得的地位。

三　译著之挑战与折中

虽然国内对欧洲汉学的研究已有数十载,翻译著作成果也很多,但在翻译的规范性和准确性方面良莠不齐,再由于译自不同的欧洲语言,无论在历史文化的还原方面,还是专有名词特别是人名、书名的规范统一方面还存在不少的问题,这对并不专业从事汉学研究的译者提出更多挑战。我需借助多种文献工具书来比较对照以确定哪个译文是在此领域通用的翻译。然而,即使在公开发表的论文著作和学术文献里,人名及书名的翻译也都不统一,有时还相去甚远,例如意大利人 Giovanni del Pian del Carpine 的拉丁语名字写作 Johannes Plano Carpini,所以文献中有译作“柏朗嘉宾”,也有译作“卡尔平尼”或“普拉图 · 卡尔平尼”,他的著作 *Liber Tartarum*,有的译为《蒙古史》,也有的译作《蒙古行纪》或《柏朗嘉宾蒙古行纪》。再如,米勒的著作 *Proposition for a Key to the Chinese Language*(也作 *Propositions for a Clavis Sinica*),学界普遍译作《汉语关键论题》,但考虑到当时欧洲哲学家和东方学家对打开汉语大门的钥匙的苦苦求索,我姑且把其译作《汉语钥匙论题》,感觉似乎更能还原当时的历史文化背景。同样,法国特雷武出版的科学与人文历史学术期刊 *Journal de Trévoux*(常写作 *Mémoires de Trevoux*),有的译作《特雷武报》或《特雷武日志》,有的译作《特雷武文集》,甚至《特雷武回忆录》等,明确了它是当时一个学术月刊,因此折中译为《特雷武文集》。诸如此类的情况不胜枚举。因而,考虑到中文译名短时期在汉学领域还无法统一的情况,本书在翻译中刻意保留了人名和书名的英文或拉丁文的原文,以便读者查阅原始文献资料。

巴耶尔的著作《中国博览》,拉丁语书名是 *Museum Sinicum*, 字面翻译本该是《汉语图书》,因为巴耶尔此书的主要目的是探究汉语尤其是汉字的组合规律,且拉丁语“Museum”一词在当时的用法经常指藏书或图书馆,尽管如此,我认为译为《中国博览》也不为过,一方面因为此中文书名已在国内汉学领域被普遍引用,另一方面在内容上这部著作的确涉猎广博,收集了在那个年代巴耶尔所能找到的所有关于中国的文献和文字材料。最后,还需要指出的是,《汉学先驱巴耶尔》一书很大一部分,即《中国博览》的序言,是龙伯格直接从巴耶尔的拉丁语著作翻译成英语的，作为中文译者，我没有拉丁语的学养功底，完全依赖龙伯格的英文版本译成中文，或者说此中文部分是译文的译文，在忠实于原文语意和风格方面难免有不确切之处，这也是为什么有翻译永远是门令人遗憾的艺术的说法的原因吧。总之，译者初涉汉学领域，译文定有不足之处，谨望专家和读者批评指正。

于今执笔，喜愧交并，喜的是能为汉学繁荣尽绵薄之力，愧则自然是在此浩瀚领域无所建树，忝窃虚名。在此书付梓之际再读《汉学先驱巴耶尔》，犹如穿越时间的长河，沉浸在欧洲乃至整个世界对东方神秘的遐想中，聆听遥远国度回荡着郢书燕说的故事，体会其中的浪漫、钟爱与无奈。我相信巴耶尔作为早期汉学先驱对中国语言的痴迷和思考的文化意义远远大于其学术意义，即使在今天也有着无尽的韵味和光芒。

王丽虹

2015 年夏于弗吉尼亚

目 录

引言

第一部分 巴耶尔的生活

第二部分 早期汉语研究

第三部分 《中国博览》之后

引言

欧洲经院汉学

在欧洲经院汉学研究的大门里出现了两位卓越人物，一位是圣彼得堡帝国科学院的台奥菲鲁斯（哥特利布）·希格弗里德·巴耶尔[Theophilus (Gottlieb) Siegfried Bayer, 1694—1738]，另一位是铭文与美文学院（Academie des inscriptions et belles-lettres）的埃蒂恩·傅尔蒙（Étienne Fourmont）。巴耶尔的《中国博览》于1730年在圣彼得堡出版，这是在欧洲印刷的第一本有关汉语语言的著作。几年以后，傅尔蒙在巴黎出版了他的《汉语思索》（*Meditationes Sinicae...*, 1737）和《中华官话和文字的双重语法》（*Linguae Sinarum mandarinicae-hieroglyphicae grammatica duplex...*, 1742）。

他们两人的性格如此迥异，超出了人们的想象：一端是虔诚、腼腆的巴耶尔，一端是傲慢、刻毒的傅尔蒙。他们的境况也很不一样：巴耶尔就职于俄罗斯新成立的科学院，地处彼得大帝新建的首府，城市风格小巧现代；傅尔蒙所在的巴黎科学院历史悠久，闻名遐迩，是当时欧洲著名的学术心脏，是"艺术，军事和法律之母（mère des art, des armes et des lois）"。他们从事汉语研究的客观条件也大不一样：年轻的巴耶尔在柏林皇家图书馆只坐了不到半年的时间，抄录传教士编列的词表和早年耶稣会士的手稿及信件。1726年巴耶尔来到圣彼得堡时，那里既没有汉语书籍，也没有在华传教士的著作。他晚年虽受惠于知识渊博的北京耶稣会士们的建议和忠告，但是一封从圣彼得堡发出的信通常要一年或更长时间才能到达北京，得到答复也需同样的时间。而巴黎皇家图书馆收藏的大量汉语书籍可以任凭傅尔蒙使用，而且一个会讲法语的中国年轻人多年跟随在傅尔蒙身边，随时为他提供帮助。

埃蒂恩·傅尔蒙及其汉学著作曾被多次讨论，如雷慕沙（Abel Rémusat）在他的《汉文启蒙》（*Élémens de la grammaire chinoise*, 1822）、《新的亚洲杂志》（*Nouveaux mélanges asiatiques*, 1829）中，以及亨利·考狄（Henri Cordier）发表在《东方语言学院百年纪念》（*Centenaire de l'Ecole des Langues orientales vivantes 1795-1895*, 1895）上的长篇文章里都有介绍。

然而，这些讨论主要针对傅尔蒙的为人及道德品质，而对他的著作则因其离奇难懂而未加理会。傅尔蒙的两部巨著还有待于分析，其思想也有待于得到严肃认真的评价。

据我所知，除仅仅数页由弗朗兹·巴宾格尔（Franz Babinger）最早写于1915年的论文《哥特利布·希格弗里德·巴耶尔（1694—1738）：18世纪东方国家历史研究》(*Gottlieb Siegfried Bayer* (1694–1738) *Ein Beitrag zur Geschiche de morgenländischen Studien im18. Jahrhundert*)(以下简称《哥特利布·希格弗里德·巴耶尔》)外,就再也没有关于巴耶尔汉学著作的研究了。

描述巴耶尔在早期汉学历史上的地位之前,我们在此对欧洲汉学研究三大动力来源——在华耶稣会士的汉学研究、欧洲东方学家们的汉学研究、学者们对普遍哲学语言的探求——做一简要概括并无不当。

耶稣会士的汉学研究

汉学最宽泛的意思是对中华文明的一个或多个方面的严肃研究,它开始于17、18世纪传教士的研究。耶稣会士是第一批在华站稳脚跟的外国人,17世纪初就已经进入北京有影响力的阶层。他们的很多著作都极为畅销,被译成多种语言,向欧洲人展现这个广袤帝国的地理及其丰饶的自然物产,以及由礼贤下士的仁慈君主统治的政权组织。他们解释中国的哲学和宗教派别,描述中国人的习俗,阐释中华礼仪。

大多数耶稣会士的描绘显然是出于对世界另一端灿烂文化的真诚仰慕,但从17世纪中叶开始,有几个原因——首先最为突出的是耶稣会与其他传教组织之间的对抗和妒忌——导致欧洲人在某种程度上不相信耶稣会士笔下塑造的中国形象。

然而,耶稣会士的文章主要针对的是受教育的读者,这在当时营造了崇尚中国的强烈氛围。法国和英国的哲学家们竞相向他们敦厚的国民赞美这个堪称典范的国家,在欧洲市场上出现的无与伦比的瓷器和漆器为这股钦羡潮流推波助澜。

然而,有一类欧洲人还不满足:学识广博的语言学家,尤其是东方学家总是抱怨,耶稣会士,这些唯一有机会学习汉语的欧洲人,在其著作中却很少涉及汉语语言。他们这样抱怨是有道理的,因为事实上,一直到18世纪末,很多关于中国的著作对汉语语言的描写——如果我们略去抒情散文类的文章的话——总共不到10页。

耶稣会士们并不需要汉语语法或汉语字典,新到中国的传教士由熟手传授而成。尽管如此,人们很难摆脱这样一个印象,那就是,他们肯定是在守卫汉语语言这座迷宫,唯恐其他人读到中国书籍。可是,随着时间的推移,几个来到欧洲的耶稣会士终于泄露出一些秘密,两三本传教士们手写的字典被收入了大图书馆。但只有当《中国博览》出版后,欧洲读者才有了一本汉语语法、一本汉语字典。

巴耶尔把零散的资料收集在一起:有耶稣会士的书和信件,有早期热衷于中国文化的德国人写的小文章,还有柏林皇家图书馆保存的一本汉语-西班牙语词典。

东方学家

当巴耶尔开始他的学术生涯时正值18世纪初,这一时期"东方语言"指的是近东地区的各种语言,如希伯来语及其相关语言和方言、阿拉伯语、埃塞俄比亚语、科普特语、亚美尼亚语以及波斯语,这些语言已在欧洲很多大学里被认真地研究了一个多世纪,成果也令人满意。

17世纪东方语言的研究很大程度上得益于东方学家们多年从事多种语言版本《圣经》的翻译工作,例如巴黎《多语圣经》(1645)和伦敦《多语圣经》。在这些版本中,《旧约》部分每一页上不仅有古老的希伯来文,还有从图书馆和档案馆里摘录的希腊文以及其他东方语言的译文,并列在旁边。《巴黎多语对照圣经》版本除了希伯来语,还有阿拉米语(Aramaic,古代西南亚地区闪语族的语言——译者注),当时也称伽勒底语(Chaldeic)、撒马利亚语(Samaritan)、叙利亚语和阿拉伯语。在伦敦《多语圣经》版本里还有埃塞俄比亚语和波斯语。

这些辉煌巨著旨在辅助人们理解《圣经》,但其无疑也是对广博语言知识的一种炫耀。当时,对晦涩的、近于迂腐的希伯来语《圣经》进行研究,并与较好的译文做比较被认为还是有用的。但是很明显,这也为独立研究东方语言提供了手段,比如我们看到一些作者同时合作出版了多种多语词典。对东方语言的研究就是这样渐渐地从给《圣经》注释中脱离出来,越来越被看作是一门了解历史的学科,就像地理学、钱币学的研究一样。这些作者的研究视点通常不像我们所说的那种纯语言研究,不属于19世纪的比较语言学研究范畴,但比较的理念贯穿始终。他们所使用的词是"和声研究",多与"词源研究"有关,如由约翰·恩里克·霍汀格(Johann Heinrich Hottinger)所著的东方词源学研究著作《远东语源字典或七种语言和声字典》(*Etymologicum orientale sive lexicon harmonicum heptaglotton*...,1661)就是这样一部著作。

在巴耶尔《中国博览》的序言里我们会接触到几位17世纪,以及和巴耶尔同时代的著名东方学家。他们中的大多数都是以这样或那样的方式探索汉语奇特的"象形字"之谜。

巴耶尔本人既是或即将成为汉学家,同时也是一位东方学家。在他出版的著作里有很多阿拉伯语、波斯语和叙利亚语文章,后期的一些文章涉及中亚地区的语言——蒙古语、藏语和满语。从与很多欧洲学者及在北京的耶稣会士之间的大量信件中可以看出巴耶尔对这些奇特课题充满了热情。

但本书没有涉及他在这些方面所付出的努力。

原初或完美语言

除传教士的汉学热情和东方学家的辛苦工作之外,关于原初或完美语言的猜测和思考也是新兴汉学研究的一大动力。

在巴耶尔的《中国博览》的序言里,我们会发现巴耶尔讨论了对"原始"语言的各种各样的假设——当然,多数人认为"原初语言"是希伯来语,但是也有其他假设,如有人认为是哥特语或者汉语。

由于人们所知道的语言中似乎没有一种是理想的语言,因此出现了有关创造一个完美的语言交际系统的思考。约翰·威尔金斯(John Wilkins)主教花费多年时间研究这一课题,并出版了一本备受世人仰慕的巨著,但仅此而已。格特弗里德·威廉·莱布尼茨(Gottfried Wilhelm Leibniz)一生都在梦想发明一种普遍语言,乔治·伯恩哈德·比尔芬格(Georg Bernhard Bülffinger)认为这种语言是可以被创造出来的——我们以后会听到更多关于这个问题的争论。

巴耶尔曾听说巴黎的傅尔蒙通过研究汉字已经发现汉语语言是一个合乎逻辑的理性系统。巴耶尔坚持认为中国人已经忘记了或歪曲了这个系统,尤其在编纂字典时,这可能是巴耶尔最新颖独创的观点了。因而,他要将这个系统恢复过来,展现汉字结构中所蕴藏的美。

这一思想贯穿巴耶尔整个学术生涯,与他的学术发展息息相关。但最终巴耶尔却无法证明汉语语言是一门哲学语言,这让他感到非常绝望。

T.S.巴耶尔

可以这样说,巴耶尔自出生就与汉语结下了不解之缘。他的教父戈特弗里德·巴奇(Gottfried Bartsch)是一个镌刻匠,曾一度与传奇人物安德里亚斯·米勒(Andreas Müller)一起工作。巴奇来到康涅斯堡后,成为巴耶尔家的朋友。米勒,这位柏林泰斗,宣布他已经发明了打开汉语语言大门的钥匙,借助这把钥匙,任何孩子都可以在几天内学会读汉语。米勒的这一举动震惊了整个学术界。然而,米勒晚年却把包括其著名的《汉语钥匙》(*Clavis Sinica*)在内的所有论文都烧掉了。巴耶尔还是小孩子的时候可能就听过巴奇向家人讲述这位怪人研究汉语的故事。而当巴耶尔 19 岁时,他已狂热地迷上了汉语。

大学毕业后,巴耶尔在柏林待了几个月,可能大部分时间都在钻研汉语。1718 年,巴耶尔回到康涅斯堡,发表了他第一本汉学研究成果——一本简要描述汉语语法的小书。1726 年,巴耶尔到圣彼得堡后才开始认真考虑写一部关于汉语语言和文献方面的著作。

我们以后将看到巴耶尔写的这本《中国博览》是如何以及在多大程度上堪称汉语语言的教科书,但是在这里有两点需要说明:第一点,从巴耶尔的书中是不可能学会说或读汉语的;第二点,巴耶尔本人清楚地,同时也痛苦地意识到这一事实,并在书中多次表述过。

那么,为什么还要发表呢?巴耶尔感到做这件事是他的义务和责任,他的这种想法得到了他在柏林的老朋友、伟大的拉克罗兹(Mathurin Veyssiere de Lacroze)和他的新朋友、知识渊博的诺夫格罗德(Novgorod)主教西奥芬尼斯·普罗克坡维奇(Theophanes Prokopowitch)的支持。当时欧洲还没有关于汉语语言的书,而他恰巧在柏林皇家图书馆做研究,从那里他得到了一些关于汉语语言的手写材料。尽管付出了很大努力,巴耶尔找到的材料还是相当有限,而且他肯定还不"懂"汉语。但是巴耶尔认为他应该把收集到的材料组织在一起,理清思路,坐下来写出一篇可以印刷出版的文章,这样其他人有可能会继续他的工作。

在《中国博览》的最开始几页以及很多信件里,巴耶尔引用台奥克里托斯(Theocritus)《牧歌》(*Bucolics*)中的话:"希腊人抱着试试看的想法进入了特洛伊城,世上一切皆在于尝试!"

然而,《中国博览》出版不久——由于多种原因,我们以后将讨论——巴耶尔决定继续他的汉语研究。其在后半生一直在这片艰难的领域里辛苦耕耘,写出了一批汉学著作。要想确定巴耶尔在汉学研究历史上的地位,对这些著作的考虑与给他的《中国博览》做出评价同样重要。

除汉学研究外,巴耶尔也在其他几个领域里耕耘劳作,下面我们将简要介绍这些方面,也许是为了说明哪些不是他研究的领域。巴耶尔是一个古代文献专家,同时也是历史学家和语文学家,不过对神学和哲学他总是敬而远之。让巴耶尔感兴趣的是教会历史而不是教义,每当谈到基督教他总是老生常谈,或是心血来潮做一番评价。在哲学方面,巴耶尔开始致力于思考《组合学》(*Dissertatio de Arte Combinatoria*)著作中与他的汉字研究相关的科学原理。巴耶尔虽然在文章中点缀了无数离题旁论,但尽量不对同时代人所热衷的中国哲学的重大问题发表严肃认真的观点。莱布尼茨的信件于1735年出版,里面谈到在华传教士们对中国古代和现代哲学家的玄学思想的介绍,引起了诸多争端。巴耶尔晚年读到这些信件并在他最后出版的著作里也提到过,但是没有在书中提及莱布尼茨对这些哲学问题所作的重要评论。

巴耶尔的拉丁风格

几乎所有巴耶尔的著作都是用拉丁语写的,他所有的汉学研究成果也不例外。当然,在巴耶尔那个时代这是很正常的,尽管当时已经出现用民族语言写作的倾向。我们知道威尔金斯主教曾在17世纪用英语写了一部关于哲学语言的伟大著作,克里斯蒂安·门采尔(Christian Mentzel)用德语发表了他的《中国大事年表》(全称是《中国大事年表暨中华古今帝王谱》,有时也被称作《中国古今帝王谱》——译者注)。18世纪在北京的法国耶稣会士强调用法语写作,但是他们给巴耶尔的信仍是用拉丁语写的。不管怎么说,用拉丁语发表著作是使之普及的一个方式:这种语言可以被所有的欧洲学者接受。另一方面,除了拉丁语和母语,他们中很多人阅读其他任何语言都有困难。

巴耶尔的大部分著作,尤其是他青年时代的作品有很强的个人风格;巴耶尔在组织和表述他的发现和思想时经常离题跳跃、反复无常,有时缺少读者期待读到的段落。这种写作方法在巴耶尔那个时代并不离奇,但是由于他过多地引用希腊文和拉丁文经典作者的文章,致使他的文章更加晦涩难懂。巴耶尔通常不指明他在引用谁的文字,引文经常仅仅作为典故被嵌在文章中,有些引文对于所论及的问题来说并不合适。另外,巴耶尔还有一个不良的习惯,那就是在文章中常以缩略形式写出其他学者著作的名称,也不注明这些缩略形式是书名。显然他是写给那一小部分读者,而他们应该知道他所指的是什么。

巴耶尔颇以他的拉丁风格自豪,在信中他经常抱怨同时代的人语言直白粗糙。汉堡伟大的东方学家约翰·克里斯托弗·沃尔夫(Johann Christoph

Wolff)一直与巴耶尔保持通信,沃尔夫在 1721 年写给拉克罗兹的信里对巴耶尔的风格是这样评价的:“(他)情趣高雅,刻意追求华丽的拉丁风格,结果在我看来,却导致了不必要的晦涩。他习惯从文献中旁征博引来效仿古人。”(参见《拉克罗兹信件》卷Ⅱ,第 167 页)

巴耶尔死后不久,这封信就发表了。很多年过后,在 1770 年,克里斯蒂安·阿道夫·克洛兹(Christian Adolph Klotz)在他编辑的《巴耶尔短篇著作和文章》(*Theophili Sigefridi Bayeri Opuscula*,1770)的序言中为巴耶尔辩护。克洛兹说,的确,巴耶尔经常引用他所熟悉的大诗人作品中的语言,有些读者无法理解他微妙的方式,但是他的风格备受那些懂拉丁语的人喜欢。克洛兹说沃尔夫在给拉克罗兹信中那些诋毁巴耶尔写作风格的话是没有道理的。

不过,巴耶尔本人对自己长篇累牍不加节制的习惯也有所意识。1731 年 4 月 30 日,在给本泽流斯(Benzelius)主教的信的结尾处,巴耶尔写道:“我不是一个健谈的人,但当我用笔写的时候,我就无法控制自己。”(参见《本泽流斯信件》卷Ⅱ,第 338 页)

第一部分　巴耶尔的生活

1.在普鲁士的岁月

背 景

勃兰登堡是神圣罗马帝国的一个属国,1640 年至 1688 年由大选帝侯弗里德里希·威廉(Friedrich Wilhelm)统治着。大选帝侯同时也是普鲁士公爵。这个地区占据了勃兰登堡-普鲁士三分之一的面积,位于帝国之外。弗里德里希·威廉于 1640 年登基时,这个地方还处在“三十年战争”期间,尤其受到瑞典人的蹂躏。在正式宣布战争结束的《威斯特帕里亚(Westphalia)条约》签订后,大选帝侯发挥自己卓越的才能,修复因战争而造成的巨大创伤,把他的地域重建成一个组织严密的强大国家。

弗里德里希·威廉的儿子弗里德里希三世参加了反对路易十四的联盟大军,同法国军队作战(1688—1697)。1701 年,在得到维也纳皇帝的批准后,弗里德里希三世为自己争得了一个君王头衔,在普鲁士加冕,成为弗里德里希王一世。这位生活奢侈的王子非常喜欢讲排场,努力效仿巴黎的宫廷,用豪华的公共建筑装饰柏林。他也支持科学事业,建立了柏林皇家科学院(the Societas Regia Scientarum)和哈雷(Halle)大学。

1713 年,他的儿子弗里德里希·威廉一世继位,统治着这个国家直到 1740 年去世。据说弗里德里希·威廉一世几乎在所有方面都与他父亲截然相反,他过着简朴的生活,不仅在皇室内部事务上而且在整个国家的管理上都厉行节俭、反对铺张。弗里德里希·威廉一世憎恶耶稣会,没为大学做过什么事,而是大力支持基础教育,规定每个城镇和乡村的家庭都必须送他们的孩子到学校念书。

在巴耶尔《中国博览》的序言中,我们知道大选帝侯也曾是米勒和门采尔的保护者。通过与作者自幼相识的镌刻匠巴奇,我们可以对弗里德里希一世的宫廷生活——批判式地——略见一斑。尽管弗里德里希·威廉一世没有在巴耶尔的书里出现,但是巴耶尔决定去圣彼得堡帝国科学院工作也许与这个弗里德里希一世对学术研究的冷漠态度有关。

康涅斯堡

巴耶尔的家乡在康涅斯堡。这座城市由条顿骑士团(Teutonic Order)于1255年建立,是普鲁士公爵夫人的领地,1618年被勃兰登堡的选帝侯得到。在"三十年战争"期间这座城市持中立立场,因此免受战争的摧残。

弗里德里希三世,即勃兰登堡的选帝侯,于1701年选定康涅斯堡作为自己加冕普鲁士弗里德里希王一世的地方,使这个城市大为风光。虽然这里是新教的大本营,但也容忍少数天主教徒,从1650年到1780年,也允许耶稣会在这里开办学校。

康涅斯堡有一个良好的学术传统。1544年创建了(以哥本哈根大学为样板的)大学;这里还有两个重要的图书馆,即沃伦罗特(Wallenrodt)图书馆和市立图书馆,巴耶尔于1718年到1725年间在这里担任图书管理员。然而,在巴耶尔生活的那个时期,也许是因为学生越来越少,也许是像弗里德里希·威廉王所说的"教授们不学无术",大学日见衰落。

年轻的巴耶尔

哥特利布·希格弗里德·巴耶尔来自德国新教家庭,16世纪定居在匈牙利。① 巴耶尔的祖父约翰内斯·巴耶尔(Johannes Bayer,1635—1674)受过教育,曾经在一个叫伊佩耶(Eperjes)的城镇里任中学助理校长。巴耶尔的父亲约翰·弗里德里希·巴耶尔(Johann Friedrich Bayer,1670—1738)移居到了东普鲁士,先是到了但泽(Dantzig),后来移居康涅斯堡。在康涅斯堡,约翰·弗里德里希·巴耶尔成为一名虔诚的画家,娶了一个画家的女儿安

---

① 《哥特利布·希格弗里德·巴耶尔》——弗朗兹·巴宾格尔的第一篇学术论文。这是一篇了不起的作品,尤其是我们考虑到当他把文章提交给慕尼黑的皇家路德维格-马克西尼里恩大学(Königliche Bayerische Ludwig-Maximilians-Universität)时,仅仅22岁。我选用了很多其中的内容,尤其是生平方面的资料。他所采用的很多资料来自发表于1714年的《日耳曼百科全书》(*Bibliothèquie Germanique*)上的关于巴耶尔生活和著作的文章。这个期刊的编辑在脚注中说这些资料根据的是已故巴耶尔先生撰写的自传。1737年编辑写给巴耶尔的信里说那一年的8月30日巴耶尔把他的传记交给编辑。巴宾格尔也用了格哈德·弗里德里希·米勒(Gerhard Friedrich Müller,参见本书第21页注释②)的关于圣彼得堡帝国科学院的早期历史著作。巴宾格尔的书涉及了巴耶尔的所有著作,85页的文章中只有6页(带有一些误解)是关于他的汉学研究的。在著作和信件中,巴耶尔总是用他名字的拉丁语形式Theophilus,并总是把"Th"简写成"T",我因此也遵照他的做法。

娜·卡特琳娜为妻，度过穷苦的后半生。

哥特利布·希格弗里德·巴耶尔出生于1694年。在学校的时候他显示出卓越的学习才能，毫不费力地学会了拉丁语和希腊语，16岁时被康涅斯堡大学录取。在那里他研究神学和哲学，同时在亚伯拉罕·沃尔夫（Abraham Wolff）的指导下学习希伯来语。正如他在专著《中国博览》的序言中生动叙述的那样，19岁的时候，他突然产生了研究汉语的想法。在他生病的一段时间里，他和他的舅公约翰内斯·萨特留斯（Johannes Sartorius）住在一起。约翰内斯·萨特留斯是但泽大学的修辞学教授。病好后，巴耶尔又回到康涅斯堡，1716年在这里为他的博士论文答辩①。在得到康涅斯堡城市委员会颁发的奖学金后，巴耶尔开始到德国其他大学城游学。巴耶尔在柏林待了几个月，在那里遇到了许多重要学者。

对于巴耶尔来说，最重要的人物是拉克罗兹。拉克罗兹是柏林皇家科学院的成员，也是柏林皇家图书馆的管理员。拉克罗兹是一位杰出的人物，在其还是孩童时就表现出非凡的才智，有着顽强的精神和独立性。14岁离开学校时，拉克罗兹已经对拉丁文融会贯通了，到了瓜德罗普（Guadeloupe），他又学会了西班牙语、葡萄牙语和英语。21岁时，拉克罗兹进入法国本笃教会（Benedectine）的修道院，但后来逃到巴塞尔（Basel），在那里拉克罗兹成为改良派基督徒。从1697年开始，拉克罗兹在柏林皇家图书馆潜心研究东方语言，编纂了叙利亚语、亚美尼亚语和科普特语（埃及基督教徒使用的语言——译者注）词典。拉克罗兹公开直言反对天主教并极力反对耶稣会。②当22岁的巴耶尔在柏林遇到拉克罗兹时，拉克罗兹已经55岁了。在相互欣赏的基础上，他们的友谊与日俱增，持续了10年之久。

正是在柏林皇家图书馆以及拉克罗兹的帮助下，巴耶尔才获得了研究汉学的机会，从克里斯蒂安·门采尔——先前的宫廷内科医生，晚年成为痴迷的“汉学家”——留下的大量资料里抄录了许多有用的文章。在这些资料

---

① 《为基督之言辩护》（*Vindiciae verborum Christi*，1716）讲的是基督被钉在十字架上殉难时说的最后几句话：“上帝，上帝，您为什么舍弃我（Eli，Eli，lama sabaktani）——在黑暗降临哥尕撒的那一刻。”在下面我们还会听到很多关于这个黑暗时刻的事情。

② 关于东方学家的一部著作《印度的基督教历史》（*Histoire du christianisme des Indes*，1724），发表在巴耶尔生活的时代。科普特语词典经过多人修订、删减和增补，在拉克罗兹死后多年才得以出版［《埃及语-拉丁语词典》（*Lexicon Aegyptiaco-Latinum*…，1775）］。拉克罗兹的《驳哈杜因而为古代作者辩护》（*Vindiciae veterum scriptorum contra L.Harduinum S.J.P.*，1708）是一部有争议的反对耶稣会的著作。

里,巴耶尔看到汉语词典和汉语-西班牙语传教士词汇表以及从中摘录的传教士简明语法书。巴耶尔还看到一部中国历史著作,那时称之为"Chinese Annals"(参见第二部分"《中国日食》")。离开柏林,巴耶尔先后去往奥德河畔的法兰克福(Frankfurt-on-the-Oder)、哈雷、莱比锡(Leipzig)和德国其他大学城,遇到很多从事东方语言各领域及东方宗教历史方面研究的学者,最终于1717年年底回到家乡康涅斯堡。在哈雷,巴耶尔曾经遇到过伟大的埃塞俄比亚学者鲁道夫(Ludolff)的学生,《中国博览》的序言里提到了这个人。在莱比锡,《学者文集》(*Acta Eruditorum*)杂志的编辑曾委托巴耶尔为他著名的期刊撰写文章。在旅途中,巴耶尔曾收到来自家乡康涅斯堡的奖学金和资助,可以到荷兰和英格兰去学习,但是由于身体欠佳,他拒绝了。

1718年,回到康涅斯堡后巴耶尔在市立图书馆做了一名图书管理员。同年他出版了他的第一部汉学专著《中国日食》。几年后他成为一所中学的助理校长,后来又当上校长。直到1725年年底,巴耶尔一直在这里工作,并作为私人聘用教师在大学教授希腊文,尤以教授希腊诗歌为主。在这8年里,巴耶尔除了在各种各样的期刊上发表了大量的文章,还出版了4部关于希腊和罗马古代史方面的著作,一部关于传信部(Congregatio de Propaganda Fide)历史方面的书,还有一篇关于市立图书馆收藏方面的论文①。在繁忙地从事自己的研究的同时,巴耶尔与拉克罗兹等德国其他地方及国外的学者们保持大量的通信往来。

1718年以后,巴耶尔好像决定《中国日食》应该既是他的第一部也是他的最后一部探索那一奇怪领域的著作,但事实并非如此。在拉克罗兹的信件中,有一封1719年4月7日的短信,这封信是康涅斯堡一位叫恩里克·巴奇(Henricus Bartsch)的人写给拉克罗兹的。这位巴奇先生向拉克罗兹请求能否在参议院担保下借到迪亚兹(Diaz)的《字汇》和门采尔的手稿。这位出具政府担保请求从柏林皇家图书馆借阅手稿的人很可能就是康涅斯堡市长的儿子。他是一位富有的书籍收藏家,曾经捐献给国立图书馆500本《圣经》和许多手稿,并且他也一直负责图书馆于1714年向公众开放这一事务。②

---

① 即《参议院市立图书馆即将开放之公告》(*Programma quo Bibliothecam Senatus Paleo-politani*…,1718)。

② 参见《拉克罗兹信件》卷I,第1—2页。恩里克·巴奇(1667—1728)是康涅斯堡市政府秘书和档案管理员、书籍收藏家,同许多学者保持着大量的通信往来。参见F.高斯(F.Gause):《康涅斯堡城市史》(*Die Geschichte der Stadt Königsberg*)第1卷,第430页;第2卷,第66、75页。

在这些信件中，有一封拉克罗兹给巴耶尔的信，落款时间是同年 4 月 30 日。拉克罗兹在信中这样写道："我将满足巴奇先生以你的名义提出的请求。我已在这封信中附上一封给他的信，我想你会亲自交给他。相信今后我还会做类似的事，尽可能地关注你的事业。"①

从这封来自康涅斯堡的重要人物的信件以及拉克罗兹写给巴耶尔的信中所用的谨慎措辞来看，这种处理方式很不寻常。巴耶尔从来没有在他发表的著作和我们看到的信件中提到过他在康涅斯堡拥有过这些资料。但是我们可以推想他曾一度拥有过。1716 年在柏林短短的几个月里巴耶尔几乎不可能抄下我们在其《中国博览》里看到的 2000 多个汉字，而且，就我们所知巴耶尔也没有再回到柏林去。这样看来，我们有理由得出这样的结论：在出版了《中国日食》以后，巴耶尔决定继续研究这个领域，因此从柏林皇家图书馆的老朋友那里寻求帮助。有关日食的书也说到了这一点。其中有一句话表明他想对汉学做进一步的研究（参见第二部分"《中国日食》"）。如果迪亚兹的《字汇》和门采尔的手稿真的到过康涅斯堡，不管怎样，它们又安全地返回到了柏林！②

从拉克罗兹很多其他信件中也能看到巴耶尔对中国的事情一直保持着浓厚的兴趣。巴耶尔向拉克罗兹请教很多事，其中一件是请拉克罗兹在迪亚兹《字汇》中帮他查一些汉字。拉克罗兹亲躬效劳。

拉克罗兹非常清楚他的这位年轻朋友已经对汉语越来越痴迷了。在一些信里拉克罗兹似乎想把巴耶尔的注意力转向亚洲其他语言的研究上，如蒙古语和藏语，但是他最希望的还是巴耶尔能够把所有的精力都放在他所擅长的领域，即科普特语的研究上。拉克罗兹说除他本人外只有一个人懂这种语言，那就是雅布隆斯基③。要是巴耶尔能够全身心地投入科普特语的研究中，那么他面前将会"呈现出一个神圣而又凡俗的远古历史"，可是他的

---

① 参见《拉克罗兹信件》卷Ⅲ，第 47—49 页。

② 在此有一个困难。在 1722(?)年巴耶尔请拉克罗兹为他抄录门采尔的手稿"大学"的第一部分。拉克罗兹照做了并把抄录的资料随 1723 年 4 月 30 日的信寄给他。巴耶尔是忘记抄了这部分(准确地?)还是他仅仅拿到了迪亚兹《字汇》？参见《拉克罗兹信件》卷Ⅲ，第 57—59 页；卷Ⅱ，第 277 页。巴耶尔的信的落款日期是 8 月 22 日，但没有年份。

③ 想必是保罗·恩斯特·雅布隆斯基(Paul Ernst Jablonski，1693—1757)，柏林的神学教授。他似乎并没有出版任何有关科普特语言的著作，但是同拉克罗兹一样对景教很感兴趣。

呼吁却是徒劳的。[①]

1726年，巴耶尔同他心爱的妻子——康涅斯堡一个商人的女儿，他们1720年结婚——移居到圣彼得堡。巴耶尔短暂生命余下的时间将在这个城市度过，他将其大部分时间和精力都花在了汉学研究上。

① 《拉克罗兹信件》有43封是从1716年到1728年间巴耶尔的来信，还有一封1736年的来信，另外有31封拉克罗兹从1716年至1724年的回信，最后一封信并不是写于1731年，而是写于1722年或1723年(原文如此)。这些无拘无束、坦诚友好的长长的信件显示了它们的作者对学问孜孜以求的好奇心，也包含了很多关于巴耶尔从事汉语及亚洲其他语言研究的重要信息。

2.在俄罗斯的岁月

圣彼得堡

圣彼得堡是彼得大帝的伟大杰作,是他以巨大的热情和不懈的努力将衰弱的莫斯科公国变为现代强大的欧洲国家进程中的一个重要组成部分。圣彼得堡成为俄罗斯帝国通往波罗的海的门户和军事要塞,是帝国的行政中心,也是一个具有西方风格的美丽城市。

圣彼得堡以彼得和保罗两个军事要塞为基础于 1703 年在涅瓦河畔贫瘠的沼泽地区扩建而成。城市的兴建夺去了成千上万应征劳工的生命。到 1725 年彼得大帝去世时,城市人口只有 7 万人,其中大多数居民还是遵从沙皇指令被迫来此建造房屋和宫殿的。

巴耶尔住在圣彼得堡时,城市由三部分组成:后面的彼得堡老城及分别位于其两边的彼得要塞和保罗要塞,涅瓦河左岸上的海军总部造船厂和处在涅瓦河支流之间的瓦西里岛(Vasilevski Island),处于岛峡地带的商业港,周围有交易所、珍奇物品博物馆和“十二部委大楼”。

根据彼得大帝的计划,瓦西里岛本该是城市的中心。然而,造船厂上游修建了很多贵族宫殿,冬宫于 18 世纪 30 年代和 40 年代兴建,随着时间的推移,城市的中心也随之转移到河的对岸。

从 1727 年开始,珍奇物品博物馆及其周围面向隔岸海岸总部的建筑物成为帝国科学院的所在地。珍奇物品博物馆及其中心塔楼是圣彼得堡最宏伟的建筑之一,塔楼里面有天文观测台、漂亮的图书馆大厅,地下室是解剖陈列室。

帝国科学院

彼得大帝精心策划建立圣彼得堡帝国科学院,并曾经与莱布尼茨和哈雷的哲学家克里斯蒂安·沃尔夫(Christian Wolff)在信中商谈此事。彼得大帝让他的内科医生劳伦斯·布鲁门特罗斯特(Lorenz Blumentrost,1692—

1755)参照伦敦皇家学会和巴黎科学院章程的部分内容草拟了一个章程,但与之不同的是帝国科学院院士同时也应当是教授,承担定期的公共讲座,他们中的一员还必须管理隶属于学院的为俄国贵族子弟开办的语法学校。并于1723年至1724年,通过在德国和法国的私人间的联系及在《莱比锡学者报》(*Leipziger Gelehrte Zeitung*)上登广告的方式寻求自然科学和人文科学方面的合适人选。

由于彼得大帝死于1725年2月,他没能活着看到他的学院成立,但是他的遗孀叶卡捷林娜即位后,批准了这个章程,招募工作继续进行,并在1725年11月召开了第一届大会。1725年到1726年间,共有15位科学院院士来到这里,他们中间的一些人是带着自己的一两个学生一起来的。这些学生助教很快就成为学院的新生力量。在他们中间有来自莱比锡的年轻的历史学家格哈德·弗里德里希·米勒,他后来成为一名历史学教授。

第一批院士成员中有一些是在学术界已经颇有名气的学者,如巴塞尔的数学家雅各布·赫尔曼(Jacob Hermann)、图宾根(Tübingen)的哲学家乔治·伯恩哈德·比尔芬格、巴塞尔的数学家约翰内斯·伯诺利(Johannes Bernoulli)的两个儿子伯诺利兄弟以及法国天文学家约瑟夫·尼古拉斯·德利尔(Joseph Nicolas Delisle)。德利尔是巴黎科学院的成员、四国学院(Collège des Quatre Nations)的教授,还拥有皇家顾问的头衔。赫尔曼48岁,而其他人大部分还不到30岁,或者30岁刚出头。

[1727年另一个巴塞尔学者、20岁的莱昂纳德·尤勒(Leonhard Euler)加入到他们当中。这位随和可亲的数学家使圣彼得堡帝国科学院大放光彩。]

巴耶尔在康涅斯堡看到很多学者纷纷离开他们的工作岗位前往圣彼得堡。1725年5月12日,他给在哥德堡(Gothenburg)的本泽流斯主教的信中这样写道:

> 在过去这些天里,我和著名的数学家雅各布·赫尔曼、哲学家比尔芬格谈过话,他们要去圣彼得堡,取道此地。伯诺利兄弟……和杰出的天文学家德利尔不久也将抵达这里,克里斯蒂安·戈德巴赫(Christian Goldbach)……刚刚路过这里,也是去圣彼得堡。①

---

① 参见《本泽流斯信件》,第245号。

1726年2月,巴耶尔也成为其中的一员,在同乡克里斯蒂安·戈德巴赫的安排下①,他接受了帝国科学院的邀请,担任希腊和罗马古代历史研究主席。

学院的主席是宫廷内科医生劳伦斯·布鲁门特罗斯特,但是他经常让他的朋友约翰·丹尼尔·舒马赫(Johann Daniel Schumacher)主持日常工作。舒马赫是阿尔萨斯人,教育背景不清,曾做过卫生部对外联络秘书和帝国图书馆的管理员,他1714年就已经在圣彼得堡了。他虽无其他官方头衔,仅凭做过图书馆管理员就管理帝国科学院长达35年,直到去世。

由于不得不忍受这个人的专横跋扈,院士们都有不满情绪,帝国科学院的气氛极其糟糕,加上内部没完没了的地位与名誉之争以及大会上粗鲁的、极富攻击性的争论,使得对于巴耶尔这样的人来说,帝国科学院成了一个极不愉快的工作场所。

在帝国科学院成立的最初几年里,学院大会都在彼得堡老城区的宫殿里举行,但是1727年至1728年学院迁到瓦西里岛的珍奇物品博物馆处后,改为每两个星期开一次例会,一年开三次公众大会,每天上午都有公开讲座,不过除一些院士们带着自己的学生助教参加外,没有其他人去。从1728年开始,帝国科学院出版了刊物《圣彼得堡帝国科学院评论》。

院士巴耶尔

我们所知道的关于巴耶尔在圣彼得堡的情况大多是从格哈德·弗里德里希·米勒(以下简称G.F.米勒)的《帝国科学院史料》(*Materials for the History of the Imperial Academy of Sciences*)中了解来的。②

米勒在到帝国科学院的头几年就熟知巴耶尔了,称他是“伟大的巴耶尔”,他深切哀悼巴耶尔过早离开人世,认为他的早逝是帝国科学院乃至整

---

① 克里斯蒂安·戈德巴赫(1690—1764),德国的数学家和优秀的拉丁语专家,出生在康涅斯堡,他不想在院士中占有一席之地,但愿意担当秘书之职。1728年至1739年间,他在《圣彼得堡帝国科学院评论》上发表了几篇数学论文。从1742年开始他在莫斯科的外交部工作。他是巴耶尔最亲密的朋友之一。在《中国博览》里巴耶尔引用了戈德巴赫的一首拉丁诗歌。科普列维奇(Ju.Ch.Kopelevič)和尤斯克维奇(A.P.Juškevič)在《克里斯蒂安·戈德巴赫——1690—1764》(*Christian Goldbach—1690-1764*,1983)中描述了他的生活和著作。

② 格哈德·弗里德里希·米勒(1705—1783),德国历史学家和地理学家。1726年至1765年为圣彼得堡帝国科学院院士。从1765年到去世他一直担任外交部档案馆的主任。由于帝国科学院想发表50周年纪念卷,18世纪60年代他应帝国科学院的要求编写《帝国科学院史料》第6卷(1725—1743)。此书共60页,100多年后(1890)才得以出版,正文使用德语,有俄文书名及俄文索引。

个学术界的重大损失。他坚持巴耶尔留给帝国科学院的 8 卷书信应该出版，并且主动提出要将其编辑起来。关于巴耶尔，他说：“尽管他执迷于研究学术又琐事缠身，却是一个令人愉快的人。”事实上，米勒在写巴耶尔时比对他笔下的圣彼得堡帝国科学院其他院士寄予了更多的同情和热情。

1726 年年初，巴耶尔的家人来到圣彼得堡，他们被安置在学院老校区附近的一个房子里，另一边住着新来的院士——法国天文学家约瑟夫·尼古拉斯·德利尔。德利尔成为巴耶尔的挚友，他们的友谊一直保持到最后。[①]

院士们的年薪在 600 卢布到 1800 卢布之间，巴耶尔刚到那里时的薪水是 600 卢布，几乎不够养家糊口，但几个月后，当他成了学院附属语法学校的管理者以后，他的薪水增加到 800 卢布，其他大多数人的薪水都在 800 卢布至 1000 卢布之间；德利尔是 1800 卢布，那是因为在来到俄国前他就已经是巴黎科学院的院士并拥有皇家顾问的头衔。

巴耶尔似乎总是避免同帝国科学院内部各类人发生争执或斗争，他不喜欢帝国科学院里“愚蠢、自负，充满仇恨、猜疑和嫉妒”的气氛，这是 G.F.米勒对帝国科学院的特点的概括。然而，同大多数成员一样，他不可避免地要同专横的舒马赫发生冲突。我们不必在这里详细描述由于舒马赫的阴谋和肮脏的诡计给巴耶尔的生活造成多么不快的事例了，巴耶尔厌恶和鄙视舒马赫，舒马赫也同样敌视巴耶尔。事实上，巴耶尔一直在康涅斯堡古老的、藏书丰富的市立图书馆担任图书管理员，甚至还对馆中的收藏专门写书加以介绍，可这一切都不能博得这位刚刚上任的圣彼得堡帝国图书馆管理员的赏识。

同其他成员一样，巴耶尔与帝国科学院签了 5 年合同，并有可能延长。但由于思念家乡，又总是为与舒马赫的矛盾焦虑不安，巴耶尔决定在圣彼得堡待几年后就回到自己的家乡康涅斯堡。1733 年，在帝国科学院待了 7 年以后，他真的递交了辞呈。但是，新院长基塞尔林男爵（Baron Keyserling）从康涅斯堡了解到巴耶尔，劝说他留了下来，把他的年薪提高到 1000 卢布。1737 年，巴耶尔再次想隐退，这一次他是非常认真的。[②]

1730 年以后，巴耶尔越来越沉浸在汉学研究上，导致他在帝国科学院的

---

① 约瑟夫·尼古拉斯·德利尔（1688—1768），法国天文学家和地理学家，巴黎科学院院士。1725 年他来到圣彼得堡帝国科学院创建天文学院，直到 1747 年他才又回到巴黎，在那里继续从事天文学研究。毫无疑问，巴耶尔在他的专著中的很多关于天文学方面的知识来自德利尔。

② 1733 年 4 月 8 日巴耶尔给约翰·克里斯托弗·沃尔夫的信中写到他希望在当年年底就回到德国。参见《沃尔夫信件》增补卷，B1.134—135。

职位发生了变化。1735 年,帝国科学院决定让一位年轻的德国古典派学者约翰·乔治·洛特取代巴耶尔古希腊罗马历史研究主席的职位,而巴耶尔则成为古代东方学的教授。

在帝国科学院期间巴耶尔工作非常努力。刚到学院不久就递交了多篇论文,一直到他离世都是如此。巴耶尔的勤奋在《圣彼得堡帝国科学院评论》上得到了证实。仅在人文学研究方面,巴耶尔在《圣彼得堡帝国科学院评论》的前八卷的每卷里都有三四篇长篇论文,在随后的三卷上,也有一两篇文章。这些文章是在他去世后出版的,大部分是有关古代西徐亚人(Scythians)和早期俄国历史的。巴耶尔还写了两部书《古代钱币展现的奥斯若恩与埃德萨的历史》(*Historia Osrhoëna et Edessena, ex Nummis Illustrata ...*)和《巴克特里亚王国史》(*Historia Regni Graecorum Bactriani...*),分别在 1734 年和他死的那一年,即 1738 年出版。本书仅涉及作为汉学先驱的巴耶尔这一主题,这些著作超出了这个范围因而在此就不予讨论了。

在来到圣彼得堡之前,巴耶尔已经出版了第一部关于汉学研究的书,取名为《中国日食》。巴耶尔在圣彼得堡出版了《中国博览》,这是一部两卷本的"汉语教科书",当然还相当粗浅,但它是在欧洲印刷的第一部关于汉语语言的著作。那时没有任何迹象表明巴耶尔打算继续从事汉学研究,可是恰巧在这部书出版的几个月后——书是 1731 年年初印好的——巴耶尔有机会能使用《汉语-拉丁语词典》。

1726—1727 年,中俄条约谈判的俄方使团的首席代表萨瓦·拉古金斯基-符拉吉斯拉维奇(Sawa Raguzinskij-Vladislavich)刚刚回到莫斯科,给巴耶尔带来了这本词典,这是词典的作者巴多明(Dominique Parrenin)神父送给巴耶尔的礼物。巴多明神父是北京耶稣会的成员,作为汉语和满语的翻译出席了会议,当俄国宫廷最有权势的人物奥斯特曼(Andrei Ivanovich Ostermann)伯爵听说这本词典后,他建议拉古金斯基-符拉吉斯拉维奇把这本字典借给那位刚刚出版了一本关于汉语语言著作的年轻科的学院院士。① 与此同时,巴耶尔又接到了一两本来自北京的字典。

① 奥斯特曼伯爵(1686—1747),彼得大帝、叶卡捷琳娜一世、彼得二世和安娜女皇统治时期的外交和商业的全权大臣。1741 年宫廷政变后,伊丽莎白成为俄国女皇,他被流放到西伯利亚,6 年后死在那里。巴多明,参见本书第 146 页注释①。萨瓦·拉古金斯基-符拉吉斯拉维奇(约 1670—1738),俄国政府要人和外交家。从 1725 年到 1728 年他率领俄国使团到中国并于 1727 年签订了《恰克图条约》(*Kiakhta Treaty*),在巴耶尔与北京耶稣会士的信件中他总是被称为萨瓦·符拉吉斯拉维奇。

这意想不到的幸运一定使巴耶尔感到这是上天给予的某种暗示,他必须继续他的汉学研究:巴耶尔立即抄录了这部词典并且把一份《中国博览》寄给在北京的传教士,以求得到他们的建议和帮助。在收到回复之前,巴耶尔开始了一个巨大的项目:帝国科学院应出版一部多卷本的汉语-拉丁语大词典。从那时起,汉学研究将成为他的主要工作。当接到来自北京的友好的回信后,巴耶尔一定更加确信自己命中注定要在西方开辟汉语语言和文献研究的先河,与在巴黎的伟大的傅尔蒙一争高低。

这些研究的主要成果有他 1735 年出版的《中国时间》和两篇长篇论文。其中一篇在他去世那一年,即 1738 年发表,第二篇在两年后,即 1740 年发表。

本书以下将按照时间顺序讨论巴耶尔的汉学著作。先从他去圣彼得堡以前出版的《中国日食》开始,紧接着介绍他的《中国博览》,首先我们翻译了序言的第一部分,这部分可以说是巴耶尔的"汉学研究历史",本书的最后一部分介绍巴耶尔与北京耶稣会士的通信以及他们之间建立联系以后巴耶尔的汉学研究情况。①

---

① 我们几乎没有关于巴耶尔在圣彼得堡的私人生活资料。据说他的婚姻非常美满,他的妻子为他生了 8 个孩子,但有 4 个夭折了。我们听说德利尔和巴耶尔两家经常互访,但是巴耶尔只是谈论学术问题——可能用的是拉丁语,因为巴耶尔不懂法语,德利尔不懂德语,他们俩都不会俄语。巴耶尔一家也同与他年纪相仿的同乡克里斯蒂安·戈德巴赫在社交方面有来往。巴耶尔和戈德巴赫相识多年,他们都对文雅的拉丁散文和诗歌有同样的欣赏品位,也许他们也经常与老路特曼(Leutmann)在一起,但我们没有直接的证据。然而,关于巴耶尔我们确实知道一个非常重要的事情:在他那个时代的作家中他最喜欢的是谁! 那就是巴特尔德·海因里希·布鲁克斯(Berthold Heinrich Brockes,1680—1747),汉堡诗人,凭《尘世的享乐神》(*Irdische Vergnügen in Gott*,1721—1748)而受到德国人的爱戴,如同时代的英国诗人的风格一样,布鲁克斯的绝大部分诗歌描写自然景色,巴耶尔对此人无比仰慕,并翻译他的诗作。布鲁克斯为人大度、乐观、不拘一格,全心赞美上帝为人类创造的美好世界。特里曼(Telemann)把他的作品配成一些抒情咏叹调来表演吟唱。巴耶尔在给汉堡的约翰·克里斯托弗·沃尔夫的 5 封信里,对他的音乐之神布鲁克斯献上热烈的致意,对他充满了赞美之词和无尽的仰慕之情,布鲁克斯的诗让他在情绪低落时能够振作起来并激起一种神赋的痴狂。见《沃尔夫信件》增补卷,第 114 页和第 122 页。看起来巴耶尔也同布鲁克斯通过信,其中有两封保存下来。参见杰夫里·霍华德·萨顿(Geoffrey Howard Sutton):《来自巴特尔·海因里希·布鲁克斯的九份快报》('Neun Briefe von Barthold Heinrich Brockes an unbekannte Empfänger'),载于汉斯·迪特尔·鲁斯(Hans Dieter Loose):《巴特尔·海因里希·布鲁克斯(1680—1747)——汉堡的诗人兼市议员》[Berthold Heinrich Brockes (1680-1747)—Dichter und Ratsherr im Hamburg],1980 年,第 105—135 页。

图 1　巴耶尔的藏书标签：在一座山上，棕榈树顶部有一把权杖，即来自康涅斯堡的东方学家。由大卫・J.威斯顿先生发现于格拉斯哥大学图书馆特藏部

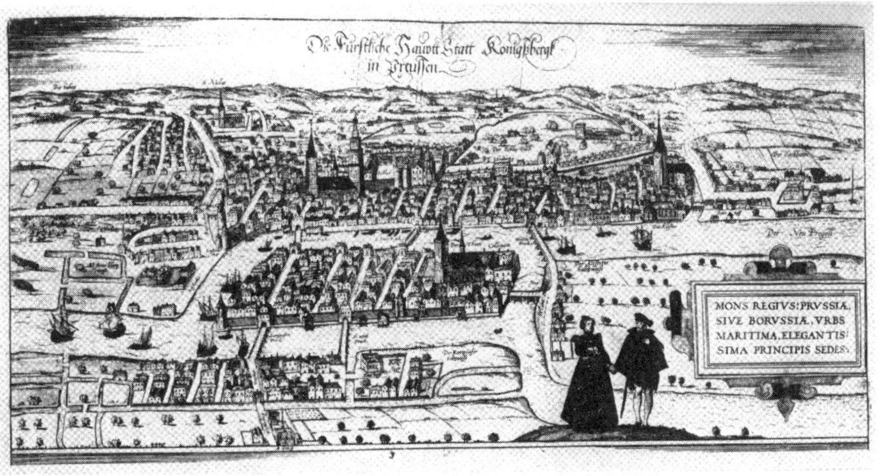

图 2　康涅斯堡远眺。来自格奥尔格・布劳恩（Georg Braun）《世界各地主要城市》（*Urbium Praecipuarum Totius Mundi*，科隆，1581）卷 3

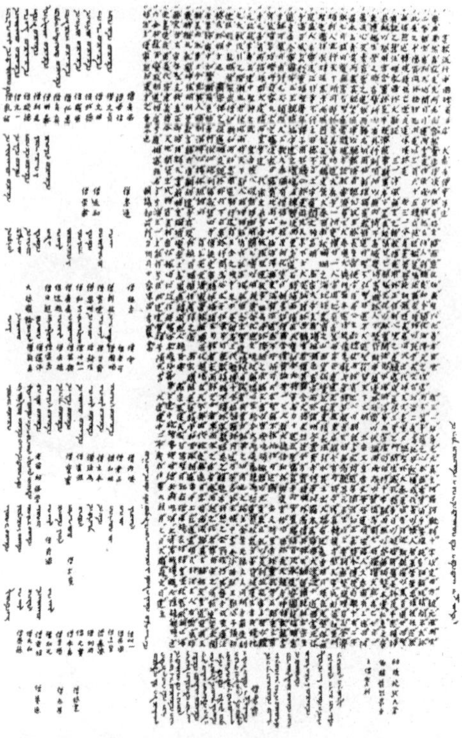

图 3　大秦景教碑文。来自基歇尔的《中国图说》

图 4　克里斯蒂安·门采尔，物理学家、汉学家

图5 约瑟夫·尼古拉·德利尔,法国天文学家,巴耶尔在圣彼得堡的知己

图6 在北京的法国耶稣会士巴多明神父,巴耶尔的老师

第二部分　早期汉语研究

3.《中国日食》

巴耶尔的第一部汉学著作《中国日食》,只有 40 页,于 1718 年在康涅斯堡出版。这本书讨论了一个备受关注的问题:公元 31 年在中国观察到的日食与《旧约》中说的“哥尕撒天空一片黑暗”之间的关联。书的开头是巴耶尔给他的老朋友柏林皇家图书馆馆员拉克罗兹的献词,最后有 9 页关于汉语语言的附录。有一页上是镌刻的汉字,其中一些汉字来自提到过的记载日食的中国史书。但附录中的句子和短语后没有对应的汉字。虽说这块印版上所刻的汉字无论如何不能说是精心雕刻,但是有意思的是它们比我们在《中国博览》中看到的要好得多。①

巴耶尔在他第一本关于中国事物的书中选择探讨的这个日食现象,即“笼罩哥尕撒的黑暗”,一直是神学家、历史学家和天文学家争论不休的一个问题,有时被称为“复活节日食(Paschal Eclipse)”。在《路加福音》第 23 章(*Luke* 23)第 44—45 节里是这样描述的:“大概到了第 6 个小时(午时)的时候,黑暗笼罩了整个地球,到第 9 个小时(申时),太阳变黑了……”

早期的教会神父或把这一现象解释为日食,或是局部地区暴风雨所致,或是超自然的宇宙奇观。当 17 世纪在华耶稣会士开始研究中国历史书籍的时候,他们在那些书中发现对日食的准确描述可以一直追溯到公元前 2000 年,其中一次日食的记载引起了传教士们的注意。在被称为“Chinese Annals”,即司马光的《资治通鉴》中,他们找到发生在东汉光武帝时期的关于日

---

① 1719 年 5 月 15 日巴耶尔给汉堡东方学家约翰·克里斯托弗·沃尔夫写了封信,并随信寄去了好多本《中国日食》,其中 200 本是巴耶尔自费印刷的。巴耶尔问沃尔夫是否能让书商按照“8 个格罗盾(Groschen)”的价格买去,从几个月以后的书信中可以看出书商接受了这个价格,现在巴耶尔出价 7 个格罗盾,建议书商买走这一版的最后 100 本。参见《沃尔夫信件》增补卷,第 114 页。

食的一条记载,紧接着后面的一句话是禁止使用“圣”字。①

传教士们把中国和欧洲的历法对照换算后算出此次日食发生在公元33年的春天。于是关于这是否就是“笼罩哥尕撒的黑暗”的猜测骤然而起,如果是的话,这些传教士就可以说中国人祖先书中的话与他们带到中国的福音书是有关联的。

这个事件被在华耶稣会士柏应理(Philippe Couplet)记载在他于1687年在巴黎编辑出版的《中国哲学家孔子》(*Confucius Sinarum Philosophus*)中“历法”一章。柏应理加上了一个小心谨慎的评语:“这个日食是否就是在耶稣殉难时发生的日食还有待于天文学家来做出最后决定。”然而,仍有人认为“笼罩在哥尕撒的黑暗”就是在中国史书上提到的那次日食。这次日食总是被欧洲人称作“中国日食”,这也是巴耶尔给书取这个名字的原因。

巴耶尔一定是刚刚回到康涅斯堡就开始写这本书了。在1718年7月给拉克罗兹的信中,巴耶尔告诉拉克罗兹他将出版一部关于日食的小书,“这个日食被认为发生在耶稣殉难时。我不认为那是一个日食,我认为中国人对此类现象一无所知”②。

巴耶尔写这部书可能有几个原因。巴耶尔1716年发表的第一篇论文是关于耶稣被钉在十字架上时说的最后几句话,关于“哥尕撒黑暗”的文章似乎是其自然的延续。通过研究柏林皇家图书馆收藏的克里斯蒂安·门采尔的关于汉语语言的文章和论文以及查阅迪亚兹《字汇》,巴耶尔对中国语言有了新的见解。拉克罗兹,这位著名的语言学家和教会历史学家是巴耶尔在柏林的资助人,两人的亲密关系使巴耶尔想尽快地出版关于这个问题的书,并在书中附上一篇感谢信以回报这位给予他很多善意帮助的朋友。在回到康涅斯堡前,巴耶尔在德国其他大学工作了几个月,其间,巴耶尔就已经开始与拉克罗兹频繁通信,每封信都很长,体现了两人渊博的学识且非常友善。巴耶尔对拉克罗兹充满无限敬仰,拉克罗兹也看到这个年轻学者将

---

① 司马光(1019—1086),北宋著名历史学家和政治家。他的《资治通鉴》于1084年完成。此部著作有300多卷,记述了从公元前403年到公元959年的中国历史。在17世纪的欧洲这部书非常有名,总被称作“Chinese Annals”。不要把《资治通鉴》与其缩写本,即由哲学家朱熹和他的弟子在1172年完成的《通鉴纲目》相混淆。《通鉴纲目》被冯秉正(J.A.M.de Moyriac de Mailla)翻译成法语,于1777年至1785年在巴黎出版——4辑11卷本——书名是*Histoire générale de la Chine*。正如我们将在“与北京耶稣会士的通信”中看到的,冯秉正在18世纪30年代就已经把书送到了巴黎。

② 参见《拉克罗兹信件》卷Ⅰ,第41页。

来会大有前途,一再表示希望能帮助他继续向前。至此,巴耶尔可能强烈地感到必须尽快以汉语学者的身份出现在公众读者面前,因为另外一个年轻的德国学者波利卡普·莱斯尔(Polycarp Leyser)刚刚出版了一本关于汉语语言方面的著作。

巴耶尔知道选择日食这个问题将会引起广泛的兴趣和关注。神秘的柏林大汉学家安德里亚斯·米勒新近出版了讲述中国日食的书,而米勒作为神秘的"汉语钥匙"的发明者还有待评判,因此对于巴耶尔来说与之竞争并提出批评完全是顺理成章的事。

《中国日食》这篇文章结构松散,除作者的思想和发现外,还有大量的阅读资料,旨在得出一个肯定的结论,却又总是不断地偏离主题。如果你漫步其中,追踪随处出现的论证,你会发现它们原来非常简单:

1.在司马光的历史书中所描述的日食是很多日食中的一个,对它的描述与对其他的日食的描述没有什么两样,此次只是一个普通的日食,没什么特别的地方。

2."笼罩地球3个小时的黑暗"不可能是由日食引起的,因为日食出现在这个星球上时并不是哪里都看得见,而且日食不会持续3个小时。

3.耶稣在十字架上殉难发生在满月或近乎满月的时候,而日食不发生在满月的时候。

因此人们通常认为的"中国日食"与《圣经》中描述的黑暗之间的关联是没有根据的。

读者将会发现巴耶尔的文章里总有很多旁逸斜出的思绪,在他给拉克罗兹的信中提到的许多事情在《中国博览》中都被再次提出,我们将在之后的章节中说到这本书。在这里,我们完全可以指出这两部著作的一点区别,那就是作者对耶稣会士的态度明显不同。

我们发现《中国日食》中有一处批评了耶稣会,而在《中国博览》和他以后的几部著作中这样的批评再没有出现。巴耶尔责问耶稣会或者至少是一部分耶稣会士为什么限制基督教教义,使之看起来好像是希腊或者罗马哲学甚至中国哲学的东西。巴耶尔特别提到利玛窦(Matteo Ricci),据他了解,在利玛窦的著作里,耶稣殉难日是在悄无声息中度过的。巴耶尔说他是从闵明我(Domingo Fernandez Navarrete)的书,也就是著名的《中华帝国历史、政治、伦理和宗教概观》(*Tratados historicos...de la Monarchia de China...*)里知道的,这本书于1676年由闵明我在马德里出版。闵明我是反耶稣会的多明我会成员。巴耶尔从中摘录了一句西班牙语,并且注明了出处的页码。① 书里有龙华民(Niccolo Longobardi)颇受争议的文章,龙华民作为利玛窦的继承者,成为中国传教团的首领。龙华民抛弃利玛窦的"适应路线",即接受中国人崇拜祖先和在他们的民间仪式上祭奠孔子,再加上闵明我对耶稣会的恶毒攻击,这些使巴耶尔受到极大震动。巴耶尔再也没有在这个震惊中恢复过来。甚至许多年以后,在写给北京的传教士朋友的信中,巴耶尔一再强调明确中国传教团的前两位首领的不同观点的重要性。(参见第三部分"与北京耶稣会士的通信")

巴耶尔还提到17世纪晚期另一部密切相关的著作,这本书叫《无罪获胜》(*Innocentia Victrix*),是传教士们为了免受反对传教士的朝廷官员杨光宪对他们的攻击和谴责于1669年用拉丁语和汉语写给康熙大帝的辩解书,就杨光宪对传教士的声讨和指责为自己辩护。巴耶尔修正了其中关于基督教教义的过于简短的定义,补充说这是孔子所说的:"景仰上天,爱你的邻居,

---

① 利玛窦神父"对民众隐瞒耶稣殉难日"。巴耶尔可能是从拉克罗兹那儿得到闵明我的书的。在一封落款是1717年1月23日的信里,拉克罗兹告诉巴耶尔他从里斯本的一个朋友那儿收到这本书。参见《拉克罗兹信件》卷Ⅲ,第19—20页。这封信里抄录了书中很长的一段文字,但并不是巴耶尔所引用的那段,在出版的《拉克罗兹信件》的别的地方也找不到。巴耶尔知道闵明我是从杨光宪1659年的小册子《辟邪论》里抄来的,但是巴耶尔没有提闵明我对书的评论:"很明显,这位伟人没有这样的意图。"(第6卷,第15章。引文取自1704年出版于伦敦的英文译本第286页)——关于杨光宪请看1943年在华盛顿出版的恒慕义(A.W.Hummel)编辑的《清代杰出中国人》(*Eminent Chinese of the Ch' ing Period*)中方超英的长篇文章。闵明我,参见本书第48页注释①。讲利玛窦在静默中度过耶稣殉难日的书就是他那本著名的《天主实义》(*Tianzhu Shiye*),1603年在北京出版。《天主实义》有两卷,共8个章节,主要是从学术上分析上帝的品质和反佛教以及宋代新孔教的一些争论。的确,在书的末尾只有两小句是关于耶稣殉难的,一句是说耶稣在33岁升入天堂,另一句是说耶稣不久宣布那个日子,他的死将在他很多信徒的眼前发生。我们现在知道利玛窦本人把此书看作是"中国教义的第一部分",但是第二部分从未问世。从介绍前言的拉丁译文以及他在1604年送到罗马的书中各章节的概要中可以清楚地看到这一点[卡萨纳特图书馆(Bibliotheca Casanatense)位于罗马]。对于《天主实义》的进一步的讨论,参见德礼贤(Pas-quale d' Elia):《利玛窦全集》(*Fonte Ricciani*)第2卷,第292—301页。利玛窦的书直到18世纪晚期才被翻译成欧洲国家的语言。后来,巴耶尔从北京得到一本中文版本。

认识自己"——并没有说出我们崇拜基督教上帝的原因!①

所有这一切看起来好像是在取悦他的反耶稣会的资助人拉克罗兹,但是巴耶尔还是谨慎地说到在华耶稣会出版的著作是无可挑剔的,还说:"我知道很多反对在华耶稣会的文章都是由那些凭诋毁耶稣会而获取利益的人所为。"

还有一些批评《中国哲学家孔子》的编辑柏应理的话。巴耶尔从这位教士给克里斯蒂安·门采尔的信中(巴耶尔曾在柏林研究过这些信)了解到柏应理在汉语方面没有受过良好的训练;柏应理自己也承认这一点。那么柏应理又怎么能翻译大部头的《资治通鉴》并在署有其名字的《中国哲学家孔子》的最后印上他的总结语?②

然而不仅是耶稣会受到了巴耶尔的批评——整个中国哲学也都受到了他的攻击:"《中国哲学家孔子》的出版消除了存在于欧洲人脑子里的一个认识上的大错误,在这以前,大家确信在孔子的著作里隐藏着巨大的智慧,但是一旦我们接触到它,这个看法就烟消云散了。"

巴耶尔虽是这样说,但并不意味着否定中国古代哲学家良好的道德品质。为了证实他的公允,巴耶尔插入"四书"中《大学》里的两小篇文章,《中国哲学家孔子》上有这两篇文章的译文。其中一篇讲的是我们每天都要更新自己,另一篇论述的是一旦我们已经找到了正确的道路就要坚持下去。汉字和译文是巴耶尔从保存在柏林的门采尔的文献资料中摘录的。③

---

① 关于《无罪获胜》的信息巴耶尔一定是从彼得·兰贝克(Peter Lambech,1628—1680)的《首评极其庄严的维也纳帝国图书馆》(*Commentarii de Augustissima Bibliotheca Caesarea Vindobonensi*, 1665—1679)等上获悉的。在第5卷附录13第418—419页,兰贝克宣布当年(1672)帝国图书馆从殷铎泽手里收到几件东西,也就是由利类思(Buglio)、安文思和南怀仁(Verbiest)等人写的《中国政治道德学说》(*Sinarum Scientia Politico-Moralis*,1669)和《无罪获胜》。这三位耶稣会士1669年在"广东流放"期间一直待在北京的朝廷里。在第7卷"增补(二)"第348—398页,他印上这两篇文章,但只有拉丁语部分。在中国传播福音书的正确方式的问题——礼仪之争——本书将不会讨论。巴耶尔没有机会涉入这样复杂的问题。关于这个问题的最新重要著作请看谢和耐(Jacques Gernet)的《中国与基督教——行动和反映》(*Chine et christianisme—Action et rěaction*,1982)和孟德卫的《神奇的土地》(*Curious Land*,1985)。

② 参见亨特(Hunter)藏书MS,第229号。

③ 对于门采尔的资料中的《大学》详见本书第128页注释①。在拉克罗兹的信件中我们发现两页汉字,这是两篇选自《大学》第2章和第3章的文章,是拉克罗兹书写的,就放在这本书第1章的其他汉字之前,并且插入了一封落款是1723年4月30日的信。在这封信中拉克罗兹写道:"我把你需要的东西寄给你,孔子著作的第一阶段。"开头几页,连同巴耶尔1718年所要的后来编入他的《中国日食》里的几篇文章被信件编辑者放错了地方。参见《拉克罗兹信件》卷I,第42页;卷Ⅱ,第277页;卷Ⅲ,第56页。

现在我们谈一下巴耶尔对司马光《资治通鉴》中的日食资料的翻译。巴耶尔通过 1685 年在柏林出版的一本叫《耶稣受难时日食之探究》(*De Eclipsi Passionali Disquisitio*)的书了解到这个文献。文章由柏林的东方学家安德里亚斯·米勒所写。我们将在下文了解到很多关于此人的情况。米勒在柏林皇家图书馆收藏的编年史中发现了这个颇受关注的资料。在《耶稣受难时日食之探究》里,米勒一共印了 30 个汉字——连同他自己试着翻译的译文一起发表了。

司马光的史书记载如下:

> 光武帝统治的第 7 年,春天第 3 个月的最后一天(晦),被称作癸亥,发生了日食。皇帝召集文武百官让每人送上一份奏折,并说不许用“圣”字。

1716 年巴耶尔根据米勒的著作《耶稣受难时日食之探究》中的准确指引——卷 42,第 12 页,在柏林已经找到了司马光史书里的这个段落。米勒一直没能译出“晦”字——一个月的最后一天——和癸亥,两个循环给日子命名的汉字。巴耶尔虽然找到了“晦”字的正确意义,但是他以为“癸亥”的意思是“在中午”。米勒在翻译关于皇帝对日食的反应那句话的后半部时犯了一些错误,但是米勒确实知道皇帝用“圣”字是对自己的称呼。巴耶尔的理解好像是皇帝曾经说过官员们不得用“圣”字来称呼。巴耶尔通过讨论这个字的多种意思来为自己的理解辩护:

> “圣”的意思是至高的、公正的、学识渊博的,等等。它用于皇帝、国王、达官显贵及古代圣贤身上。孔夫子当然是一个“圣”,阅明我说利玛窦本人也被封为“圣”,所以米勒的关于皇帝面临不祥之兆时而显示谦卑的这种解释是没有道理的。

这里没有必要更深入地讨论年轻的巴耶尔和安德里亚斯·米勒各自想法的长处,米勒在他晚年的时候不得不出版关于这些问题的译文以此证明自己能够阅读汉语。

《中国日食》的最后 9 页是巴耶尔关于汉语语言的指导。这几页读起来像是 1730 年出版的《中国博览》中语法部分中的主要概要。因此我们不在此逗留,只介绍一下几个注释来说明1718年巴耶尔是如何向世人阐释自己的思想的。

在开篇,巴耶尔很清楚地说明了他从哪里获取汉语资料:“我从卫匡国(Martino Martini)、柏应理、皮克斯(Louis Picques)和门采尔那里获得指导。”在《中国博览》的序言中,我们将发现巴耶尔对这些来源有更准确的说明。

巴耶尔在此书中还放入与在《中国博览》中相同的音节表,用的是西班牙文,以区别他曾在关于日食文章里用德语自编的音节表。

书里有一个关于某些声调在理解汉语词语时的重要性的简短说明。接下来是关于名词、代词、动词、介词、副词、连词等的小章节,同样,这些章节与《中国博览》中所写的很相似,只是更短小罢了,最后两页是关于汉语字典的讲解。巴耶尔说汉语字典是按照笔画编排的:字根通常由几个简单的线条组成,其后是含有同样笔画外加其他笔画组成的部分。组合成的汉字的左边被认为是“部首”,整个字典就按照部首来编排——但也并非总是如此。

巴耶尔提到克里斯蒂安·门采尔的大汉语-拉丁语词典,“他给唐泽尔(Wilhelm Ernst Tentzel)的月刊《月谈》(*Monatliche unterredungen einiger guten Freunden*)所写的文章里谈到过”。[①] 我们将在《中国博览》序言中听到更多关于此事的情况。说到由在华传教士编写的汉语-拉丁语词典的手写本时,巴耶尔评价说词典的编排方式使这部词典对于欧洲人来说几乎没有任何用处——“我们必须回到汉语词典编纂者使用的原初系统中去”。巴耶尔这样说可能是他在柏林曾经看到过迪亚兹《字汇》里汉字按拼音字母排列的形式。

巴耶尔这本书里对汉语语言的介绍与在《中国博览》里的最大区别是《中国博览》里有相应的汉字。巴耶尔在一个短小的段落中用量词的例子谈到这个问题,他没有给出更多的例子,“因为我没办法给出汉字”。

关于将来他所能从事的汉语方面的研究,巴耶尔说他想在一篇关于中国人起源的文章中更多地讨论汉语语言问题,“如果其他学者赞成这项工作的话”。此时,巴耶尔还根本没有编汉语字典的计划。相反,巴耶尔想让其他人去做这件事。在给拉克罗兹的一封感谢信中,巴耶尔说到了一个叫波利卡普·莱斯尔的计划:

我通过朋友收到莱斯尔所拥有的《汉语钥匙》一书,书由门采尔所

① 参见《月谈》,1690年,第900—901页。

著,看得出他不太会写汉字,这一点你我都知道,莱斯尔对他的批评是正确的。它既不是打开全部汉语语言的钥匙,也不是打开所有汉语字典的钥匙,而只是适用其中一本字典,即门采尔编辑的、保存在你们皇家图书馆里的那本。然而,中国人没有很好地编排这部词典。欧洲人应当而且也能够更好地编纂一部汉语字典,以便我们这些欧洲学者能使用。因此我敦促莱斯尔从事这项工作,使我们可以得到一部更详细、编排更准确的词典。如果他能这样做,日后也可以进一步把它充实起来。

巴耶尔在这里介绍的这个名叫莱斯尔的人,似乎他的每位读者都应知道此人。这个波利卡普·莱斯尔是德国的一位年轻学者,仅仅比巴耶尔大4岁。1717年,《中国日食》出版前,莱斯尔就已经出版了一本叫《文献工具》(*Apparatus literarius*...)的小书,包括一篇关于汉语语言的文章。此处说莱斯尔准备出版一部大型汉语-拉丁语词典,可是并没有什么结果,莱斯尔在巴耶尔出版下一部汉学著作《中国博览》前两年就去世了。[①] 如在前言中所提到的,《中国博览》的前100页是巴耶尔的“汉学研究历史”,也好似一个汉学家自传。本书接下来的内容是巴耶尔《中国博览》序言的译文,除标注注释的数字和符号外没有任何停顿和删改。

① 巴耶尔在《中国博览》序言中又回到关于波利卡普·莱斯尔和门采尔的字典——即他的《汉语钥匙》这个话题上。

4.《中国博览》

序言
——巴耶尔的汉学研究历史

欧洲学者开始研究汉语语言和文献的时间较晚,考虑到其价值和实用性,直到今天这片领域也没有得到应有的开发和耕耘。

在赫拉克里亚(Heraclea)的玛西努斯(Marcianus)[①]和后来的埃及人库斯玛斯(Cosmas Indicopleustes)[②]的著作中有多少是关于中国人的?如文献记载:1238年蒙古人在王子窝阔台的率领下征服了中国南部各省,随后又入侵波斯,而在这以前,对汉语语言、文学及哲学没有任何记载。[③] 1253年,旭烈兀被他的哥哥蒙古可汗派往波斯,随行的有一批中国学者,其中有一个叫Fu Muen Gi[④],被称作Gin Xim,即圣明、博学、无所不晓。这个人根据他们古代科学家的传统向纳西尔阐述中国的天文学和年代学。纳西尔一直致力于

---

① 玛西努斯,5世纪希腊地理学家,出生在蓬土斯(Pontus)的赫拉克里亚,著有《大洋航海志》(*Periplus of the Outer Sea*),该书主要建立在托勒密(Ptolemy)的理论上。书中有几句话是关于远东地区的:"西奈(Sinae)的各民族处于可居住的世界的尽头,与东部地域相接……称作提奈(Thinae)的城市是它的首都。"参见亨利·约尔(Henry Yule):《中国及其以外》(*Cathay and the Way thither*),伦敦,1913—1916年。

② 库斯玛斯,被称作印度旅行者,6世纪拜占庭商人和旅行家,到过埃塞俄比亚和锡兰(Ceylon),后出家,完成他著名的《基督教地志》(*Christian Topograpy*)。在这套著作的第11卷里我们找到下面这段话:"丝绸之国是印度群岛地区最远的国家……秦尼斯坦(Tzinitza)是这个国家的名字……秦尼斯坦之外既不通航也无人居住。"(出处同上)

③ 《蒙古人》:巴耶尔在其中提到蒙古统治者的一个梗概和统治年代。成吉思汗(1162—1227)死时蒙古帝国已从中国海北面扩张到第聂伯河沿岸。窝阔台是成吉思汗的儿子,从1229年到1241年为蒙古大汗。蒙哥是窝阔台的孙子,1251年至1259年为大汗。就是他在位期间,鲁布鲁克(William of Rubrouck)修士到达蒙古的首府哈喇和林(Karakorum)。蒙哥的兄弟是著名的忽必烈,忽必烈于1260年成为大汗,1280年建立中国元朝,一直统治到他死去的那一年,1294年。旭烈兀是蒙哥的另一个兄弟,他作为分封可汗从1256年到1295年统治波斯。后来,他的儿子阿八哈(1265—1281)继位,其后是旭烈兀的另一个儿子艾哈麦德继位,艾哈麦德在1284年被谋杀,随后阿八哈的儿子阿鲁浑(1284—1291)继位。1295年到1304年,阿鲁浑的儿子合赞统治着波斯,1304年到1316年,合赞的兄弟代替合赞继续统治波斯。

④ Fu Muen Gi,参见《阿卜杜拉·巴达维的中国历史》(*Abdallae Beidavaei Historia Sinensis*),柏林,1678年。

绘制《皇家图表》(*Tables of the Ilkhan*)。①

继曾祖父旭烈兀、祖父阿八哈和父亲阿鲁浑之后,合赞成为忽必烈统治下的波斯地域的主宰者。当合赞命令拉施特(Rashid al-din)撰写《合赞史集》(*Ghazan Annals*)时,他的朝廷上还有两个中国哲学家,拉施特不仅向他们学习中国的天文学和编年史学,还学习传统的医学和科学。② 要不是阿·巴达维(Al-Baidawi),这一切都会被遗忘。确切地说,456 年以前,阿·巴达维依据一些著作开始研究中国历史,他提到他看过中国书籍,称赞中国人无与伦比的优雅文字并对文字的书写程序加以解释。然而阿·巴达维所提供的信息少得可怜。③

那时,鲁布鲁克作为法国国王路易九世的大使被派到鞑靼人地区(1253)。在那里他知道中国人用毛笔写字,就像画家用画刷那样,每个字由几个笔画构成。④

在鲁布鲁克之后,威尼斯人马可·波罗(Marco Polo)不是在忽必烈朝廷上就是以皇家总督的身份在地方公共事务上效力了 17 年。生活于其中,马可·波罗通晓了在这些民族中使用的四种语言,与各民族流利交谈并且了

---

① 纳西尔土司(Nasir al-din al-Tusi,1201—1274),波斯科学家,伊斯兰世界最伟大的人物之一,旭烈兀征服波斯后,他辅佐旭烈兀。纳西尔写了大量关于神学、哲学、数学、天文学、星象学、地理学和医学方面的书。《皇家图表》是有关中国、希腊、阿拉伯和波斯的年代学和天文学方面的图表,其中一部分来自他自己在马拉哈(Maragha)建的著名天文台上观测到的结果。后来这些图表得以进一步充实和完善,由约翰·格里夫斯(John Greaves)于 1650 年在伦敦出版。

② 拉施特(1247—1318),波斯著名的政治家、物理学家和历史学家,从旭烈兀到合赞统治以后,一直效力于波斯蒙古可汗。他的巨著《普遍历史》(*Universal History*)不仅包括蒙古历史还有关于欧洲各国、印度以及中国历史方面的资料。这部著作的第一部分称作"合赞史集"。

③ 巴耶尔关于"Fu Muen Gi"的故事以及随之的资料来自米勒的《阿卜杜拉·巴达维的中国历史》。现在知道这本书不是波斯神学家和历史学家阿·巴达维所著,而是阿·巴纳卡提(Al-banakati)所著的另一部《普遍历史》中的一部分。阿·巴达维死于 1286 年,阿·巴纳卡提是拉施特同时期的人,像他一样也在合赞的朝廷上效力。阿·巴达维关于中国书籍和文字的资料来自拉施特的著作。参见乔治·萨顿(George Sarton):《科学史导论》(*Introduction to the History of Science*)第 3 卷第一部分,第 969—977 页。

④ 鲁布鲁克(约 1215—1270),弗莱芒圣方济教会行乞修道士。1253 年至 1255 年间,奉国王路易九世之命出使蒙古帝国首都哈喇和林附近的可汗的营地,在今蒙古人民共和国境内。鲁布鲁克生动有趣地描述了他的旅行,罗杰·培根(Roger Bacon)大量地引用了这些描述,16 世纪和 17 世纪这些记述以若干集子的形式出版了。鲁布鲁克对语言尤其感兴趣,有关汉字的一段他以蹩脚的拉丁语这样写道:"Faciunt in una figura plures literas comprehendentes unam dictionem(同一个词有几个字母形状)。"

解他们的哲学和文学。[①] 但是从马可·波罗的大量记述里也很难知道他到底懂多少汉语。

除了马可·波罗的记述,博韦的樊尚[②](Vincent de Beauvais)、佛罗伦萨的安东尼奥[③](Antonio of Florence),以及其他意大利人、德国人和法国人也从柏朗嘉宾[④](Johannes Plano Carpini)的著作里知道鞑靼人的事情。柏朗嘉宾曾在鲁布鲁克之前作为教皇伊诺申四世(Pope Innocent Ⅳ)的特使去过那些地区。但他们都没有得到中国文献资料。

亚美尼亚的海顿[⑤](Hayton),大约与马可·波罗年龄相仿,从他经常造访的鞑靼人那里知道中国汉字。(通过与亚美尼亚王签订联合条约,他们在亚洲肆意滋事,制造混乱。)海顿告诉尼古拉斯·福康(Nicolas Falcon)的只是中国汉字书写美观,没有别的,我怀疑海顿也只知道那么多,而尼古拉斯·福康又把这些转述给教皇克莱门特五世(Pope Clement Ⅴ)。至于中国人的文化和哲学,海顿的理解是这个民族认为其他民族混沌愚昧,尚未教化,无法区分光明与黑暗——欧洲人至多也只是睁开了一只眼。只有他们自己驱散了心头的迷雾,能够用双眼看世界。

---

① 马可·波罗(约1254—1324),年轻的威尼斯旅行家和冒险家,在所有去过东方的旅行者中最为著名,也是第一个描述中国的人。他效力于忽必烈执政的汗八里(Khanbalik,现在的北京)朝廷,从1275年到1291年或1292年间在地方工作。他由海路回到威尼斯,沿途护送波斯可汗阿鲁浑的一位新娘。在1298年或1299年他向法国的一位作家口述他的旅行见闻。这部神奇的著作以无数手抄本的形式广为流传,自15世纪以来以很多种语言不断再版。几个世纪以来,这部书一直被认为是奇思妙想多于事实,现在我们知道书中几乎所有的信息都惊人地准确。四种语言:原文是"四种文字",可能是维吾尔文、藏文、阿拉伯文和汉文。参见乔治·萨顿:《科学史导论》第2卷第二部分,第1057页。

② 博韦的樊尚,法国多明我会修士,图书管理员,国王路易九世的老师,是浩大的百科全书《大镜》(*Speculum Majus*)的作者,这套百科全书编辑了各种各样文献的选段。它的历史部分节选了一部分柏朗嘉宾关于鞑靼人的著作。

③ 佛罗伦萨的安东尼奥(1389—1459),圣徒,佛罗伦萨大主教。在他的著作中有一本《历史概述》(*Summa Historialis*)。

④ 柏朗嘉宾(约1182—1252),意大利圣方济派修士。在1245年至1247年间,他作为教皇特使出访蒙古帝国首府哈喇和林。他的叙事体著作《蒙古行纪》的节选的英文版和法文版分别于16、17世纪出版。

⑤ 亚美尼亚的海顿,被称作僧人海顿,大约死于1314年。他是亚美尼亚的历史学家,国王海顿二世的侄子,国王海顿二世在位时间是1289年至1297年。1307年,在访问法国期间,海顿向尼古拉斯·福康[有时也被称作萨康(Salcon),如在巴耶尔的著作里]口授了亚洲的地理和历史。福康把它写下来,献给克莱门特教皇,随后这部著作便以《东方地区历史集编》(*Flos Historiarum Partium Orientis*)的名字传播开来,出现很多不同语言的版本。关于汉字书写的记述是这样的:"中国人使用的字母书写美观,有点像拉丁字母。"参见亨利·约尔《中国及其以外》第1卷本第9部分,第259—261页上的法语原文及拉丁语译文。

那时,我们神圣的基督教已由聂斯多里派(Nestorian)传教士传到了远东及其朝廷中。[①] 关于这一点,我们不仅可以从景教碑文中找到根据——在我看来,它受到一些人不公正的怀疑——也可以从梅里特纳的巴赫布拉斯[②](Gregorius Barhebraeus of Melitene)以及其他叙利亚和阿拉伯的作者那里获悉这一切。不过后来亚洲局势发生了变化,中国人开始淡忘关于基督教的记忆,我们通向中国的陆路通道也关闭了——那时葡萄牙通向东方的海路还没有打开。忽必烈虽征服了整个中国,但要持续对整个亚洲的统治的确使他不堪重负。忽必烈死后,王子们之间为了地区利益争端不断,导致蒙古帝国分裂成四个独立的国家。持续多年的混乱局面也阻碍了我们,难以进一步接近中国。

而且,仅仅这一转念便产生了灾难性的后果,不仅我们的商业和对外族事务的好奇心遭到了打击,我们的宗教也蒙受了不可治愈的致命创伤。以前,成吉思汗统治亚洲时,整个朝廷都极力推崇基督教,很多王子都接受了洗礼,娶了信奉基督教的妻子。即使后来,旭烈兀的儿子尼古达对伊斯兰教感兴趣并取名艾哈麦德,以至于最后皈依伊斯兰教,但这一切并没有损害我们的事业,反而导致尼古达自己及其整个家族的毁灭。因为他所做的一切在其他王子中间激起了强烈的愤恨,尼古达的皈依被认为毫无益处,令人作呕。

然而,不久这种事又在完者都身上重演,完者都是上文提到过的合赞的兄弟。忽必烈死后,帝国分裂,完者都统治的国土疆域面积最广。这位王子尽管由他信奉基督教的母亲抚养长大,可还是接受了伊斯兰教,给自己取了名字叫卡达本答。基督教就这样在远东地区走到了尽头。曾经遍及北亚地区的基督教堂或在风暴中被摧毁或沦为废墟。

在这场浩劫中,由于受到强大的反基督教势力的震慑,不要说去王子们逐鹿争霸的远东地带,欧洲人认为去往波斯地区就已很危险了——而事实情形也的确如此。最后,鞑靼人被彻底赶出中国(1730),中国关闭了大门,

---

① 聂斯多里派,叙利亚地区的一个教派,被认为是异端教派,5—12 世纪,在靠近亚洲及中亚地区广泛传教,于 635 年中国唐朝期间成立。845 年被镇压,但在 13—14 世纪蒙古和平时期重新兴起。鲁布鲁克、马可 · 波罗和其他旅行家和传教士都记载过当时中国境内的聂斯多里教派(也称景教派)。关于景教碑文,见本书第 55 页注释②。

② 巴赫布拉斯[又被称作阿布法拉耶(Abu-l-Faraj),1226—1286],叙利亚历史学家和哲学家。写作并翻译了大量科学著作,被誉为“叙利亚世界的博韦的樊尚”。

他们这些中国的邻居,就不再有关于这个国家的任何消息了。[①]

欧洲与中国的交流基本断绝,当中国再一次出现在我们面前时完全是一个新的世界,国民接受其祖先的教诲,温文尔雅,向往欧洲国家的辉煌,但却被荒蛮的部落所阻隔。在埃及人库斯玛斯访问印度以前的查士丁尼时代,古代作家几乎不知道还有这样一个民族居住在这样一个国度里,遵守法制,讲求礼仪。在蒙古帝国以前,中国从未因其智慧和文学而受到赞誉,而蒙古帝国衰落后,这个国家在140多年间似乎日趋离我们远去,如同天空陨落的星辰。

谁都知道通向东方的水路是如何打开的。历时很多年中国人都不允许外国人进入他们的国家,不仅拒绝有利可图的贸易,也阻挠有学识的欧洲人获取关于中国的准确信息。

沙勿略(Francisco Xavier)来到印度找寻配得上接受我们神圣宗教的臣民。[②] 当他知道中国人被认为是最知书达理、勤劳本分,是世界上最受人敬仰的民族时,他不想有片刻迟疑,一定要到达他们的国度,在他们中间传教,为自己赢得荣誉——即使冒着生命危险。

那时在马六甲有一些聪明的葡萄牙人,甚至还有一些中国商人,他们知道如何到达中国。沙勿略为此兴奋不已,他想跟随迪亚哥·佩雷拉(Diego Pereira)前往那里。迪亚哥·佩雷拉被葡萄牙国王约翰尼斯三世(Johannes Ⅲ)派往中国,并带了大量的礼品,希望与中国签订条约,包括释放囚禁在中国的葡萄牙人。由于佩雷拉没有被获准进入中国,沙勿略去了日本。在日本,沙勿略意识到他的传教工作受到了很大的束缚,因为日本人对中国非常崇拜,认为中国人是世界上最有智慧的。而中国不是基督教国家这一事实至关重要,对于日本人来说,中国人的思想观念是绝对权威。这些都增强了沙勿略的决心,只是他不得不再等上两年多才有机会实施他的抱负。

---

① 蒙古最后一个皇帝统治期间,农民暴动接连不断。1368年,一个昔日佛教徒从戎,成功地推翻了蒙古王朝,宣布建立新王朝,他就是明朝(1368—1644)的洪武皇帝。

② 沙勿略,1506年出生于纳瓦拉(Navarra)王国(1512年归西班牙),与耶稣会士罗耀拉共创“印度群岛使徒团(Apostle of the Indies)”。他1542—1549年间在印度和马六甲,1549—1551年间在日本。1552年回到印度果阿,计划跟随葡萄牙船长迪亚哥·佩雷拉出使中国。由于马六甲总督不允许佩雷拉出航到中国,沙勿略只好一人前往。他到达广东沿岸的一个小岛上,这是为欧洲人准备的一个港口,还不能获准进入中国内地,他努力说服别人,可还是没人带他去广东。几个月后(1552),沙勿略死在这个岛上。巴耶尔对这些事件的记述不是很清楚,他主要关心的是语言问题。参见唐纳德·F.拉奇(Donald F.Lach):《欧洲形成时期的亚洲》(*Asia in the Making of Europe*)卷I,1965年,第281—285页。

中国商人经常拜访他,表达对欧洲宗教书籍的景仰,沙勿略向他们请教中国语言和汉字的原则和规律。沙勿略看到日本孩子学习汉语,注意到他们只是学习汉字的意义,不学汉字的语音,他们用自己的语言背诵汉语课本。显然汉字是一幅幅图画,沙勿略决定尽其所能投身到这种无声的研究中。沙勿略用日语编写了一本关于世界的起源和耶稣基督生平的书,并让人用汉字写出来,希望在他到达他向往的国土上时能用得上。然而,没等到收获他苦心经营的事业的果实,沙勿略就告别了人世。虽然沙勿略提出付给船长和翻译报酬,他们还是拒绝帮助他踏上他神圣的传教征程。于是,沙勿略返回印度,就在他乘船到达中国港口附近的一个岛上不久,死神降临到他身上(1552)。

沙勿略去世12年后,墨西哥总督路易斯·德·威拉斯克(Luis de Velasco)派出一支舰队,由米格尔·洛佩兹·里加兹匹(Miguel Lopez Legazpi)率领,占领了菲律宾群岛。波普罗纳(Pomplona)的马丁·德·拉达(Martin de Rada)来到这些岛屿上实施管制。那时中国人在与海盗李峰(Li Feng)开战。西班牙人打击了李峰这群海盗,两国就这样建立了一种友好关系,拉达总督和一个叫杰罗尼墨·马丁(Jeronimo Martin)的墨西哥修士一起访问了中国,受到中国水军都督的热情接待(1575)。在这之后,两个圣方济会修士皮特罗·德·阿尔法罗(Pietro d' Alfaro)和马丁·伊纳爵·德·罗耀拉(Martin Ignatius de Loyola)也到了中国,大约同时,作为西班牙国王特使的胡安·冈萨雷斯·德·门多萨(Juan Gonzales de Mendoça)也来到中国(1580)。①

正是从菲律宾群岛(可能从马尼拉)第一批汉语书籍传到了梵蒂冈和邻近马德里的伊斯克里亚尔修道院(Escorial Monastery)。德·拉达带了大约100部汉语书籍回到菲律宾群岛,那里有人能够阅读汉语,门多萨萌生了一个想法,他想写一本书,介绍中华帝国的情况及其势力范围。门多萨回到罗马,又到了西班牙,向教皇西斯笃五世(Pope Sixtus Ⅴ)描述了他及其上文提

① 马丁·德·拉达,博学的西班牙奥古斯都派修士,死于1578年。杰罗尼墨·马丁,奥古斯都人。皮特罗·德·阿尔法罗和马丁·伊纳爵·德·罗耀拉都是圣方济派修士。奥古斯都派曾于1579年在福建逗留两个月,圣方济派1579年到达福建。胡安·冈萨雷斯·德·门多萨(1545—1614),西班牙奥古斯都派修士,住在墨西哥。他的书《中华帝国史》(*Historia de las cosas mas notables, ritos y costumbres, del Gran Reyno de la China...*)1585年在罗马出版,是(继马可·波罗之后)第一本关于强大中国的著作。这本书非常畅销,在1585年到1600年间,用7种语言印刷了46版。胡安·冈萨雷斯·德·门多萨从未到过中国。

到的那些修士们的旅行。[①] 在书中，除对中国书籍做了注释外，门多萨还加入了自己的叙述。然而，关于中国语言和文字方面的信息是多么微乎其微！门多萨的确呈现了三个汉字——这是最早在欧洲印刷的汉字——可是这几个字完全走样了，很难辨认它们到底是什么。[②] 这些字在德文版本和拉丁文版本中更糟糕，拉丁文版本是由马库斯·和宁（Marcus Henning）从弗朗西斯科·阿万佐（Francesco Avanzo）的意大利文版本翻译的，以供欧洲读者阅读。你需要一面镜子来接近事实！[③] 书中还描述了作者在当地听说的一些事情。后来，德高望重的约瑟夫·加斯图斯·斯嘉利格尔（Joseph Justus Scaliger）把这些古怪的字母放到他那不朽的《时间修正新作》（*Opus novum de Emendatione Temporum*）中。[④] 仅此而已，而谁又相信门多萨会知道更多？门多萨在罗马时，安吉罗·罗卡（Angelo Rocca）从卡梅利诺（Camerino）来罗马会见他。安吉罗·罗卡本人是奥古斯都派，是一个非常谨慎的学者。[⑤] 这个人出版了他的《梵蒂冈使徒文库》（*Bibliotheca Apostolica Vaticana...*，1591），在这部书中，关于世界上所有的语言，他提出了一个牵强的、令人费解的理论。然而，事实上罗卡只是照抄了康拉德·冯·吉斯纳（Konrad von Gesner）30 年前出版的《不同语言中的人名》（*Mithridates de differentiis Linguis*），增加和删减了一些无关紧要的东西。[⑥] 罗卡说到的关于汉语语言的一些事来自罗明坚（Michele Ruggieri），而非来自门多萨。

---

① 原文说门多萨是向教皇西斯笃四世（Sixtus Ⅳ）描述他们的旅行，其实应是西斯笃五世（1585—1590）。事实上，门多萨把他的故事讲给了他的前任格里高里十三（Gregory XIII，1572—1585），格里高里十三命令门多萨把他的旅行见闻发表，得到西斯笃五世特许，阿万佐把它译成意大利语，即 *Dell' Historia delle China*（《中国历史》），于 1586 年在罗马出版。

② 这三个字不断出现在关于汉语语言一般性介绍的书中，如克劳德·都莱特（Claude Duret）的《世界语言史宝库》（*Thresor de l' historie des langues de cest univers...*），科利尼（Coligny），1616 年。

③ 马库斯·和宁，奥古斯都派修士，他的拉丁译文于 1589 年在美因河畔法兰克福出版。同年，出现德文译文，也在美因河畔法兰克福出版，没有译者姓名。

④ 约瑟夫·加斯图斯·斯嘉利格尔（1540—1609），16 世纪世界知识史上杰出人物。他是新教徒，受到耶稣会士的憎恨。他的《时间修正新作》（1583）比较并综合了古希腊和罗马人与犹太人、波斯人、巴比伦人及埃及人的编年史学。

⑤ 安吉罗·罗卡（1545—1620），图书管理员，梵蒂冈印书馆馆长，书籍收藏家。《梵蒂冈使徒文库》耗资巨大，引人入胜，里面有各种各样的书写符号，有些被认为是亚当（Adam）、赛斯（Seth）和摩西（Moses）发明的，也有些被认为是埃及的神灵伊希斯（Isis）、墨丘利（Mercurius）和多特（Thot，古埃及博学和魔法之神——译者注）发明的，还有一些被认为是希腊国王们发明的。《主祷文》被译成多种文字，包括汉语（音译），罗卡说书是从罗明坚那儿得来的。正如巴耶尔所说，罗卡并没有提到冈萨雷斯·德·门多萨。

⑥ 康拉德·冯·吉斯纳（1516—1565），德国-瑞士内科医生，博学之士。他的《不同语言中的人名》（1555）描述了大约 130 种语言，他用其中 22 种语言翻译了《主祷文》（*the Lord' s Prayer*）。

罗明坚是第一个来到中国的耶稣会士(1581),[①]几年之后回到意大利,把利玛窦留在中国南部地区。[②] 罗明坚是第一个严肃认真地研究汉语语言以便钻研汉语文献的欧洲人,为了达到这个目的,他还雇了一个中国画家。今天不难看出当初这些勤恳的第一批传教士们在这片神秘的土地上工作是多么艰苦,尤其是当地人对外国人充满了猜疑和仇恨,传教士与当地人生活在一起,经历的遭遇可想而知。即使在远古,这样的天才之举也会被看成是奇迹。利玛窦如此精通汉语语言以至于中国人都把他捧上了天,很多后来的传教士也掌握了精湛的汉语,他们甚至遭到最博学的中国人的嫉妒。

我并不妒忌当然也不想贬低这些人的名望,尽管此时在此大肆渲染未免不合时宜,但我还是想说我从他们那里学到了很多东西,传教士们的著作和研究成果使我对汉语的理解不断深化。

特别精明强干且有权威的耶稣会士经常被派回罗马去解决教会内部等其他宗教事务。他们中很多人迫于朋友的压力会出版一些关于中国的东西。可是,这些著作中有多少真正地促进了汉学研究的发展?在我看来,第一个带来重要信息的是葡萄牙人谢务禄(Alvaro Semedo,也叫曾德昭)。[③] 有很多资料被送到耶稣会秘密档案馆,从这些资料上来看,谢务禄是一个严肃、优秀的学者[我从弗雷德里克·罗斯特格尔(Frederik Rostgaard)图书馆里找到关于此人及其他耶稣会士的笔记][④]。

谢务禄写了官廷语言与地方方言之间的差别、宫廷语言的本质以及书

---

① 罗明坚(1543—1607),那不勒斯人,第一个到中国的耶稣会士。他于1579年到达澳门,1582年在绍兴附近建立教区。1588年他就被送回意大利了,便一直留在那里度过余生。巴耶尔不知道他翻译了孔子的一部典籍《大学》的开头,这部分的译文发表在安东尼奥·波瑟维诺(Antonio Possevino)的《选集》(*Bibliotheca selecta qua agitur de Ratione Studiorum*,1593)第9卷中,书的名字没有给出,只是说是"一本汉语书",但巴耶尔应该认得出来,因为巴耶尔知道《大学》,而且《大学》的译文曾出现在他的《中国日食》及《中国博览》第2卷上。参见龙伯格:《孔子典籍在欧洲的第一译本》,载于《中国教会研究(1550—1800)》[*China Mission Studies (1550—1800) Bulletin*]卷1,1979年,第1—11页。

② 利玛窦(1552—1610),第二个到中国的耶稣会士。从1583年到1588年与罗明坚一起在广东省传教。1601年起在北京建立教区,赢得当地一些有影响的知识分子的好感,他们中的一些人后来成为基督徒。利玛窦用汉语写了一些数学和天文学方面的书籍。关于他的《天主实义》,参见本书第34页注释①。利玛窦的札记在他死后不久由金尼阁在欧洲出版。

③ 谢务禄(1586—1658),葡萄牙籍耶稣会士,1613年至1658年在中国各地传教。1640年至1642年,他在罗马被任命为负责中国地区的总代表,他带回来的手稿于1642年在马德里出版,标题是《大中国志》(*Imperio de la China*...)。在随后几年里,出版了法文版、意大利文版和英文版。在这本书里印有5个汉字。

④ 弗雷德里克·罗斯特格尔(1671—1745),丹麦宫廷重臣。1725年在宫廷失利后,他收藏的大量书籍和手稿于1726年在哥本哈根拍卖。拍卖目录上没有提到耶稣会士的手稿。

写汉字的精髓和理论,也许谢务禄比其他人做得更高明,但还是未免流于简短和模糊,似乎是在谈什么神乎其神的东西。可是,不知是出于无知还是要降低成本,谢务禄加入的汉字在出版时被省去了。

在金尼阁(Nicolas Trigault)和安文思(Gabriel de Magaillans)的著作里,甚至在卫匡国、毕嘉(Giandominico Gabiani)、柏应理、鲁日满(François de Rougemont)、聂仲迁(Adrien Grelon)、郭弼恩(Charles Le Gobien)或这个领域中的其他任何人的著作里,都没有对谢务禄关于汉语语言的描写有任何添加和补充。[1] 他们关注其他方面的事情,而不是我们现在讨论的这些问题;对于他们来说这些事情都是微不足道的。不过,李明(Louis Le Comte)[2]的确写过一些有意义的东西,增加了我们对汉语的了解。

在以后的几年里,由于耶稣会与其他教派之间在礼仪方面的纷争和冲突使很多人义愤填膺,他们也投身到这场争论中来。这样我们期望从他们的著作中所获取的收益也在这场争斗中付诸东流了。

闵明我一度是到中国去的多明我派的佼佼者,曾是这个领域的大师。他聪明、博学、见多识广。但当挖苦政敌时,他确实相当严厉,令人忍俊不禁;闵明我对

① 所有这些人都是耶稣会士,除郭弼恩外,都在中国传教。金尼阁,弗莱芒耶稣会士。利玛窦去世的那年,即1610年,他来到中国。1614年至1618年回到欧洲,他把利玛窦的"札记"或叫"评论"带回欧洲,并于1615年将其以《基督教远征中国史》(*De Christiana Expeditione apud Sinas suscepta ab Societate Jesu*)的名字在奥格斯堡(Augsburg)出版。这是继冈萨雷斯·德·门多萨之后的又一本了不起的关于中国的著作,也是第一本基于个人在北京和地方省份的经历而写就的书,内容丰富,资料翔实,完全出自一个已经中国化了的欧洲人之手。这部书的确谈到了汉语语言,但只是泛泛而谈。在随后的几年里,出现了这本书的多种版本和译本。此书有两个现代版本:L.加莱格尔(L.Gallagher)《16世纪的中国——利玛窦札记》(*China in the Sixteenth Century—The Journal of Matteo Ricci*,1953),《利玛窦中国札记》(*M.Ricci & N.Trigault:Histoire de l' Expedition Chretienne au Royaume de la Chine*,1978)(该书已出版中文版——译者注)。安文思(1610—1677),葡萄牙耶稣会士,1640年至1677年间在中国传教。从1648年起,在北京朝廷担任机械工程制造师,对汉语语言极其热衷。1668年,安文思写了关于中国的另一力作,称为《中国十二奇迹》(*Twelve Wonders of China*)。20年后这本书在巴黎重新编辑,书名为《中国见闻录》(*Nouvelle relation de la Chine*),署名Gabriel de Magaillans著。实际上,这本书中有很多关于汉语语言的新资料——我想巴耶尔从未见过。如果巴耶尔见过的话,他就会提到上面从《大学》中译出的一小段文字,共有8个汉字。巴耶尔拒绝接受卫匡国关于汉字起源的说法。毕嘉(1623—1694),意大利耶稣会士,1656年至1694年在中国传教。鲁日满(1624—1676),比利时耶稣会士,从1658年至其去世一直在中国。他是《中国哲学家孔子》一书的四位作者之一。聂仲迁(1618—1696),加拿大传教团中的法籍耶稣会士,后期(1656年至1696年)来到中国。郭弼恩在巴黎负责在中国的传教事务。

② 李明,法国耶稣会士,在中国只待了4年(1687—1691)。回到法国后,他给年轻的勃艮第(Bourgogne,Burgundy的法语名称——译者注)公爵夫人做了几年告解神父。1700年,他的书《中国现势新志》(*Nouveaux mémoires sur l' etat présent de la Chine*)重印过很多次,有多种译本,其与郭弼恩的著作一起遭到索邦(Sorbonne)的神学家们的谴责,被认为既有讹误又很危险。

他们的攻击相当猛烈、毫不留情。① 众所周知,比利时和法国出现的一些反对耶稣会的小书都是源于闵明我的书。从前辈那里我听说那些书由索邦著名的安东尼·阿诺德(Antoine Arnauld)所著。② 这就是为什么闵明我书的第1卷在西班牙很难找到,第2卷也被禁止了。

这些争端主要缘起于孔子哲学,据耶稣会士讲,孔子哲学充满智慧和真理,而其他人则谴责这种不适当的评价。因此,我借此机会谈一谈耶稣会出版的这位哲学家的著作。第一本由西西里耶稣会士殷铎泽(Prospero Intorcetta)编辑,③用拉丁语和汉语印刷出版,其中也使用部分广东方言和印度果阿(Goa)方言。书里还有一个由耶稣会士签署的许可说明,上面的名字有郭纳爵(Inácio de Costa)、刘迪我(Jacques Le Faure)、利玛弟(Matias da Maia)、成际理(Feliciano Pacheco)、何大化(Antonio de Gouvea)、聂伯多(Pietro Canevari)、潘国光(Francesco Brancati)、李方西(Giovanni Francesco De Ferreiis)、洪度贞(Humbert Augery)、聂仲迁、穆迪我(Jacques Motel)、毕嘉、张玛诺

---

① 闵明我(1618—1686),博学的西班牙多明我会传教士,1658年至1670年在中国。1677年起直至去世,他一直担任圣多明哥大主教。闵明我不喜欢耶稣会——不论是在中国的还是在别处的,他认为利玛窦的适应政策荒谬透顶,对在中国传播福音产生灾难性后果。他的《中国历史、政治、伦理和宗教概观》里充满了对耶稣会的恶意攻击,上面还有龙华民的一份报告的翻译,这些文章写于17世纪20年代,反对利玛窦的适应政策(参见本书第150页注释①)。在这之后,他写的著作《大中国修会的古今论争》(*Controversias Antiguas y Modernas de la Mission de la Gran China*)更加尖刻。这本书没有全部出版,出版的部分也只印出很少的几本。参见J.S.卡明斯(J.S.Cummings):《闵明我修士旅行与有争议的问题》(*The Travels and Controversies of Friar Domingo Navarrete*),1962年。

② 安东尼·阿诺德(1612—1694),著名的"伟大的阿诺德",一位屡受怀疑的詹森派(Jansenist)教士,酷爱争辩。曾在法国遭受迫害,其生命最后16年在布鲁塞尔度过。他有一本闵明我的《大中国修会的古今论争》,并在《耶稣会士的实践道德》(*Morale Pratique des Jésuites*,共34卷,1780)第16卷里大量引用闵明我这本书中的内容。巴耶尔在《中国日食》里提到了闵明我和阿诺德。

③ 殷铎泽(1625—1696),西西里耶稣会士,1659年至1696年在中国。1671年至1674年在罗马负责耶稣会事务。他带回了两部非常重要的著作:一是《中国智慧》(*Sapientia Sinica*,1662),书里面的汉语文章配有由他本人和郭纳爵合作翻译的《大学》和《论语》的第一部分的拉丁译文,还有一篇《孔子传》。《大学》和《论语》是"四书"中的两部,是孔子儒家学说的基石。二是《中国政治道德学说》,殷铎泽翻译了里面的汉语文章《中庸》(*The Doctrine of the Mean*),《中庸》也是"四书"中的一部,还有一篇新的《孔子传》(1667、1669),其中的第一本在江西印刷出版,第二本在广东和果阿印刷出版。这两部著作的汉字以及它们的拉丁语直译都遵循了汉语的印刷方式,都是从木刻版上印下来,欧洲的东方学家们对此有着极大的兴趣,但是似乎在欧洲见不到几本。巴耶尔从来没有提过第一本。1666年,柏应理在广东流放期间,给一位不知名的人写的一封信上说,殷铎泽已被选为会长,将带来他翻译的《孔子道德哲学》(*Moral Philosophy of Confucius*),应该鼓励他在比利时发表,比利时是出版这类著作最合适的地方——殷铎泽为这部书付出了艰苦的劳动,完全可以说是他本人的著作。参见G.F.瓦尔戴克(G.F.Waldeck):《"耶稣会士柏应理关于侍奉比利时教会"历史语录选编》('Le P.Philippe Couplet, Malinois, S.J.'),载于《比利时教会史选集》(*Analectes pour servir a l' histoire ecclesiastique de la Belgique*),1872年。

(Manuel Jorge)、柏应理、鲁日满和恩理格(Christian Herdtrich)。①

殷铎泽回到罗马,给维也纳的皇家图书馆寄去一本。他还鼓励基歇尔(Athanasius Kircher)把他翻译的孔子著作连同注释一同发表,但是欧洲读者还是到1687年才看到巴黎出版的《中国哲学家孔子》一书。我们都知道,这本书的编辑有殷铎泽、恩理格、鲁日满和柏应理。②

这一版与在中国和果阿出版的没有什么不同,只是在孔子生平部分省去了关于孔子家族、儒教及永乐皇帝赐给他殊荣等一些介绍,但加上了有关暹罗公使馆的一些情况③。另外,汉字都被省略了。这部著作的第一本上的单词右上角注有数字,意思是这些单词的汉字在别处印出。可是这些汉字到底在哪儿我一直没有找到。④

柏应理也带回欧洲一个长篇文章,上面有儒家学者做的评注,由耶稣会士中最有学问的人抄录下来,并由一些中国学者加以润色。(我认为这篇评注与殷铎泽带到罗马并由基歇尔编辑的那篇同出一辙,可同殷铎泽描写的

---

① 这16位耶稣会士和谢务禄是康熙当政时期被流放到广东的22位耶稣会士中的成员。1665年至1671年,他们在他们的住院被俘,被一起抓去的还有3个多明我会修士,其中就有闵明我和方济各会的修士利安当(Antonio de S. Maria Caballero)。卡明斯的书中生动描述了他们的流放生活。巴耶尔没有见过这本书,他一定是从兰贝克的目录里找到这些名字的,但犯了一些奇怪的错误,参见本书第35页注释①。

② 《中国哲学家孔子》(1687)一书里有一篇署名柏应理的前言,长105页,一篇孔子生平,还有《大学》《中庸》《论语》三篇完整的翻译,或者毋宁说是解释。附录中是两份谱表,一份是《中国王朝年代表》(*Tabula Chronological Monarchiae Sinicae*),另一份是《中国皇家家族谱系表》(*Tabula Genealogica Trium Familiarum Imperialium Monarchiae Sinicae*),标明的年份都是1668年。恩理格(1625—1684),奥地利耶稣会士,1660年至1684年在中国。柏应理(1622—1693),弗莱芒耶稣会士,1659年至1681年在中国。1682年到1693年,他在欧洲负责耶稣会事务,1693年死于去往中国的途中。在巴黎时,柏应理组织编辑《中国哲学家孔子》。他被称作是这部书的作者,也许因为书的重要的前言署名是他,所以直到现在有时也这样称他为书的作者,前言的最后一部分的确是他写的。

③ 1684年11月到1685年3月暹罗王派出一个小规模的公使团进驻巴黎。参见吕西安·拉尼尔(Lucien Lanier):《1662至1703年法国与暹罗王国关系历史研究》(*Etude historique sur les relations de la France et du royaume de Siam de 1662 à 1703*),1883年。

④ 文章中一些单词后面的数字显然是指书中出现的那些汉字,它们不仅出现在第一本《大学》里面,也出现在第三本《论语》的第一部分中。在手稿中,这些词都有音译,还留下空白处以添加汉字。柏应理在巴黎负责编辑这部书时曾希望,能够在单独的页面上印出汉语文章,出自柏应理1687年3月6日写给门采尔的信件,参见亨特藏书MS,第299号。永乐皇帝(1403—1425年间在位)发布诏书:"吾景仰孔子,帝王之师。"也是得助于此皇帝,新儒家哲学全集《性理大全书》(*Xingli Daquan shu*)得以出版。从《中国哲学家孔子》的前言对中国哲学的描述中,可以看出这部著作地位尤其突出,巴耶尔在他最后出版的著作《论春秋》中提到了这部书。

关于中国近来不可思议的迫害事件一书相比较,第393页)①

上文提到的版本只印了这篇文章不到1/3的篇幅。他们觉得这些还不应该公开,所以柏应理,或者在巴黎、罗马的其他耶稣会士决定保守秘密,并对其进行深入研究。不知是通过什么渠道,这份手稿落到了让·埃蒙(Jean Aymon)手中,此人曾经编辑过关于君士坦丁堡骚乱的文章,这场骚乱是由希里尔·卢卡(Cirillo Lucaris)事件引起的。② 我想要不是编辑们不想承担出版费用或者囿于其他障碍,从远东窃取来的这些赃物也都会被他发表。

18年前,卫方济(François Noël)在布拉格出版了他的《中华帝国古典六书》(*Sinensis Imperii Libri Classici Sex...*)。我一直在找这本书,尤其是我在莱比锡的时候,可是直到今天我也始终没有找到一本。本想《学者文集》上的学术评论应该能回报我的苦心,但这篇评论文章并未让我满意。我读过这

① 括号中的话印在巴耶尔文章的脚注里,意思是指殷铎泽写的一篇关于在中国看到的一些奇事的小文章,登载在《关于耶稣会传教士在中国确立和发展正确信仰的历史报告》(*Historica relatio de ortu et progressu fidei orthodoxa in Regno Chinensi per missionarios Societatis Jesu*,1672)上。文章写于1672年1月25日,罗马。在文章的结尾,殷铎泽提到一些在华耶稣会士写的一般性介绍中国的书,他写道:"要想更深入地洞察中国人的政治与道德学说还要耐心等待殷铎泽对两位中国哲学家著作评注的拉丁译文。基歇尔神父正忙于把它们印刷出版。"显然,巴耶尔认为存在这样一本书,其实书从未出版。

巴耶尔不可能看到过特维诺(Melchisédech Thévenot)的《多次奇妙之旅见闻录》(*Relations de divers voyages curieux*,1663—1672)的第4卷,殷铎泽的两篇作品都在此书中,即《孔子生平》和《中庸》。这两篇一定是17世纪70年代早期殷铎泽在欧洲的时候就给了特维诺。《孔子生平》有拉丁文和法文两个版本,《中庸》的一部分节选用法文翻译。如果巴耶尔看过的话,他肯定会对编辑在第23页关于节选的注释发表意见,这个注释是这样说的:"仅仅翻译孔子的学说是不够的,只有对其加以注释和解释才能让人理解。殷铎泽神父答应我们作注释,在我们等待它们出版之前,我在此(用法语)翻译几句,这几句不用借助解释也能懂。"这似乎证实了巴耶尔的猜测——实际上,《中国哲学家孔子》的前言的第一部分好像写于1667年前后,里面就有注释了,还是张居正所作的——这部分很可能就是殷铎泽写的!参见龙伯格:《大学士张居正与早期在华耶稣会士》('Chief Grand Secretary Chang Chü-cheng and the early China Jesuits'),载于《中国教会研究(1550—1800)》卷3,1981年,第2—11页。

② 巴耶尔关于部分手稿没有出版的事来自让·埃蒙(1661—1734)的《学者文集》1713年1月。让·埃蒙,臭名昭著的法国作家和手稿扒手。1706年,生活在巴黎外方修院(Séminaire des Missions Etrangeres)时,他担任国家图书馆助理馆员,从图书馆里偷出了几本手稿。他带着这些手稿逃到荷兰,在那里印刷其中的一些,另外一些手稿中有《希里尔·卢卡信件》(*Lettres Anecdotes de Cyrille Lucar*),希里尔·卢卡是备受争议的君士坦丁堡的牧首,发表卡尔文教观点。1709年,让·埃蒙被迫交出一些手稿。《学者文集》里的文章充满了对耶稣会士恶意的攻击,让·埃蒙说——但没有说如何——他得到950页《中国哲学家孔子》的手稿,并扬言要全部发表,因为"耶稣会士藏匿了2/3的内容"。手稿现保存在巴黎国立图书馆里(Fonds Latin 6277,Ⅰ-Ⅱ),共有682页,但是前言部分没有了。的确,1687年当书印出来时,手稿的一大部分都没有了。参见龙伯格:《〈中国哲学家孔子〉中的新儒学意象》('The Image of Neo-Cofucianism in Confucius Sinarum Philosophus'),载于《思想史》1982年第44期,第19—30页。

位耶稣会士的另一本小书,知道他对中国事情极其精通,我会在更适当的时候再讨论这本书。①

在这里,我没有像某些人那样以年代顺序介绍孔子,这些人在欧洲这个领域的研究已很有名气。

在老一辈中,克劳德·撒迈兹(Claude Saumaise)据说是最先从事这方面研究的人士之一。② 只是当时时机和汉学研究的条件尚不成熟。我不知道他是从哪儿得知汉语与西徐亚语相似——这就像皮特罗·德克西拉(Pedro Texeira)拿汉语与乌兹别克语相提并论一样离奇古怪。③

撒迈兹说几乎所有的汉字都是单音节,只有几个字含有不只一个音节。可是我注意到,从他星相学评论文章里的一些话可以看出他好像比斯嘉利格尔更了解汉语语言。撒迈兹的这些话似乎在说他不仅研究科普特语,也研究汉语。他是欧洲第一个研究科普特语的人,但是在汉语研究方面他没有发表过任何东西。另一方面,从他的著作中可以看出,他对科普特语研究虽不是很多,但足以让懂行的读者相信他在这个语言方面的知识比很多那些自诩知道很多的人都要丰富。可关于汉语,都是些老生常谈的东西,因为当时的著作对他来说没有什么帮助。欧洲人不得不等待从中国回来的真正的有识之士提供更好的资料。

---

① 卫方济(1651—1729),比利时耶稣会士,1687 年到达中国。1703 年至 1706 年以及 1708 年以后直到逝世,其生活在欧洲。卫方济的《中华帝国六大经典》(1711)上不仅有"四书"的前三本,还有第四本《孟子》和其他两本儒家经典《孝经》(*Filial Piety*)和《小学》(*Little Learning*)。显然,书的出版量很有限,因为当时其他几个学者,如比尔芬格和傅尔蒙,都抱怨说他们没能弄到一本。《学者文集》上那个评论分别出现在 1711 年版的第 184—186 页、1712 年版的第 123—128 页和第 224—229 页上。关于那本"小书",参见本书第 95 页注释①。参见孟德卫:《西方第一套孔子四书全译本》。

② 克劳德·撒迈兹(1588—1653),法国古典学者,新教徒,1631 年起在莱顿教书。他的主要著作是巨著《索里尼的〈博学家〉一书中普利尼的作为》(*Plinianae exercitationes in Solini Polyhistoria*, 1629)。

③ 皮特罗·德克西拉,约生于 1540 年,葡萄牙历史学家,周游世界的旅行家,著有《皮特罗·德克西拉旅行见闻》(*Relaciones de Pedro Texeira*…, 1610),出版地点不详,介绍了波斯历代国王的历史背景和他的旅行见闻。巴耶尔这两条信息来自米勒的《中国文学与历史传统讲义》(*Monumenti Sinici, quod anno Domini MDCXXV terries in ipsa China erutum…lectio seu phrasis, versio seu metaphrasis, translatio seu paraphrasis*…),载于《语法评论》(*Commentarium Grammaticum*),第 14 页。

撒迈兹离世一年后,卫匡国[①]来到欧洲,还带着一个年轻的、受过良好教育的中国人(1654)。雅各布·格流士(Jacob Golius)收藏了一些汉语书籍,可是书中的汉字他一个也不认识,因为不论是在欧洲还是在亚洲,他没遇到过一个懂汉语的人。[②] 当格流士得知卫匡国在阿姆斯特丹,便迫不及待地去见他。然而,格流士也知道那时卫匡国正忙于编辑他的《中国新图志》,所以他想还是在莱顿等卫匡国为好。卫匡国在去布拉邦特(Brabant)的途中取道莱顿,热情地会见了格流士,每天都带着他,以便整个一周天天都能满足他对汉语的渴求。在安特卫普,卫匡国给格流士提供各种信息,安特卫普的市长亚克·埃德希尔[③](Jaques Edelheer)邀请他们两人到他设在自己家里的汉语研究室做客,在那里他们讨论埃德希尔市长收集的很多汉语资料和信息。他们第一次见面时讨论了一些天文学方面的问题,这些问题是格流士从纳西尔的文章上读到的。

很多年以前——1581 年——约瑟夫·斯嘉利格尔从安蒂奥克(Antioch)牧首伊纳爵(Ignatius)那里得到一份有 12 个汉字的时间周期表,我想是来自纳西尔,不过已面目全非。撒迈兹从伊纳爵和斯嘉利格尔的资料里知道波斯人和土耳其人用 12 个动物名字组成一个周期,当他看到这份中国时间周期表时,撒迈兹相信中国人也是这样做的。但是撒迈兹知道——我不知道他是从哪儿得知——这些动物的汉语名称与周期表上的汉字完全不同,撒迈兹得出的结论是:周期表上的文字是鞑靼语,不是汉语。但是他错了,因

① 卫匡国(1614—1661),蒂罗尔耶稣会传教士,1643 年至 1650 年以及 1659 年至 1661 年间在中国。对于在欧洲的耶稣会历史,他安排出版了 3 部重要著作:《中国新图志》(*Novus Atlas Sinensis*,1655),这本书搜集了当地各种资料,不仅是一份地图册,也是中国地理的综述;短篇《鞑靼战纪》(*De Bello tartarico Historia*,1654),主要基于明朝灭亡期间他个人的经历;还有一部是《中国上古史》(*Sinicae Historiae Decas Prima*,1658),全名是《中国历史初编十卷　从人类诞生到基督降世的远方亚洲》或《中华大帝国周邻记事》,这是在欧洲见到的第一本关于古代中国历史的书籍。这些著作对于 17 世纪的欧洲了解中国有着不可估量的作用。地图册用 4 种语言出版,古代中国历史用拉丁语和法语出版。《鞑靼战纪》非常畅销,用多种语言出版了 27 版,包括瑞典语和丹麦语。参见马雍(Ma Yong):《卫匡国——现代欧洲汉学先驱》('Martino Martini, pioneer of modern European Sinology'),载于《历史研究》1980 年第 6 期,第 153—168 页。

② 雅各布·格流士(1596—1667),荷兰东方学家,是莱顿数学和阿拉伯语教授。在叙利亚和阿拉伯地区游历数年。他的《中华帝国补遗》(*Additions About the Kingdom of China*)印在卫匡国的地图册中,里面有用汉语和阿拉伯语标注的 60 年十进制和十二进制周期表等。巴耶尔所知关于卫匡国和格流士的事情来自格流士的描述,他叙述了与卫匡国交谈的愉悦。参见戴闻达(J.J.L. Duyvendak):《荷兰对汉学研究的贡献》(*Holland's Contribution to Chinese Studies*),1950 年。

③ 亚克·埃德希尔(1597—1657),比利时政治家、法学家。很多客人都欣赏过他丰富的藏书、手稿和绘画作品。

为尽管中国农民和一些相邻的民族的确使用12个动物的名称来指一个时间周期,但斯嘉利格尔在他的周期表里使用的12个字不是动物的名称;它们显然就是汉字,但这些字本身没有什么意义,只是供天文学家用来表示白天和夜间的6个(12个)时辰。正像撒迈兹所怀疑的,它们也是代表12黄道的符号。中国农民、鞑靼人和土耳其人把这些符号用动物的名称来代替。

埃迪恩·拉蒙纳[①](Etienne Le Moyne)在撒拉维安手稿(Sarravianus Codex)的《圣经经文》(*Varia Sacra*)里也加上了这个时间周期表。

约翰·格里夫斯[②]把土耳其国王乌拉贝格(Ulugh Beg)的《震旦时代》(*Epochae Cathaiorum*)从波斯文翻译成拉丁文。这部了不起的著作被误以为是乌拉贝格所为。事实上格流士发现,它完全是纳西尔的著作。同样,纳西尔的《地理》(*Geography*)也是以乌拉贝格的名义发表的。如果把格里夫斯编辑的纳西尔的《地理》与乌拉贝格的《震旦时代》相比较,我确信没人会否认这一点。同样,我确信托马斯·海德(Thomas Hyde)为乌拉贝格编辑的《恒星图表》(*Tables of the Fixed Stars*)也是由纳西尔所著。乌拉贝格[③]是一位聪明、博学的王子,人们出于恭维、谄媚或愚昧、无知,极有可能把100多年前的不朽著作归于他的名下,因为我无法相信他本人会盗用纳西尔的著作。

现在,回到我们正在讨论的不同版本中出现的不同名称,并像米勒在他的《探究震旦》(*Disquisitio de Cathaia*)里那样对这些名称加以比较,格流士说纳西尔把这些汉字写得很糟糕,看来我们不能同意这个说法。很显然,从这些各种各样的偏差中可以看出纳西尔的文章是正确的,只是由于抄写者的疏忽才使之面目全非而被淘汰。

在《中国新图志》中,除了卫匡国用汉语抄写的时间周期表,格流士还加入了他自己的话,对恩师给他的这份东西表达深深的谢意。通过两位学者

---

① 埃迪恩·拉蒙纳(1624—1689),法国新教徒,莱顿的神学教授。他的《多种宗教题材:以希腊短篇集为例》(*Varia Sacra, seu Sylloge variorum Opusculorum graecorum...*)在1685年和1694年出了两版。

② 约翰·格里夫斯(1602—1652),英国数学家,专门研究波斯天文学。他出版了很多著作,其中有《从乌拉贝格著作中看震旦国天文历史辉煌时期》(*Epochae celebriores astronomicis, historicis chronologices Chataiarum...ex traditione Ulug Begi...*, 1650)和《两份地理图表:一份来自波斯的奈斯尔·艾迪尼,一份来自鞑靼的乌拉贝格》(*Binae tabulae geographicae, una Nessir Eddini Persae, altera Ulug Beigi Tatari...*, 1652)。巴耶尔所有关于天文学历史方面的信息可能都来自他的朋友约瑟夫·尼古拉斯·德利尔。

③ 乌拉贝格(1394—1449),"天文之王",帖木儿·朗的孙子,统治包括波斯在内的帝国西部。1420年,他在萨马尔罕(Samarkand)建立了一个新的天文台,替代与之齐名的纳西尔天文台,而纳西尔天文台在1个世纪以前就停止工作了。

的讨论与交流，格流士还从卫匡国那儿获得一些汉语语法规则和一个词汇表。此人能公开承认欠某人的恩情，我非常敬佩他的诚实。

我本人从卫匡国的手稿中获得了很多信息，从一封柏应理写给门采尔的信中我知道卫匡国死时的情况，在这里我想特别提一下。① 卫匡国回到中国第6个年头辞别人世，似乎并不是死于某种大症，只是小的身体不适(1661)。卫匡国曾患消化不良，一位中国医生给他开了一种较温和的药方。卫匡国害怕这样会贻误病情，导致更严重的疾病，所以他宁愿用自己的药，于是他就吃了1德拉克马(古希腊货币单位——译者注)的大黄(rheum officinale)。当中国医生知道这件事后，声称他已经没有什么希望了，过了不久卫匡国就离开了人世。

[中国医生用大黄时总是将其与其他成分混合使用来缓解药物的凉性，中国医生认为大黄凉性至极，所以从不单独使用。总之，中国医生很少使用催吐药或(纯)泻药，也不用放血疗法(phlebotomy)。中国人认为最好是顺其自然，而不使用迟早会损害身体的暴力方法。中国人把大黄切成碎片，把壶架在火上，再把大黄的碎片放在一个网子上，用网子罩住壶嘴，就这样用热蒸汽来熏大黄。然后，在阳光普照的日子里，把它们拿到新鲜的空气中晾晒6个小时，这个缓解程序要重复9次，他们称之为“Kieu chim, kieu xai”，意思是“九湿九晒”。然而，在澳门的葡萄牙人则把大黄切成碎片，放到水里煮，第二天喝这种煮好的药液来缓解便秘。既然欧洲人能够受得了生大黄，柏应理推出的结论是欧洲人的血液比中国人的更富有生机。中国人生活得从容而有规律，很少得暴病。中国南方和北方的医生使用的药也不完全相同。生活在南方的人的体质被认为更加柔和、自然。]

现在，我要谈谈其他从事汉学研究的人的生活状况及其时代，就从生活在我所说的这个时代的斯皮泽流士(Theophilus Spizelius)开始吧。② 1660年，斯皮泽流士写了一本小书，叫作《中国文献评论》(*De Re litteraria Sinensium Commentarius*…)，写得很糟糕，没什么价值，因为里面的内容无非是从门多萨、谢务禄、龙华民、金尼阁和卫匡国那里抄来的我们已经知道的东西。

---

① 下面这段长长的关于大黄的用法的章节内容几乎是一字不落地抄自柏应理写给宫廷医生门采尔的信，这封信写于1684年4月26日的巴黎。在这里似乎不很适当。参见亨特藏书MS，第299号。

② 斯皮泽流士(1639—1691)，德国神学家，学识渊博。他在《中国文献评论》(1661)中引用了波瑟维诺《选集》上罗明坚翻译的《大学》里的一小段译文，但是既没有提到罗明坚，也没提到波瑟维诺。

中国有句谚语是"Twice nine is not more than eighteen"[①]。书里到处引用不同时代、不同国家作者的著作，极其荒谬可笑，与主题有关的东西少得可怜。然而，我认为与其责备这一个人，不如责备他那个时代文人的坏习惯。

斯皮泽流士也从基歇尔的著作中摘抄了一些材料，不过没有《中国图说》里的东西，因为那时《中国图说》还没发表呢。这位作者在他的书里总讲到中国的事情，但是除登出了景教碑文外，没写出任何其他让人感兴趣的东西来。[②] 这个石碑是基督教曾一度在中国盛行的见证，1625年偶然在陕西省首府西安府(Xi'an Fu)的一片废墟中被发现。碑文曾被中国的地方官吏充满敬意地写进一本书里并做了标注，后被译成葡萄牙语送到罗马。在罗马，碑文被译成葡萄牙语和拉丁语出版，随后，基歇尔又把这段碑文收在他的《科普特语入门教程》[③](*Prodromus Coptus sive Aegyptiacus*...，1631)里。

后来，波兰传教士卜弥格(Michael Boym，他的父亲曾是国王的御医)作为耶稣会的代表来到罗马，随同前往的还有两个中国人，一个叫 Don Chin Andreas，另一个叫 Mattheus Sina。基歇尔见过他们，很喜欢与他们交往。卜弥格和这两个年轻人给上文提到的汉语书注音，并将其与保存在耶稣会学院图书馆和使徒戒院档案馆的两份碑文相比较，译成了拉丁语。[④]

基歇尔在他的《中国图说》里插进汉语碑文及其译文。然而，一些汉字抄写错了，还有一些干脆给省掉了，而所有在碑的四周边缘地方的文字都没有翻译出来。书中有几篇文章介绍如何用汉语讲授基督教，但那些文章也

---

① 巴耶尔由于笔误，写的是"Twice eight is not more than eighteen"，简直莫名其妙！巴耶尔从米勒的《中国文学与历史传统讲义》里看到这个谚语，而米勒又是从卫匡国那儿抄来的。

② 景教碑是"Monumentum Sinicum"的现代名称，在17世纪和18世纪一再被讨论和评说。两米半的石板上刻的碑文是用汉字书写的，有几行字是叙利亚文，这个石碑在西安碑林博物馆里保存，字迹依稀可见。这篇汉语文章较长，文笔高雅，谈到造物主上帝、救世主弥赛亚(没有提耶稣受难)及三位一体之说；谈到来自大秦(叙利亚或罗马帝国)的聂斯多里教徒和他们在中国的寺院。文章赞颂唐朝皇帝，说他们保护了基督教。这篇文章很难懂，有很多问题超出17世纪和18世纪汉学家的能力范围。在巴耶尔与北京耶稣会士的信件里我们会发现巴耶尔一再要求得到一份"汉语版"的景教碑文。参见A.C.莫乐(A.C.Moule)：《1550年以前中国的基督教徒》(*Christians in China before the year 1550*)，1950年。在巴黎国家图书馆里有几种汉语版本，参见柯朗藏书(1185—1192)，其中一本由一个叫 Liang-an 的人做了注释，时间是1625年。

③ 《科普特语入门教程》是基歇尔第一部语言学著作。

④ 卜弥格(1612—1659)，波兰耶稣会会士，明王朝衰落不久，即1646年至1650年间在中国南部传教。1651年，卜弥格被派往罗马，给教皇和耶稣会总会长捎去明朝最后一个皇帝永历的母亲赫琳娜写给他们的信件，永历的母亲皈依了基督教。卜弥格与威尼斯总督的会面使耶稣会总会长尤为不快，教皇也没有接见他。1656年，卜弥格离开欧洲，3年后死在中国和越南边境的东京湾附近。那时，罗马没有碑文的副本(现在有了)，但是可能有几本手抄本和(摹拓)拓印。

只有音译，而其他部分对汉学研究的发展没有什么突出贡献，再有就是一篇卜弥格从汉语书里抄录的关于如何写汉字的文章。书中这一章节的汉字虽是古汉字，但完全是人们想象中虚构的事物。①

然而，基歇尔也看到过埃及象形文字。他所看到的是：

> 虫子，猫头鹰，小矮人，鱼骨，
> 蜷曲的蛇，垫子，盘旋的苍蝇。

无数莫名其妙的东西，用我的朋友“金砖”②（Chrysorroas）的话说就是毫无意义……正因为如此，基歇尔把诺亚的儿子含（Ham）和埃及智慧之神（Trismegistus，古代希腊人对埃及司月、文字与智慧的托特神之尊称——译者注）放进了中国历史中，想象他们把象形文字（hierophants）秘传给了中国人，这样也就解释了埃及人迁徙到中国的历史。可是，仔细想过这件事，基歇尔也承认这些汉字与埃及的象形字完全不同。我清楚地知道，基歇尔的《中国图说》是用法语发表的，上面有很多汉语词汇。然而我一直没有机会看到这个版本，更不要说钻研它了，所以关于这本著作我不能发表什么意见。③

我不会忘记卜弥格在中国医学方面的功绩——在这个领域里，欧洲没有人可以跟他相比。然而我不想谈论他写的《中国植物志》（*Flora Sinensis…*），因

---

① 令人浮想联翩的“古代汉字”出现在基歇尔的《埃及的俄狄普斯》（*Oedipus Aegyptiacus…，1652—1654*）卷3第2章第10—21页，也出现在他的《中国图说》的第225—236页（有一个奇怪的改动）。基歇尔说他的材料是从在华耶稣会士卜弥格那里得来的，卜弥格在17世纪50年代曾到过欧洲。他为书取名《怎样写汉字》（*How to Write Chinese Characters*）。事实上，这部分是1612年印刷出版的一本粗糙的百科全书《文林纱锦万宝全书》（*Wenlin Shaqin Wanbao Quanshu*）的第11章，基歇尔那些稀奇古怪的汉字来自那一章的第17—23页。这本书仍保存在梵蒂冈东方图书文献第139号里。巴耶尔的直觉是对的，这些字显然来自中国的民间神话。关于基歇尔的《服从》（*Vorlage*）的详细情况以及这些汉字的讨论，包括欧洲人对它们的想法，可参见龙伯格：《想象中的古汉字》（‘Imaginary Ancient Chinese Characters’），载于《中国教会研究（1550—1800）》卷5，1983年，第5—23页。

② “金砖”，这是巴耶尔给他的同事兼朋友克里斯蒂安·戈德巴赫起的绰号。在拉克罗兹的信件里，这个名字曾被多次提到，信件里还有此人的一些诗作。在科普列维奇和尤斯克维奇编辑的戈德巴赫专著中，有戈德巴赫对莱布尼茨的赞颂诗篇，他称赞这位伟大的哲学家在欧洲的土壤上培植中国哲学。

③ 《中国图说》关于词汇部分的作者等问题可参见沃尔特·西蒙（Walter Simon）发表在《献给高本汉的论文集》（*Studia Serica Bernhard Karlgren dedicata*，1959）（易家乐和顾迩素编）第265—270页上的文章。

为我相信这本著作尚未发表①,但是卜弥格的确给中国医学的理论和实践做了充分描述。

卜弥格编的这本书由柏应理从暹罗经巴达维亚送到欧洲。那时,巴达维亚的荷兰人对耶稣会士极为不满,因为他们认为宫廷里的耶稣会要员在某种程度上应该对他们驻京使馆的失利负有责任。因此,他们把卜弥格的书扔到了一边,但巴达维亚的荷兰远东公司的首席医生克莱耶尔(Andreas Cleyer)挽救下这本书,加以妥善保管,并在德国安排印刷出版,但是没有署卜弥格的名字。②

这部印刷精美的卷本里有从汉语翻译过来的"四书"中王叔和论述经脉的专题论文,也有很多耶稣会士写的文章和信件。书里有一些人体血管和经脉的图画,这些血脉图画得如此粗糙以至于让人们以为那不是解剖专家绘制的,而是小孩子画着玩的。尽管就人体构造方面的知识而言,中国人的确落后于欧洲,但我们不要把这些归咎于中国人的无知,因为我在中国书籍中看到过更好的图画;至于这些恶劣的图画是怎么落到克莱耶尔手中的,一定另有原因。

另外,卜弥格对中国人所理解的经脉所做的注解20年来无人问津,这些残章断篇由柏应理和克莱耶尔送到欧洲出版,以《卜弥格的医学之门》('Boym's Clavis Medica')的标题出现在《利奥波德学院年鉴》(*Annals of the Leopoldine Academy*)上。③

以前,欧洲学者很少写关于中国语言和中国文献方面的文章,直到1669年,英格兰出了个约翰·韦伯(John Webb),他相信汉语是世界上最古老的

---

① 实际上,《中国植物志》这本书1656年就在维也纳出版了。在特维诺的《多次奇妙之旅见闻录》(1663—1672)的第2卷里登有此书的法文译文。

② 《中医图例》(*Specimen medicinae sinicae*…,1682)中绘制粗糙的"血管和脉络"连接着针灸穴位。除木版刻制时把这些图弄颠倒了外,它们还是相当精确地再现了中国医学书籍中血管和脉络的样子。

③ 即《打开中医脉络理论之门》('Clavis medica ad Chinarum doctrinam de pulsibus'),刊登在《德国利奥波德自然科学院医学-物理学杂文集》(*Miscellanea curiosa sive Ephemerides med.phys.Germ.Acad.Caes.Leopold.Nat.cur*…,1686)上。关于作者和编辑以及上文提到的著作等复杂背景可参看本书第75页注释①里提到的爱娃·克拉夫特(Eva Kraft)的文章。有关这些著作内容的讨论及其在欧洲的接受情况参见鲁桂珍(Lu Gwei-djen)和李约瑟(Joseph Needham):《天针:针灸与拔罐的历史与理论》(*Celestial Lancets.A History and Rationale of Acupuncture and Moxa*),1980年,第269—294页。

语言,是其他语言的始祖。① 就连思维缜密、盖世聪明的伊萨克·沃斯(Issac Vossius)也没有拒绝这一思想。不过,也许是因为他厌倦了我们神圣的宗教,也许仅仅是因为他心浮气躁,这个疯狂的、对上帝不恭的人在很多场合表示他情愿生在中国也不愿在我们现在这个地方,这使他成为人们取笑的对象。②

相反,与其说是出于博学,不如说是鲁莽,路易斯·托马桑(Louis Thomassin)坚持认为世界上所有的语言都来源于希伯来语,尽管他关于汉语的了解仅仅来自谢务禄的书,但托马桑确信汉语中有些东西也始自同源。不管怎样,托马桑还是个诚实谦逊的人,在对待这个问题以及其他有关东方事务的问题上很谨慎,从不多言。③

菲利普·迈森(Philippe Masson)与众不同,他借助汉语生动地(如果不是充满激情地)诠释了《摩西五经》(*Pentateuch*)。④ 我相信正是他影响了奥拉斯·鲁贝克(Olaus Rudbeck)。像他父亲一样,鲁贝克聪明博学,坚持认为

---

① 约翰·韦伯(1611—1672),英格兰建筑设计师,古物收藏家。他的文章《关于中华帝国的语言是人类原初语言的历史研究》(*A Historical Essay endeavouring a Probability that the Language of the Empire of China is the primitive Language*,1669)被很多学者视作稀世珍品。事实上,这篇文章内容翔实、有趣,是当时关于自然语言、人工语言或者说哲学语言方面思想的典范。可参见《中国社会政治评论》(*The Chinese Social and Political Review*,1935)上登载的陈受颐(Ch'en Shou-yi)的文章,以及J.布尔德(J.Bold)在《牛津文艺》(*Oxford Art Journal*,1981)上的文章。

② 伊萨克·沃斯(1618—1689),著名的荷兰学者。他一生大多数时间住在英格兰,著有很多神学、编年史、历史著作和其他经典文献。在他的著作里,沃斯"任由他无羁的想象和似是而非的隽语自由驰骋和宣泄"。在《多种观察笔记》(*Variarum Observationum Liber*,1685)的第14章"中国艺术与科学"中,他对中华文明大加赞美。巴耶尔可能只是从唐泽尔广泛传播的《月谈》(1695)第298页上刊登的长篇评论中知道这部著作的。

③ 路易斯·托马桑(1619—1695),法国演说家、神学家和语言学家。在他的巨著《通用希伯来语大全》(*Glossarium universale Hebraicum*...,1697)里,托马桑力图证明几乎所有的语言都来源于希伯来语。托马桑从安文思的著作里读到一个汉语音节有11种不同的读法,对应11种不同的意思,他总结说,这一不合规则的现象是由于汉语语言的"纯朴(rusticity)"!

④ 菲利普·迈森(约1680—1750),法国新教教士,住在荷兰。在《古今文学共和国批评史》(*Historie critique de la Republique des Lettres tant anciennes que modernes*,1712—1718)的第2卷至第4卷上他发表了3篇关于汉语和希伯来语之间的关系的长篇文章。他说,汉语语言是古希伯来语的一个方言,懂得汉语有助于理解《旧约》中的某些词语。《旧约》上说,上帝给沙漠中的以色列儿童带去的食物被称作"manna",意思是"我不理解这个词"。用汉语的 man (馒头,man tou),指蒸汽蒸熟的面包,就很容易解释了。在同一期的第5卷,科学院院长比农(Abbé Bignon, 1662—1743)让他安静下来,不要再妄言,比农也是傅尔蒙和黄嘉略的赞助人。在1713年第3卷第272—276页上,有一封由一位"柏林学者"写给"他在乌得勒支(Utrecht)的朋友"的信。这肯定是柏林皇家图书馆馆员拉克罗兹写给菲利普·迈森的。迈森好像一直在写信给拉克罗兹,探讨他的"词源学研究",因为拉克罗兹写道:"我同意你上封信里告诉我的一些事情,但有些事我几乎一点也弄不懂。我需要系统了解你对汉语的发现才能对它们进行判断。"巴耶尔可能只是通过与在柏林的拉克罗兹的讨论才听说迈森其人及其观点的。

他的母语哥特语就是希伯来语。鲁贝克沉溺于让人惊异的奇思妙想中,并以恢宏的气势把它们表述出来,连最有头脑的读者都会不由自主受到蒙蔽。鲁贝克把哥特语和汉语加以比较,成为迈森思想的最强有力的捍卫者。[①]

从我个人来讲,我不喜欢这些事情,并不是因为我接受不了这些饱读诗书的人在语言本质或语言哲学方面从事繁忙的研究——正相反,我对他们的才智和勤勉非常敬佩。然而,他们的研究结果过于模糊和肤浅,非但没有使问题澄清,反而使之更加扑朔迷离。比较世界上所有的语言以求找到原初语言,这方面的研究决非一人的能力和才学所能胜任。几个学者间的合作是必要的,问题是谁愿意以这样的方式工作?他们又怎样才能达成一致的意见?

首先,在今天来讨论亚洲语言之间的关系和关联根本就是不可能的。当今欧洲语言间的关系现在正在被兢兢业业、头脑灵活的学者们所昭示,但是东方语言间的关联我们还几乎一无所知。因此,我承认我情愿相信鲁贝克优美华丽的辞藻也不愿聆听格洛斯特(Gloucester)主教大人威廉姆·尼克尔森(William Nicholson)提出的梅尔巴克语(Malebaric)、汉语和日语彼此之间是相互关联的。[②] 似乎艾比查墨斯(Epicharmus)的诗总在我的耳畔响起:

> 理智有两条法则:
> 头脑清醒!批判态度![③]

另一方面,我也不想像辛克尔曼[④](Abraham Hinckelman)那样坚决否认汉语语言最终可能也是来自希伯来语。我通常对深奥未知的事物尽量不发

---

① 奥拉斯·鲁贝克(1660—1740),老奥拉斯·鲁贝克(1630—1702)之子。老奥拉斯·鲁贝克是乌普萨拉(Uppsala)的医生,学识渊博,著有著名的《亚特兰蒂斯国》(*Atland eller Manheim*)一书,于1675年在乌普萨拉出版,上有瑞典语和拉丁语。巴耶尔在他的几部跟汉学研究无关的著作里都对此书进行了抨击。奥拉斯·鲁贝克是医生、植物学家,像他父亲一样,致力于历史研究。他的大作《亚洲与欧洲语音对照辞典》(*Thesaurus iinguarum Asiae et Europae harmonicus...*)里只有几页于1716年在乌普萨拉发表。他的哥特语与汉语比较文章登在《哥特语使用范例补充:哥特语与汉语之比较》(*Specimen usus linguae gothicae...*,1717)上。

② 威廉姆·尼克尔森(1591—1672),格洛斯特主教,著有很多神学著作,热衷于语法研究。

③ 艾比查墨斯(约公元前540—公元前450),希腊喜剧诗人。这两行引文可能是巴耶尔从《写给阿提卡斯的信件》(*Letters to Atticus*)卷I,19,8上西赛罗的引文里抄来的。

④ 辛克尔曼(1652—1695),德国神学家、东方学家。他最先在欧洲出版了阿拉伯文的《古兰经》(1694)。辛克尔曼读了神学家对其著作恶意攻击的文章后,死于中风,享年45岁。

表意见。

现在我将回到我的出发点上。我们听说过很多学者想写些著作以求对汉学研究有所贡献,但由于缺乏恒心而一无所获。然而,我们终于有了米勒和门采尔！我们第一次看到,这两位学者既充满了求知的激情,又写出了令人折服的研究著作。

[我一直没能查到在坎纳(Canna)某个叫纳努斯(Nunnus)的人,据说他用意大利文写过关于汉语语言方面的文章,我也不知道这是什么年代的事。]①

安德里亚斯·米勒出生在波美拉尼亚(Pomerania)的格莱芬哈根(Greiffenhagen)一个贫苦朴实的家庭里,随着事业的发展,他在教会里获得了显赫的地位。戈特弗里德·斯达克(Gottfried Starck)介绍过他的自传,我在这儿不想谈他的自传,只想说与当前问题相关的一些方面,而其中大多数都是斯达克漏掉的。②

当米勒任特雷普托(Treptow)的教区长时,埃德蒙·卡斯特尔(Edmund Castell)正在与布莱恩·沃尔顿(Brian Walton)、海德、塞缪尔·克拉克(Samuel Clarke)、托马斯·格里夫斯(Thomas Greaves)还有其他一些学者写他们的伟大著作——与巴黎《多语圣经》相媲美的——《圣经》,无论是公开出版的还是图书馆里的手稿,里面有所有东方作者所做的评注。米勒曾与卡斯特尔合作多年,一起从事这项恢宏的工程,但是那时他还不懂汉语。当时在英格兰没有人懂汉语,切斯特主教约翰·维尔金斯是哲学语言的优秀建构

① 这段文字来自米勒的《中国文学与历史传统讲义》(米勒称之为"关于汉语书写",还说他不记得叫什么了)。本书作者也没有查到这个叫纳努斯的人。

② 安德里亚斯·米勒(约1630—1694),德国东方学家,出生在波美拉尼亚什切青(settin)附近的格莱芬哈根。米勒是个神童,16岁时就用拉丁语、希腊语和希伯来语作诗。曾在洛斯托克(Rostock)、格来弗斯瓦尔德(Greifswald)、维滕贝格(Wittenberg)学习。1660年到1661年他在英格兰,可能与卡斯特尔一起工作过一段时间。1667年,他被任命为柏林路德教派尼古拉教堂(the Lutheran Nicolaikerche)教区长,但是他于1685年辞去这个职位,回到了什切青,之后一直生活在那里。米勒发表了很多关于东方学研究的著作,其中大多数是关于中国问题的。关于他的自传和书目索引,可参见奥古斯特·米勒(August Müller):《开场演说》(*Eröffnungsrede*),载于《德国东方学会报》(*Zeitschrift d. Deutschen Morgenländischen Geselschaft*)卷35,1881年,Ⅲ-ⅩⅥ。斯达克的关于安德里亚斯·米勒的生平登在他编辑出版的《各种语言字母与注释大全》(*Alpha kai Omega-Alphabeta ac Notae diversarum Linguarum*…,1703)的前言上。斯达克说,米勒在英格兰与一些学者们合作10年,出版了伦敦《多语圣经》,斯达克的说法并不正确。这个错误被重复多次,直到1881年奥古斯特·米勒纠正了这个错误,解释了其中的误会。巴耶尔关于米勒的生平和著作的消息大多来自米勒写给唐泽尔的信件和各种笔记,米勒把这些资料寄给唐泽尔,让他发表在他的《月谈》杂志上。

者,甚至他本人也不懂汉语。显然,像沃尔顿一样,米勒对汉语一无所知。不过,沃尔顿在《多语圣经》(*Biblia Sacra Polyglotta...*)的前言中讨论亚洲语言时提到过汉字,指出汉字与埃及的象形文字完全不同,只利用9个简单的线条,组合构成不计其数的汉字,简单的汉字再组成合成汉字——以前没有任何人说到这个问题。经过仔细地思索,米勒足以从这短短的几句话里悟出更多的东西来。①

10年后,米勒回到德国,成为柏诺(Bernow)地方的教区长。但是米勒对文献研究的兴趣还是吸引他定期去柏林,在那里他可以在选帝侯图书馆钻研书稿。米勒专心致志研究一位鞑靼作者的书,书名是《关于神圣的事物》(*About Divine Things*),他把这本书从土耳其语译成拉丁语,献给了大选帝侯、普鲁士大公弗里德里希·威廉。② 那时,米勒没有接触汉语书籍,因为——如他本人所讲——一想到诸多困难,他就不寒而栗。但是,到了1667年,有人给他送去基歇尔的《中国图说》,他便立即编排大秦景教碑文上的汉

① 英国出版的伦敦《多语圣经》由布莱恩·沃尔顿(1600—1661)和多位有学之士于1653—1657年在伦敦出版。上面有希伯来语、希腊语、拉丁语、俗语本(Vulgate)、七十子本(Septuagint)、卡耳迪亚语、叙利亚语、撒马利亚语、阿拉伯语、波斯语、科普特语的《圣经》,有的是全文,有的是部分篇章。封面由约翰·韦伯绘制。卡斯特尔(1606—1685)与沃尔顿合作伦敦《多语圣经》后,出版了他的巨著《多语词典》(*Lexicon Polyglotton*,1669)。托马斯·格里夫斯(1612—1672),英国东方学家,约翰·格里夫斯的兄弟,约翰·格里夫斯是数学家,研究波斯天文学。塞缪尔·克拉克(1625—1669),英国东方学家。巴耶尔从《多语圣经》(1653—1657)卷6第10页的前言上摘录的引文与谢务禄的《大中国志》上的一字不差,沃尔顿也是这样说的。巴耶尔只是从沃尔顿那儿得知谢务禄的吗? 加上前言第4页上的一些文字就是巴耶尔所知关于谢务禄的全部信息。不管怎样,我们不明白巴耶尔说"以前没有任何人说到这个问题"是什么意思。约翰·维尔金斯,参见本书第105页注释①。

② 选帝侯图书馆(Churfürstliche Biblithek zu Cölln a.d.Spree)于1660年在柏林建立。1701年易名为国王图书馆(Königliche Bibiothek)。米勒的第一本书的标题是《某一土耳其人写给一个鞑靼人关于一个叫阿奇左·奈斯菲尔斯本人对神的认识的手稿节选》(*Excerpta manuscripti cujusdam Turci, quod ad cognitione Dei et hominis ipsius a quodam Azizo Nesephaeo, Tartaro scriptum est ...*, 1665)。

字。① 第二年，米勒恰巧读到一个阿拉伯人写的书，讨论另一种文字，天意神命——他这样告诉自己和他人——使他萌生了一个想法，他要建构一把“汉语钥匙”，打开汉语语言之门(1668年11月18日)。我不知道那个阿拉伯人是谁，也不知道他都写了些什么，恐怕只是米勒不想技艺外传，所以给这个阿拉伯人的神奇发明蒙上了一层面纱。我倒认为米勒是读了波斯人阿·巴达维书中几行关于汉字的重要论述才得此想法的。坦率地说，我认为沃尔顿已经很明确地表明什么是汉字系统的关键。不管怎样，对于米勒来说，大量繁重乏味的工作还在等他去做。

大约在1669年，有人给米勒写信说，基歇尔的《中国图说》面世13年前——这正是卫匡国到达欧洲的时间——他从阿姆斯特丹一个叫约翰内斯·S.玛鲁斯(Johannes S.Maurus)的人那里收到一些汉语资料，他把这些资料牢记在心，并据此翻译一些汉语文章。参考基歇尔的书，他更加完善了他的知识系统，以至于懂得如何根据汉字规则和结构要素来分析汉字。米勒敦促此人揭开秘密，但没能劝说成功。然而，这恐怕又是米勒编的一个故事，这完全符合米勒这个人做事的方式，这就是我得出的结论。

从他那时出版的著作里可以清楚地看出《汉语钥匙》的进展非常缓慢。至于编辑关于马可·波罗的故事，米勒本可以用到《柏林典籍》(*Berlin Codex*)来修正和充实，但事实上他在这方面没有做什么。与之配套的卷本，《探究震旦》，里面全是些来自各个时期的形形色色的作者关于中国的陈述——

仁者见仁，智者见智
每个人都有他自己的看法……

---

① 基歇尔(1602—1680)，德国伟大的学者，一生中大部分时间在罗马大学(the Collegio Romano)度过。他发表了大量数学、光学、磁力学、音乐以及有关巴别塔和诺亚方舟等方面的学术巨著。他的大秦景教碑文的译文第一次出现是在他的著作《科普特语入门教程》上。他的《中国宗教、世俗和各种自然、技术奇观及其有价值的实物材料汇编》(简称《中国图说》——译者注)(*China monumentis qua sacris qua profanis illustrata*…，1667)里有译成法语的汉语文章，还带有汉语词汇表。这部著作极其重要，在欧洲和中国都引起极大关注。基歇尔的大部分著作都充满了缜密的思考，影响了一大批欧洲和中国的“索隐派”(Figurists)。利雷(Conor Really)写过一本关于基歇尔的专著，写得很糟糕，书名是《百艺大师基歇尔》(*Athanasius Kircher—Master of a Hundred Arts*，1974)。关于基歇尔，还有一本著作图文并茂，流传较广，作者是乔斯林·戈德温(Joscelyn Godwin)，书名叫《基歇尔——文艺复兴流失知识探索者》(*Athanasius Kircher-a Renaissance Man in Quest for Lost Knowledge*，1979)。

陈述完一个作者的见解,举出有人同意,也有人反对,他便一再说这个问题需要更加仔细地考虑,结果一切都无定论,甚至比特兰斯(Terence)的《佛米欧》(*Phormio*)中的赫吉奥(Hegio)还要糟糕。他忽而跟随这个作者,忽而又是另一个,肯定了又反悔,没有一点个人见解;他既没有说清其他人的想法上的差别,也没有像格流士那样,无论多么微不足道,也要表明个人好恶。他还把格流士广为人知的关于《资治通鉴》的笔记放进了他的书里,并修改了谬误。米勒的汉字跟以往一样糟糕,以至于你不得不事先认识这些汉字才能从中辨认出来。即使在这样一个需要他表明思想观点的时候,米勒对汉语语言的评论仍是微乎其微。①

当时,米勒作为教区长被召到柏林,他可以充分利用选帝侯图书馆来写他的《汉语钥匙》。但是从他下一本讨论大秦景教碑文的书《中国文学与历史传统讲义》来看,他未能这样做。在这本书里,米勒用音符来表示汉语音节的调式,好像我们得想象全国的人都在集会上歌咏——四音、八音、双八音!米勒真是太蠢了,竟然被基歇尔的异想天开给蒙蔽了,基歇尔聪明得甚至可以教鱼唱歌,更不要说是人了。

米勒声称他纠正了基歇尔的错误,并增补了基歇尔漏掉的景教碑文部分,而实际上他还是重复基歇尔的错误,还增加了一些他自己的。文章的结尾处被篡改了很多,而他竟没有看出这些毛病。他在注释里匆匆忙忙打的结连小孩子都可以解开——无须什么"雄辩之士"。②

米勒提到并大肆渲染其他学者在汉语语言方面的困难,然后说:"对于我来说没有什么特殊的困难,因为我已经找到阅读它的方法。然而,要解释汉语语言,我认为时机尚未成熟,再说也没有人要求我这样做。要是我能像读汉字那样有把握,确信会获得经济上的回报、教会的职位和安宁,我相信在一年的时间,或者说一个月的时间,甚至更短的时间里,我甚至可以让女人学会读汉语书和日语书,而当她们学会语法规则以后还会翻译。"可是,他又引用了《塔木德法典》(*Talmud*,犹太法典——译者注)中关于一个拥有巨

① 《威尼斯人马可·波罗游记校考》(*Marci Pauli Veneti…itemque…de Catajo…Disquisitio*,1671)——引文出自特兰斯的《佛米欧》,第454页。

② "匆匆忙忙地打结(to bind knots in the rush)"是一个拉丁谚语。"雄辩之士"原文是希腊语"Tenedios synegoros",可能出自5世纪拜占庭语法学家斯蒂芬(Stephan),他的著作在17世纪和18世纪多次再版。这句可能指《伊利亚特》的第一首歌。

额财富的人找不到一个银行家愿意接受他的担保的故事。①

米勒听说有个人——出于善意,他没有提这个人的名字——扬言要出版一部《12 种东方语言入门》(*Introduction to Twelve Oriental Languages*),其中包括汉语,听到这个消息,他有些不安。如果这个人不是妒忌他的著作《中国文学与历史传统讲义》,那也没有什么可担忧的。

这个人就是奥古斯特·费弗尔(August Pfeiffer),费弗尔那时住在塞里西亚(Silesia),写过一些关于"16 种东方语言"的东西。然而,费弗尔关于汉语和日语的讨论绝对称不上是入门或介绍——他甚至没有告诉我们从哪方面入手。就好像他在"考夫丁峡谷(Caudine Forks)"上,用手指着萨姆奈特(Samnite)的某个要塞,那要塞地处沼泽,深藏在茂密的树林中,不仅遥不可及,而且根本就看不见。②

米勒在《中国文学与历史传统讲义》里也为充实汉语语言的研究搜集了一些材料,可是这些材料杂乱无章,根本无法归类,不是老生常谈就是自相矛盾——没有任何价值和建树。至于《汉语钥匙》,米勒就像一个有好铁好铜的锁匠却非用废金属屑制了把钥匙——他的确写出了东西,但根本没有任何进步。关于汉字,米勒还是缄口不言,好像他是刚刚接触到这个神秘东西。他的自信使他把大秦景教碑文上的汉字拆开来又重新组合,以显示汉字中某些晦涩和不合常理的意义。然而,我不相信他能够这样做,也不相信他会决定使用卜弥格没有译出的、处于碑文四周边缘上的文字来做这些。有一点在我看来暴露了他的无助和无奈,那就是他处理"rigo"这个词的方式。"rigo"作为圣人的称呼在译文中出现两次。看到这个词,他浑身颤抖,好像见了鬼似的。米勒清楚地知道,在汉语中没有"r"和双音节字。那该怎么办呢?平静下来,他说:"也许这是一个葡萄牙语词 rigo(意思是"河流")。"随后,信不信由您,他开始大谈犹太神秘教主义者(the Cabalists)以

① 《塔木德法典》的引文在米勒的文章里使用的是希伯来语——显然,在巴耶尔那个时代圣彼得堡还没有希伯来文的活字印版。

② 奥古斯特·费弗尔(1640—1698),德国新教神学家、东方学家,维滕伯格东方语言教授,以他诸多充满争论的著作而闻名,尤其是他反耶稣会的文章。他的小书《东方导论》(*Introductio ad Orientem*,1671)讨论了 16 种东方语言,汉语、日语、阿纳奈特语(Annanite)和马来语总共用一页半就打发了。在前言里,他写道:"我可以介绍更多汉语,尤其是如何解决汉字问题,但是,我还是宁愿等米勒发表他所承诺的东西后再谈。"典故"考夫丁峡谷"来自利维(Livy)在其《历史》(*History*)第 9 卷中关于第二次萨姆奈特战争的记述。

及《启示录》(*the Apocalypsis*)中提到的河流![1] 然而,事实上,这个"rigo"只是汉语"我(ngo)"的一个笔误或是误印,"n"看起来象"ri",这个字极其普通,学汉语的人一开始就会学到这个字。唐泽尔说过这个字,米勒本人后来在与他的《中文图书馆分馆》(*Oeconomia Bibliothecae Sinicae*)一同印刷出版的汉语和拉丁语版的《主祷文》的注释中承认了这个错误。[2]

那时米勒还出版了他的《汉语语言观察集》[3](*Hebdomas Observationum Sinicarum*,1674),里面出现了更多的疏漏。例如,在讨论人参时,米勒写道:"如果情况允许,我会把这篇文章翻译出来,印在这里作为例子来说明。"米勒有时感到他必须证明他所吹嘘的汉语知识,而那些知识又是那么模棱两可、令人怀疑。那时,米勒拥有弗里德里希·威廉王子这位不朽的英雄的大力支持和鼓励,还有什么困难能阻碍他完成《汉语钥匙》这项高尚的工作?这部书早已是名噪一时,备受关注。后来,甚至在临危的战场上,这位博学的王子心里还装着公众的利益,怀着极大的善意近乎奉承地敦促米勒完成这部书。我看过这位王子驻扎在什切青昼夜攻打要塞据点时写给米勒的信。在这些信里,王子感谢米勒给他的书,也感谢米勒给他翻译那些书名,并谈论即将收到的来自印度的一些书籍。当这位伟大的王子统领军队从事如此伟大的事业时,我们还能期望他做些什么呢?他的妻子特罗茜公主(Dorothea of Holstein)同王子一样也向米勒表达了谢意。

威廉王子为帮助米勒从事研究而购置了很多书籍,米勒本人也通过在比利时和印度的朋友获得其他一些相关的书籍。这些人当中最重要的是尼古拉斯·威特森(Nicolaas Witsen),威特森为米勒弄到了大量书籍,其中包

---

① 巴耶尔讨论的这一段在《神学评论》(*Commentarius thelogicus*)的第42页,载于《教义》(*Dogmata*)第2卷。ngo(wo)是第一人称单数(我)。

② 唐泽尔(1659—1707),德国著名语文学家与钱币学家。他的期刊《月谈》(1689—1698),以及其后的《珍奇图书》(*Curieuse Bibliothec*,1704—1706)在当时非常受欢迎。这些期刊上有大量关于汉学研究的信息,包括米勒、门采尔和莱布尼茨的文章。他这里讲到的米勒的错误在《月谈》(1691)第294页,米勒承认他的错误刊登在《周日祷文及中文图书馆分馆翻译与笔记》(*Oratio Dominica Sinice cumque versione et notis itemque Oeconomiae Bibliothecae Sinicae*,1676)。1692年,《月谈》上(第830—831页)刊登了米勒的一封重要的信,在这封信里米勒把这件事告诉了唐泽尔,说他在基歇尔的书里,也就是《中国图说》里,注意到这个错误,只可惜太晚了,没来得及在他的《中国文学与历史传统讲义》里把这个错误改正过来。

③ 该书全称为 *Hebdomas Obserationum de Rebus Sinicis*。

括艾儒略(Giulio Aleni)的《天主降生出像经解》('Historia evangelica')。[1][2] 这位博学的市长本人对北亚很感兴趣,并计划写一部有关这一地区的著作。他寄给米勒中国地图,请米勒解释长城以外地区的情况。如果米勒喜欢,威特森愿意把地图送给他。由于米勒对这个地区不感兴趣,所以没有提供什么帮助。然而,这件事之后,我们从米勒写给赫维流斯(Johannes Hevelius)的信中得知他还是决定写点关于中国地理方面的东西。[3]

[我本人找到一些保存尚好的地图,长城以外地区的名字使用蒙文标示。这些地图正被我的朋友弗朗索瓦·约瑟夫·德利尔(François Joseph Delisle)所用,他正准备写一部地理方面的书,介绍整个俄罗斯帝国和与之相邻的东方地区。][4]

维特森关于北亚和东亚的书印了两次。第一次即1692年版送交到彼得大帝那里,威特森感到彼得大帝对这本书好像不太满意,于是就把书撤回来,进行增减后,于1705年再次出版,可是这本书下落不明,不知放到了什么地方,我曾不辞辛苦地、迫切地寻找过,但始终没能找到。直到到了圣彼得堡,我在帝国图书馆里读到了这本书。米勒极爱中国地图,出了一篇《中华帝国官方地名汇录》(*Imperii Sinensis Nomenclator geographicus*),上面标有经度和纬度。[5] 米勒对大部分城市纬度的标明与卫方济出版的著作里的相一致,但有些细微的差别,经度上相差少则1度多则数度。[6] 米勒还建议维特

---

① 尼古拉斯·威特森(1641—1717),荷兰政治家,阿姆斯特丹市市长。他与彼得大帝相识在荷兰,威特森把他的《东北鞑靼志》(*Nord en Oost Tartaryen*…,1692、1705)献给了彼得大帝。

② 《天主降生出像经解》(1637)在米勒的《勃兰登堡选帝侯图书馆中文图书分类》(*Catalogus Librorum Sinicorum Bibliothecae Electoralis Brandenburgicae*)中排在第1号。巴耶尔在《中国日食》中提到过由艾儒略著的配有插图的《耶稣生平》,认为那是耶稣会士出版的无可挑剔的汉语书籍的典范。在《中国博览》的语法部分(第128页),巴耶尔写到艾儒略的第3本书。在选帝侯图书馆里有三篇介绍汉语书籍的重要文章:克拉夫特的《大选帝侯及其继承人的中国藏书》('Die chinesische Büchersammlung des Grossen Kurfürsten und seines Nachfolgers')、考福勒的《亲笔书》('Ein Koffler Autograh'),还有威辛格(Liselotte Wiesinger)和克拉夫特合写的《大选帝侯的中国图书馆及其馆员》('Die chinesische Bibliothek des Grossen Kurfürsten und ihre Bibliothekare'),1973年柏林举行了"中国与欧洲"展览会,这三篇文章出现在印刷精美的册子上(分别在第18—25页,第26—29页,第166—173页)。

③ 赫维流斯(1611—1687),什切青的德国天文学家,是最后一部基于肉眼观察的重要星体记录的作者。米勒写给他的信在《中国博览》第1卷的第188—190页上。赫维流斯的答复在前言的注释里。

④ 德利尔写给比农的几封信都谈了这项工作。参见法国国家图书馆(Bibliotèque Nationale),比农档案(Papiers de l'Abbé Bignon),《回忆与通信》卷Ⅲ,法语手稿22.227。

⑤ 《中华帝国官方地名汇录》(1680)上有献给维特森的一篇长长的献词。

⑥ 关于卫方济的天文学著作,参见本书第95页注释①。

森从印度寄来所有的"中国史书",以便他或者别人可以借助他的《汉语钥匙》继续工作,完成卫匡国的"中国通史",因为那本书只写了这个国家的部分历史,还有一部分出现在特维诺的《旅行集》(*Collections of Voyages*)中。关于中国历史这一部分非常短,甚至可能非卫匡国所写。[①]

也是在1680年,米勒在柏林以 Thomas Ludeken 和 Hagins Barnimus 的笔名出版了《主祷文》的译本和各种语言的字母表。[②] 这部著作的印本有些在世面上发行,其余的埋没了好多年,直到由斯达克把它们随同《安德里亚斯·米勒传》(*Life of Andreas Müller*)一同重新出版(省去了前言)。

米勒随身带了几本来到什切青,其中加有爱尔兰语、埃塞俄比亚语和科普特语字母表——柏林版本里没有这些。这些东西落到戈特弗里德·巴奇手里,我有其中的一本,上面有巴奇住在康涅斯堡时写的书名和他本人的名字。

> 世界语言字母表及有关评论
> 由镌刻师戈特弗里德·巴奇编辑,
> 于普鲁士帝国康涅斯堡,1694年。

本是米勒写的序言,可签的却是巴奇的名字,书里还写了一些其他的事,包括中国事物,如基歇尔的由鸟和龙的形态构成的汉字,以及用汉字表示的欧洲文字字母表。然而,早期版本中《主祷文》里漏掉的汉字还是没有补上,一个印得极差的汉字也没什么改观。

从那时起,随着对《汉语钥匙》的热烈讨论,我们有了印刷出版的米勒和其他耶稣会士关于此事的信件。[③] 我不能精确地说出米勒要做什么,但是我倾向于认为他所要做的基本上是把汉字加以略化,研究汉字组成要素的结合原则和这些要素的意义。怎样来做,我已在这本书中解释过了。但是我得到了他人的帮助,而米勒则完全是一个人在奋斗。如果他真的靠着才华和毅力克服了所有的困难,这必定是大量非凡的艰苦工作和深邃思索的结

---

① 《中国历史续编》('Historiae Sinicae Decas secunda'),出现在特维诺的《旅行集》中。巴耶尔关于这部书以及关于作者的疑问来自拉克罗兹1716年写给他的信件。参见《拉克罗兹信件》卷Ⅲ,第8页。

② 《关于除正宗原版之外的百个版本主祷文的祷语》(*Oratio oratiorum...versiones praeter authenticam fere centum...*),1680年。

③ 米勒编辑的《中国书信选编》(*De Invento Sinico Epistolae nonnullae*),出版地点不详。

果。因此我们一定要体谅他为什么对耗尽他精力的事情如此情有独钟，当他发现结果并不让他满意，他犹豫了。我相信他是在等待机会进一步完善它。莱布尼茨对米勒很了解，莱布尼茨在他的《中国近事》（*Novissima sinica historiam nostri temporis illustratura*…）的前言里这样写道：

> 这个离群索居的人到底做了他曾多次发誓要做的事——在他死前不久焚烧了他的笔记，使我们对他所知道的——抑或是不知道的都无从知晓。我相信他取得了一定成果，而且期望会有更多发现。如果他能得到适当的辅佐和支持，完全可能做到这一切。要是他肯把他的故事坦率地讲出来，无疑会得到万能的王子们的帮助，尤其是他自己的主人（指威廉王子——译者注）的帮助，完成他的著作。①

米勒答应做的很多事情都与他创作《汉语钥匙》有关，但遗憾的是，他的许诺都是些模糊华丽的辞藻，看起来好像他已经有了重大发现，甚至颇有学识的读者都会受到蒙蔽。

我非常不喜欢他这样贪心——他的要求总是永无止境，或许他这样竭力捍卫是想遮掩他有限的发现，米勒最喜欢说的就是：谁都想知道，没人想付出代价。作为一个学者，说出这样的话未免有些太唯利是图了。②

基歇尔建议教皇出资帮助出版这部莫名其妙的著作，特维诺敦促路易十四的大臣承担此职责，而向维也纳极力推荐米勒著作的是耶稣会士科察斯基（Adam Adamandus Kochanski）和有"马耳他骑士"之称的大臣弗朗索瓦·曼尼斯科（François Mesgnien Meniski）。③ 这位皇帝把中国和蒙古的信函寄给米勒，据说他对米勒的翻译颇为满意。但谣传这位皇帝正在筹划出版《汉语钥匙》时，选帝侯弗里德里希·威廉王子开始介入干涉了，提出一切公共事业出版物均由他出资。米勒因《汉语钥匙》获得了1000泰勒（thaler，德国15世纪至19世纪银币，1泰勒值3马克——译者注），为表达对王子的

---

① 莱布尼茨编辑的《中国近事》。引文在《中国博览》里以脚注形式出现。

② 据说米勒给他的《汉语钥匙》的开价是2000泰勒，一个可观的数字。参见奥古斯特·米勒的《开场演说》。

③ 科察斯基（1631—1700），耶稣会会士，波兰国王宫廷数学家。弗朗索瓦曼尼斯科（约1622—1698），法国东方学家。在君士坦丁堡居住多年，从1671年起住在维也纳，在那里曼尼斯科发表了他伟大的《东方语言土耳其语、阿拉伯语及波斯语教程》（*Linguarum orientalium turcicae, arabicae, persicae Institutiones*, 1680）。

敬意,米勒称《汉语钥匙》是“勃兰登堡发现(Brandenburg Invention)”。米勒请求解除他在勃兰登堡领地之外的教会职务,休假3个月,他又请求去什切青,在那里安顿下来,从事他的工作。当他的这一请求得到恩准,米勒搬到了什切青。[①]

在柏林的时候,米勒已经准备了一套木活字版,以便用欧洲的方式印汉语文章。他把这套活字捐献给“选帝侯图书馆”。这些活字中的大多数——我亲眼所见——都很小,可以用来印刷。要是有人愿意付钱的话,米勒答应用铜造出更精致准确的活字版,但时机尚未成熟。这里,米勒还是老一套,像别人说的,“找个钉子就建了艘船”。[②]

在什切青,米勒与上文提到的镌刻师戈特弗里德·巴奇在一起。巴奇是个好人,也受过教育,出生在塞里西亚(Silesia)一个非常本分且有名望的家族里。他的父亲是马丁·奥匹茨(Martin Opitz)的朋友。巴奇致力于绘画并与蒙特考奈(Montcornet)在巴黎工作过一段时间,但是后来巴奇转向雕刻。巴奇被从巴黎召回柏林,教王储弗里德里希绘画。王储弗里德里希在父亲死后继位(1688),巴奇憎恶宫廷的繁文缛节,不顾博学的选帝侯的反对,提交了辞呈。[③]

在什切青工作的那段时间,巴奇把所有的钱都用在了米勒的著作上,直至濒临破产。巴奇从米勒那儿得到一些书和手稿作为出贷的抵押,他又在柏林自费出版了《地理拼图》[④](*Geographia mosaica generalis ex Genesios capite decimo*)一书。

最后,巴奇来到康涅斯堡,和我父亲成为好朋友,我受洗礼时他是我的教父。巴奇向我父亲讲了米勒的《汉语钥匙》和他拥有的其他米勒的书。他从康涅斯堡搬到但泽,于1701年或1702年死于痛风。巴奇没有继承人,所

---

① 1648年至1720年的“三十年战争”结束后,波美拉尼亚与什切青一同归瑞典管辖。

② 米勒的《中国印刷术》(*Typographia Sinica*)有3284个钱币形状的木活字,包括几个满文活字,现仍保存在柏林国家图书馆,装在原先的小匣子里。唐泽尔在《月谈》(1697)的第182—192页上登载了《安德里亚斯·米勒中国书目》(*Catalogus Librorum Sinicorum Andreas Mülleri Greiffenhagii*)一文,巴耶尔从中得知米勒想做铜活字的事。

③ 戈特弗里德·巴奇出生在塞里西亚的施韦德尼茨(Schweidnitz),1674年至1684年在柏林任皇家镌刻师。他的作品包括大选帝侯弗里德里希·威廉的肖像。我查找过一些参考书,上面没有提到他的生平,但是巴耶尔在他的《中国日食》里说巴奇曾在西班牙、意大利、法国、英国和比利时住过很长时间。马丁·奥匹茨(1597—1639),德国著名诗人,号称“德国诗歌之父”。蒙特考奈可能是Baltazar Montcornet(约1600—1668),法国画家。

④ 《地理拼图》来自《创世纪》第十章,由戈特弗里德·巴奇编辑。

以他所有的书都委托他人保管。然而，直到今天，通过朋友和私访，我仍然没有找到这些书的下落。

米勒还在柏林的时候，克莱耶尔从印度群岛寄给选帝侯一部《资治通鉴》[①]。从中，米勒抄下一段关于日食的记载，据说是基督受难时中国发生的日食。随即——1683 年——米勒就将其与一份中国皇帝的列表一起发表了，米勒说这份列表是他从 276 本书中查出来的。但是，读者一定要小心，别被他模棱两可的话蒙骗了，也不要被他宣称的汪洋巨著给吓倒。其实，这不过是一部有若干个章节的大部头著作，被分成了若干卷。显然，米勒要做的第一件事就是给卷本标号，然后给每一卷的章节标上号码，最后是记载每个皇帝登基的页码——从公元前 425 年至公元 1329 年——从印度群岛寄来的书只包括这段时间。[②]

[已于 1679 年出版的《中国皇帝列表》(*Basilicon Sinense*)对这些都只字未提。在这本书里，米勒用到阿·巴达维、门多萨和卫匡国的著作以及一份始于公元前 425 年的汉语手稿。][③]

在皇帝列表之后，米勒又印制了当时在选帝侯图书馆和他自己所有的汉语书籍目录。可是在这里，有些书没有书名，只有购者姓名——我想这倒是掩盖他无知的好办法。还有一些书在世面上见不到，想必是那些从中国朝廷传到我们帝国图书馆的污秽书籍。

在什切青，米勒在《汉语钥匙》这本书上进展不大，但他认为这不是他的错，他将之归咎为一些别有用心的邪恶之徒的恶意阻挠。

首先是贝克曼[④](Johannes Christopher Beckmann)公开攻击他——虽然只有几句，但极其尖刻。后来，米勒又受到奥德河畔法兰克福一个叫戈莱布

---

① 《资治通鉴》，参见本书第 32 页注释①。

② 1683 年版的这本一定就是巴耶尔在下文说"上文提到的"德文版本《波斯年历日食之德语解释》(*Deutsche Übersetzung und Erklärung...aus den Sinesischen Jahrbüchern...*)，载于《勃兰登堡图书》(*Brandenburgischen Bibliothec...*)，1683 年也在柏林印刷。关于米勒目录的详细讨论可参见克拉夫特的《大选帝侯及其继承人的中国藏书》。

③ 米勒将自己的书和手稿目录寄给了唐泽尔，在米勒死后，唐泽尔将其发表在《月谈》(1697)第 182—192 页上。

④ 贝克曼(1641—1717)，德国改良主义神学家，奥德河畔法兰克福的神学教授。

尼茨①(Elias Grebnitz)的神学家毫不留情的批驳。戈莱布尼茨就有关文字对米勒提出一些不满,米勒没有置之不理,对这位持有异议的严厉的长者长篇大论地说教了一番——温和而中肯,但既没技巧也无效力。戈莱布尼茨被惹恼了,也许他本人正希望如此;不管怎样,戈莱布尼茨抓住机会,把米勒当作一个对逻辑一无所知的小学生——因为他本人早年教授过逻辑方面的课程,以最让米勒蒙羞的方式,不遗余力地对这位老实人大肆指责。②

虽然我不喜欢这种事,并且米勒可能对此根本不理会,但我不得不说他的故弄玄虚和鬼鬼祟祟给自己招致了这些恶言恶语。并是最让米勒感到沮丧的是戈莱布尼茨威胁说如果米勒再胡言乱语,他就准备告知公众米勒正在酝酿的著作有百害而无一利。因此,戈莱布尼茨说《汉语钥匙》一文不值。但是即使受到这样的攻击,米勒还是执迷不悟,他知道戈莱布尼茨清楚他的所思所想,也正在等待他来公开谜底,以便对他进行报复。够了,我们不再说这些令人作呕的事了。

几年后,米勒发表了他的《耶稣受难时日食之探究》,像以往一样,他从正反两方面论述一番,却没有得出结论。③ 首先,科察斯基督促他弄明白毕嘉提到的《资治通鉴》里关于日食的记述,不久,弗里德里希·威廉本人请他解释中国印刷技术的渊源或者翻译有关日食的原文。④ 因此,米勒先把其中一小部分译成德语,交给选帝侯的妻子,她对此热情极高。现在米勒用拉丁文发表了这篇文章,里面里面没有汉字。在我的图书馆里有两本书,一本是作者在什切青时送给康涅斯堡的演讲学教授迈克尔·施莱伯尔(Michael Schreiber)的,施莱伯尔后来成为神学家,我对他感激不尽;另一本是巴奇给

① 戈莱布尼茨(1627—1689),另一位奥德河畔法兰克福改良主义神学教授。在1678年出版的一本书中,他警告人们提防汉字。汉字用图画命名上帝,这违背了《十戒》中的第二戒律。米勒在1680年私自印刷的《中国文字印刷高级教程》(*Besser Unterricht von der Sinenser Schrift und Druck...*)里回应了这一观点。戈莱布尼茨弄到了一本,并在1681年出版了一个小册子反驳米勒,还将其贴在柏林各个教堂的门上。这时,米勒才公开了他的这本书。两年后的1683年,米勒在什切青发表了一个新册子,标题是《安德里亚斯·米勒的清白》(*Andrae Mülleri Greiffenhagii Unschuld*)。关于更详细的参考书目表见本书第60页有关奥古斯特·米勒的注释。

② 最后几行来自西赛罗的《致雅典城邦书》(*Letters to Atticus*)卷1,略作修改。

③ 米勒的《耶稣受难时日食之探究》刊登在他的《北京官话辞典标本中文普通话样例》(*Specimen Lexici Mandarinici...*,1684)和《汉文选释》(*Speciminum Sinicorum...Decimae de Decimis*,1685)上。

④ 米勒把一篇关于中国印刷技术的论文《印刷术起源》(*Typographiae Origo*)的摘要寄给了唐泽尔,唐泽尔把这篇摘要登载在《月谈》(1697)第977—978页上。

康涅斯堡数学家大卫·布莱辛(David Blaesing)的。[①] 这两本书都不完整,缺了几页,但两本上都有米勒写的汉字。米勒说他没有引用《中国编年史》里的整段文字,可我不得不修正他这句话,因为1716年我在柏林研究那个《中国编年史》时,看到的正是米勒所翻译的那段,然而印在下面的几个小字,我记得有四五个吧,那时没引起我的注意,但是现在我很想知道这几个字是什么——想必只是那个短语的注释。[②]

我现在想简单解释一下我在讨论的日食。《圣经》上说:当耶稣被钉在十字架上时,白日变成了黑夜,一些旧的阐释称其为日食。[③] 奥里根[④](Origen) 不这样认为,他认为那一定是旋转的黑云团,只把耶路撒冷笼罩在黑暗中,或者至多波及整个约旦。但是,更多的作者接受另一种解释。为了维护他们的观点,他们引用了希腊历史学家特拉勒的弗莱贡[⑤](Phlegon of Tralles)作为见证。[我不再讨论雅典最高法院法官狄奥尼索斯(Dionysios Areopageta)的两封信,因为所有的学者都知道它们是错误的。][⑥]

但是在此,我想说以后我会向大家展示特拉勒的弗莱贡著作的缩略本,很多作者都为它的遗失而痛心不已。事实上,它劫后余生——这就是《奥林匹亚历史纲目》(*Synagoge ton Olympiadon Adespotos*)——斯嘉利格尔起的名字是《奥林匹亚佚名纲要》(*Anonymous Summary of the "Olympiads"*)。弗莱贡的日食之说大部分借用埃拉托色尼[⑦](Eratosthenes)的文章,也有一些来自其他著作;并且我们发现那些解释者在讨论那部分时采用的方式完全不同。

当耶稣会研究《资治通鉴》时,以为发现了在耶稣受难时太阳发生日食的描述,聂仲迁及紧随其后的毕嘉开始向学术界公布这件事。毕嘉让学识渊博的维也纳耶稣会士科察斯基仔细查一下,于是科察斯基就这个问题请

---

① 迈克尔·施莱伯尔(1662—1717),康涅斯堡神学家,康涅斯堡沃伦罗特图书馆馆员,修辞学教授。大卫·布莱辛(1660—1719),康涅斯堡数学教授。

② 米勒说得没错,他在翻译时漏掉了一段。巴耶尔在柏林翻阅历史著作时一定见过,但后来又忘了。手写的汉字:哥本哈根的皇家图书馆存有的那份中的汉字是木刻的。下面有四五个汉字是用"反切"(fanqie)法来注明汉字"尚"(shang)的读音。

③ 《马太福音》(*Matth.*XXⅧ,45)、《马可福音》(*Mark* XV,33)、《路加福音》(*Luke* XXⅧ,44-45)。

④ 奥里根(Origen,约185—254),是古代教会中最伟大的神学家之一。

⑤ 特拉勒的弗莱贡,2世纪希腊历史学家。他的《奥林匹亚》(*Olympiads*)是从公元前776年至公元137年间的历史概要。

⑥ 狄奥尼索斯,《使徒行传》(*Acts* XⅧ,34)中提到过。这里的是5世纪新柏拉图主义者,被称作伪法官,声称自己的文章由狄奥尼索斯所作。

⑦ 亚历山大的埃拉托色尼(Eratosthenes of Alexandria),希腊数学家、天文学家,生卒年约为公元前276年至公元前194年。

教了米勒。

聂仲迁从卡西尼[①](Dominico Cassini)那儿获得了一些帮助,但是这个伟大的天文学家立即摒弃了《资治通鉴》上关于日食的说法。

然而如前所述,米勒在《耶稣受难时日食之探究》上发表了这篇汉语文献,以此作为证据来平息这件事——只是不是很坚决——事实上,米勒同意了毕嘉和聂仲迁的说法,对此并未掩饰。

[我本人在另一本书中已经解决了这个问题,我翻译了汉语文献,但与米勒的翻译大相径庭。[②] 书发表后,我的朋友天文学家祈尔奇(Christfried Kirch)非常认真地研究了这个日食说,在《柏林综合文献》和《日耳曼百科全书》上都发表了他的研究成果,用不可辩驳的论据支持我的结论。如果说在我的书中还有所疑问的话,那祈尔奇的著作彻底打消了这些疑问,而且我想从今以后没有人还敢用中国的日食记载来支持关于哥尕撒日食假说。][③]

在他有关日食的书里,米勒第五次谈到他的《汉语钥匙》计划。米勒说他害怕他死后《汉语钥匙》的出版会有不测,所以他会尽快出版这部著作。要是能先付一部分资金,再贷一些款,并能保证其他部分的出版费用,那么《汉语钥匙》会在6个月以内完成。这样,那些想要书的人就可以买得到了。如果遵照他的教导,即使妇女和儿童也能在几天之内就可以凭拉丁语、德语、法语、荷兰语或任何其他语言来阅读汉语书了。

第二年,柏应理来到柏林,带来一些汉语书。他很想见到米勒,而且据说柏应理对他们的会面感到很愉快。[④]

随后不久,耶稣会重要成员闵明我计划经波兰和俄罗斯返回中国。闵明我曾通过中国耶稣会向罗马传递信息。当他从莱布尼茨那儿听说米勒的计划后,便寻找机会与之见面。虽没成功,但还是直接或间接地通过鲁道夫

① 卡西尼(1625—1712),意大利著名天文学家。1669年起任巴黎天文台台长。

② 另一本书当然就是《中国日食》,出版于1718年。书中攻击了耶稣会士,因此他没有写出书名也许是有道理的。

③ 祈尔奇(1694—1740),德国天文学家。他的父亲是柏林皇家天文学家,曾与米勒通信讨论"中国出现的日食"问题,后来祈尔奇继承了父业,也被任命为皇家天文学家。祈尔奇是巴耶尔和德利尔的老朋友。他曾在康涅斯堡工作过一段时间,可能那时年轻的巴耶尔就认识他了。据说,祈尔奇谢绝了圣彼得堡的邀请。祈尔奇的关于日食的文章发表在1723年《柏林综合文献》卷2第133—139页上;《日耳曼百科全书》上的文章刊登在第5卷第41—45页上。

④ 柏应理去柏林会见米勒以及门采尔的事传奇地再现于克拉夫特的《柏林早期中国研究》('Frühe chinesische Studien in Berlin')中,载于《医学-历史杂志》(*Medizin-historische Journal*)卷11,1976年,第92—128页。

和莱布尼茨两人激励和敦促米勒继续钻研其著作。①

正是在那时,米勒写下了关于大秦景教碑的长篇评论。——据我所知,这份手稿和其他文章一起都被烧毁了。在一封给唐泽尔关于柏应理的《中国哲学家孔子》和《中国皇朝编年史》(*Chinese Chronology*)的信里,米勒写道:每次把他的著作与《资治通鉴》的汉语比较时,他总能发现几处偏离了原文。而且,米勒说这个翻译决非一人所为,也不是在一个世纪内完成的:利玛窦早就开始着手,而且几乎完成。就"编年史"来说,《中国皇朝编年史》不具备《资治通鉴》的权威,还对《资治通鉴》的优美原文进行了支离破碎的删节。②

米勒于1694年死于什切青——听说他留下两个女儿,我记得他曾威胁说要焚毁书稿。有一次,他认为自己已病入膏肓,便真的这样做了。

然而,有谣传说《汉语钥匙》的注释部分被偷了,现在在波美拉尼亚的某个地方。我肯定他的一些书被他的仆人偷走了,我有两本节选,在其中一本里有个叫科兰兹(Johannes Kranz)的人说他是从米勒的一个仆人那儿买到这些资料的,这个仆人打算用这份资料和其他一些文章来包蜡烛台、奶油和奶酪。其中一本是关于基督教义的,大部分已发表在他的《叙利亚文符号》(*Symbolae Syriacae*)上③;另一本是关于加勒比地区的语言以及这些语言的词源。这本书上印有一个标题:《来自文献的事物及词汇百科全集》(*Pandectae Litterariae Rerum et Verborum*)。似乎受了这本书的启发,米勒进而于1691年萌发了向公众开放他的图书馆的念头,同时提出图书馆管理员应当扩大这部"全集"的影响,邀请人们使用他的手稿和东方学著作以及他所拥有的一切。但是,由于他本人的性格,或者说身患重病的影响,他突然改变

---

① 闵明我(1638—1712),意大利耶稣会士,1669年至1686年间在中国,随后从1694年至其生命结束一直住在中国。1686年至1691年在欧洲任耶稣会会长。他计划经波兰和俄罗斯回到中国,但未能实现。巴耶尔从莱布尼茨的《中国近事》和唐泽尔的《月谈》上得到这些信息。鲁道夫(1624—1703),德国著名政治家和语言学家,据说他懂25种语言。他的很多著作都是关于埃塞俄比亚语言的。

② 这封信在唐泽尔《月谈》(1691)第289—290页上。米勒告诉唐泽尔他的新作的名字,这个名字很长:《主要针对基歇尔〈中国图说〉和门采尔〈拉汉小字典〉》。然后,他又批评了柏应理的译文,巴耶尔在此对译文略作修改。

③ 也叫《两封叙利亚文信函》(*Epistolae duo Syriacae amoebaeae*),1673年。关于他的"全集"米勒分别在1692年和1693年两次写信给唐泽尔(《月谈》,1697年,第172—173页和176—178页)。米勒的《中国文学与历史传统讲义》刊登在《语法评论》第8页,在这篇文章里,米勒提到加勒比海地区诸语言,即亚马孙河以北的南美土著人和西印度群岛的人讲的语言。据说这些语言有音调系统。

了主意，据说当他意识到身体渐好，他对自己所做的这一切很后悔。米勒的一些书收藏在什切青图书馆内——我去那儿查找资料，虽说发现些好东西，但没有我预期的那么有价值。

在米勒出版的著作里，除了几部是完整的，其他的都被人以这样或那样的方式删改了。有些时候，为了获得一部完整的著作，我不得不买下两本或三本残缺不全的版本，而且直到现在也没弄到一部完整的著作集。

另一位在柏林研究汉语的是宫廷医生克里斯蒂安·门采尔。[①] 门采尔虽不像米勒那样有名气，但更名副其实。通过驻摩鹿加群岛（Moluccas）安汶岛（Amboina）的荷兰东印度公司高级官员伊夫哈德·拉姆夫（Everhard Rumph）和在巴达维亚（Batavia）的克莱耶尔，门采尔弄到几本汉语书。[②③] 门采尔孜孜不倦地研究从克莱耶尔和柏应理处学到的一切，加深了对中华文明的认识。门采尔只出版了3部著作，这个数字远远低于这位优秀的学者所能做到的——我之所以敢这样说，是因为我是带着无上敬仰拜读了他尚未发表的书稿。

1685年，当米勒搬到什切青时，门采尔发表了他的《拉汉小字典》（‘Sylloge minutiarum Lexici Latino-Sinico-Characteristici’），这是他参考汉语字典中

① 克里斯蒂安·门采尔（1622—1701），德国内科医生、植物学家。1660年至1688年，大选帝侯弗里德里希·威廉在柏林时，门采尔是他的内务医生。门采尔晚年开始对汉语语言感兴趣，1685年起负责保管选帝侯图书馆的汉语藏书。1692年退休，但他仍继续汉学研究。爱娃·克拉夫特最近发表了3篇论文，详细描述了门采尔的生活和他的著作：《柏林早期中国研究》；《门采尔致皇帝利奥波德一世的中国礼物》（*Christian Mentzels Chinesische Geschenke für Kaiser Leopold I*），刊登在《玛格丽特·库恩纪念文集-夏洛腾堡-柏林-普鲁士》（*Schloss Charlottenburg-Berlin-Preussen, Festchrift für Margarete Kühn*, 1975），第191—199页；《门采儿、柏应理、克莱耶尔与中国医学》（*Christian Mentzel, Philippe Couplet, Andreas Cleyer und die Chinesische Medizin*），刊登在《远东文化》（*Fernöstliche Kultur, Wolf Haenisch Zugeeignet von seinem Margburger Studienkreis*, 1975），第158—196页。下面几页关于门采尔、柏应理和皮克斯的内容几乎一字不落的都是来自巴耶尔1617年在柏林抄录的门采尔的文献——6封来自柏应理在1687年至1689年间写的信和皮克斯于1687年写的一封信。参见亨特藏书，第299号。

② 伊夫哈德·拉姆夫（1628—1702），荷兰博物学家，任摩鹿加群岛荷兰东印度公司高级官员，写了几本关于这些群岛的植物和动物生态方面的书。

③ 克莱耶尔（1634—1697或1698），德国人，内科医生、植物学家，服务于巴达维亚（爪哇）的荷兰东印度公司。除了门采尔，他也与很多其他的欧洲科学家通信。克莱耶尔有两封早期的信件写给丹麦解剖学家和植物学家西蒙·保利（Simon Paulli, 1603—1680），在其中一封信里还细致入微地画了一株茶树，参见《哥本哈根大学医学与哲学官方记载》（*Acta Medica et Philosophica Hafniensis*）卷4，1677年，第1—5页。克莱耶尔遇见柏应理时，正打算前往日本。

的汉字编辑而成的,以此来说明他正在从事什么样的工作。[①] 但是这件事有些蹊跷,因为我在柏林皇家图书馆看到过同样的字典,是由北京的耶稣会士精美地印在红色纸张上,由克莱耶尔送到柏林的!我看不出这份北京版本的字典与门采尔的书有什么不同。只是耶稣会士说汉语"十"字 的发音是"sipn"不是"xe"——门采尔把它纠正过来了。因此,我认识到门采尔也只是普通人,不像我们所想象的那样精通汉语。另一方面,我经常问自己,要是北京耶稣会的人后来又把门采尔的书重印了,那么他们为什么把这样一本书放在世面上出售?这本字典到底是他们自己的还是门采尔的小字典的复制?他们难道不能做得更高明吗?事实上,这个字典只是在拉丁语单词后加上了汉字——即那些能在大秦景教碑上找到的汉字!在卜弥格的翻译中出现的错误全都被传承下来了,而且汉字释义模糊,有的汉字干脆放在那儿,根本没有翻译。我们怎么解释这些?难道北京的耶稣会士不能纠正卜弥格或者说是编辑基歇尔犯的错误吗?[②]

在这本字典中,门采尔收入了一页短小精确的汉语绪言。然而,他自己的汉字却写得极其拙劣。

从此以后,门采尔在《利奥波德学院年鉴》以及他后来的《简明中国大事年表》(*Chinese Chronologia*)里印上一些中国药典中有关人参的注释。[③] 我以

---

① 《拉汉小字典》作为附录出现在《德国利奥波德自然科学院医学-物理学杂文集》第23年卷——里面有10页是语法注释,还有一份词表,大约有500个拉丁语单词,按照字母顺序排列,后面跟有汉语单词,先是音译,后是汉字。在结尾处,门采尔说他希望不久后再出版两份稍短的词表,一份带有汉字及其音译和对照的拉丁语单词,"根据鲁道夫提出的原则,按照汉语的方式排列。鲁道夫在汉字和东方学方面都颇有研究"。另一份的排列顺序相反,即先是音译,然后是汉字,最后是拉丁语单词。"这些将使理解汉语书籍成为可能……"鲁道夫,米勒的一个朋友,似乎曾阻止《拉汉小字典》的出版,参见克拉夫特的《柏林早期中国研究》,以及《利奥波德历史记载》(*Acta historica Leopoldina*,1975)中威纳(R.Wienau)的文章。

② 巴耶尔这里说耶稣会士可能在中国出版了门采尔的《拉汉小字典》,完全是无稽之谈,不过他的猜测可能基于柏应理1687年4月26日写给门采尔的一封信中的一段,巴耶尔在这里没有提到这封信。门采尔送给柏应理几本书——也只能是这本《拉汉小字典》。柏应理写道:"我已经把这部博学深邃的著作分发给我的同事们,他们能够欣赏它。而在今年,有些本将会远渡重洋到达印度甚至是中国,卓越的门采尔的大名将享誉世界。"即便考虑到当时的书信体的浮夸之风,这未免也有些过分,可是又如何解释呢?为了柏林的这位内科医生,北京的耶稣会士会把这本小书——字典部分只有24页——在中国印出几本吗?当巴耶尔访问柏林时,这本"精美地印在红色纸张上"的汉语书确实在那里,这个事实几乎不容怀疑。他在《中国日食》第8页上给拉克罗兹的献词中讲述了同样的故事。巴耶尔绝不敢编造这个故事,而且,拉克罗兹 在1719年4月30日写给他的信里对《中国日食》一书提出明确的看法和批评,但是对柏林皇家图书馆里的"红书"没有提出任何批评。参见《拉克罗兹信件》卷Ⅲ,第47—49页。

③ 《中国根茎植物人参》('De radice Chinensium Gin-Sen'),载于《德国利奥波德自然科学院医学-物理学杂文集》第25年卷,1686年,第73—79页。

后还会谈到他的《简明中国大事年表》。

(门采尔有关人参的记载是这样写的:"人参在中国人的心目当中占有很重要的位置。我很早以前就决定发表关于人参的文章,以表达对我的同事克莱耶尔和拉姆夫的谢意。① 然而,有一位学识渊博的学者用汉语发表了人参这种植物的名称,并配上了插图,但也仅此而已。可出于尊敬,我不想逾越他。"因此,这项工作就被耽搁了几年。显然,门采尔指的是米勒,如前所述,米勒曾谈过人参问题并准备做进一步的研究。)

当柏应理来到欧洲时,门采尔从克莱耶尔那儿听说此人博学多才,便说服英明的选帝侯召见了这位学者。柏应理乘船一到达巴达维亚港,就受到克莱耶尔的悉心照顾。柏应理便开始用拉丁语向克莱耶尔讲授中国药典,以此回报他的盛情。但没讲几页,因为对于克莱耶尔来说,植物的名字、品性以及药用价值的描述都太难懂了。他读到,一些要浸泡在盐水中,一些要浸泡在醋中,还有的要浸泡在其他液体中。然后,有些需要烤,另外一些需要放在阴凉通风处晾晒,还有一些要在水蒸气里熏——中国医生花了很大气力来解释这些莫名其妙的话。②

另外,柏应理由于眼部发炎而无法看书,而他的船也要起航了,便不得不放弃了翻译。当柏应理来到柏林指导门采尔,选帝侯付给他丰厚的报酬。后来门采尔在信中多次请求柏应理帮忙并给予礼品,作为回报,他得到柏应理很多有益的指点——通过阅读这些信件,我本人也获益匪浅。然而,柏应理的汉字甚至比门采尔本人的还要糟糕——我试图把它们弄明白,为此经常耽误了其他的工作。

1687 年,柏应理去了巴黎,在那里他全身心地向特维诺传授汉语言知识。特维诺是巴黎皇家图书馆管理员,据他的同行在他们的著作《古代数学家著作集》③(*Collection of Ancient Mathematics*)中所说,特维诺精通很多学科,是一个精明的学者,非常热衷于得到有关汉语语言方面的知识,柏应理向他解释汉字的部首,门采尔从未得到这些部首,从吝啬的特维诺手里他也

---

① 门采尔这里讲的"同事"指的是自然科学院(Academia Naturae Curisororum)的 3 个成员,参见本书第 76 页注释①里提到的威纳的文章。

② 可能说的是药典《本草纲目》。在《中国博览》的语法部分(第 84 页),巴耶尔讲述过这本书,称它为"草目"(Caomu),想必是他在柏林皇家图书馆里看到的门采尔的书。门采尔的《汉语钥匙》的最后一页是从《本草纲目》上摘录的一段关于人参的文章,有 36 个字,标有音译和意译。巴耶尔本人后来一定也弄到了一本。我们将在本书"《汉语大字典》"里知道这件事。

③ 特维诺(编辑):《古代雅典数学家》(*Veterum Mathematicorum Athenaei…*),1693 年。

弄不出来,不过后来他还是从别处弄到了这些汉字部首。

索邦的路易斯·皮克斯完全是另一类人。皮克斯热衷于倡导学习东方语言,因此竭尽所能地在各方面帮助门采尔。他刚刚于9月16日以53票当选为马扎然图书馆(Mazarin's College des Quatre-Nations)馆长,皮克斯意识到他的职务会妨碍他全身心地投入汉语研究中,便毫无保留地向门采尔提供各种建议。①

为了表明皮克斯的真诚和慷慨,我将引用他写给门采尔信中的几行字:

> 由于事务缠身,我无法全身心地投入汉语研究,但是我将尽我所能帮助你。我的职务也许可以为你提供便利。柏应理非常希望能进一步促进你的汉学研究,认为激励你继续研究是我义不容辞的责任,尽管我自知不能胜任。至于我本人,一直害怕孤独:没有人前来喝彩,而且后继无人,有谁肩负如此使命?米勒只能(孤独地)与睡鼠交谈。② 你一定要找一个聪明的年轻人,把你的研究成果传输给他,这样它们就不会失传了。

那一年,柏应理在巴黎发表了《中国哲学家孔子》。他原打算在上面印一些汉字,在一封写给门采尔的信里,柏应理这样说:"在译文上加些汉字定会满足人们的期望,我也打算这样做,可是一些实际困难使我不得不改变初衷。"

那时,门采尔收到汉语的"四书"③。柏应理向他表示祝贺,承认——令我感到惊奇——在中国他只看过一部。也就是说,并不像其他人所想的,《中国哲学家孔子》的翻译系柏应理所为。还有其他的人也参与了这项工

---

① 路易斯·皮克斯,法国学者,1699年去世。从1688年马扎然图书馆建立开始,他一直任图书管理员。"由于想全身心地致力于研究",他于1695年退休。皮克斯收藏了大量东方语言著作。参见阿尔弗雷德·弗兰克林(Alfred Franklin):《马扎然图书馆史》(*Histoire de la Bibliothèque Mazarine*),1901年。巴耶尔犯了一个有趣的笔误,他写的是"Collegium Mandarinicum Quatuor Nationum",而不是他本人1716年抄写柏应理的信时清晰地写下的"Collegium Mazarinicum"。

② 意思虽很清楚,但我不知道这是不是句谚语或者是皮克斯在指米勒本人的传奇故事,也可能是门采尔写信时跟他谈到的什么事情。格拉斯哥巴耶尔文献馆里没有他抄写的门采尔的信件。

③ "四书",参见本书第128页注释①。

作,如殷铎泽,在目录里柏应理也说他只译了《论语》(*Saying of Confucius*)部分。①

在巴黎,柏应理还留下了一部书写优美的汉语字典,但他感到在那里无望发表,要是在德国,一个月内就能印出来,因为那时德国的汉学研究比法国热得多。②

1687年年初,柏应理写道,他把耶稣会士斯皮诺拉(Francesco Spinola)和一个从南京来的年轻人经比利时和英格兰送到葡萄牙。这个年轻人叫沈福宗(Michael Chen Fuzong),年纪在30岁左右。那时著名的托马斯·海德住在牛津,他用所有的东方语言作诗,尤其是波斯语。那时他还没有致力于汉语研究,仅仅是阅读欧洲作家写的有关中国的著作。现在,海德把全部注意力放在这个年轻人身上了。海德发现这个年轻人非常有天赋又极其好学,努力钻研文献,海德把他看作是同事和朋友。在皈依基督教的中国人当中,沈福宗是唯一学说拉丁语的。海德把他们两人的谈话内容与我们共享。1688年,海德发表了《关于中国度量衡——致爱德华·伯纳德(Edward Bernard)的一封信》。几年后——即1694年——海德编写了《东方游艺》(*De Regionibus Orientalibus Libri*)中的很多章节,解释一些中国的娱乐游戏。他的《古代波斯宗教史》(*Historia religionis veterum Persarum…*)发表于1700年,论述了中国年代学的问题,似乎比格流士做得还要精确些。然而,很多其他信息,诸如中国的偶像崇拜,中国人关于上帝、天堂和地狱的认识,中国的刑法,泥土占卜,海上指南,以及文献、书籍、造纸、印刷原理和习惯,书信体及口语体,还有使徒教义和十戒等,所有这一切他都曾希望出版,但始终未能

① 参见《继圣徒沙勿略死后在北京传播基督教的耶稣会会士集录》(*Catalogus S.J.qui Post Obitum Sti.Francisci Xaverii…in Imperio Sinarum Jusu Christi Fidem Propagarunt*),1686年。但是在这个集录里《中国哲学家孔子》中根本没有关于殷铎泽的译文。后来,巴耶尔想出新版,便让北京的耶稣会士帮他弄到最新的资料。

② 柏应理在写给门采尔的两封信中都明确讲过把这本字典留在巴黎的事。字典的作者和下落不得而知——奇怪的是傅尔蒙却从来没有提过此事。柏应理还说一旦到了葡萄牙,将尽力亲自编一份词汇表,送给门采尔,如果时间允许,他回到中国后要调查一下恩理格的《汉语-拉丁语字典》进展得怎么样了。"我离开的时候,字典正要付印,不过它的出版可能会由于恩理格神父的逝世而中断。"参见雷慕沙的《亚洲杂纂》(*Mélanges asiatiques…*)卷2,1826年,第67页。

如愿。①

柏应理从英格兰到了里斯本，把年轻的中国学者留在神学院里，自己则匆匆到了马德里，随即返回中国。

当耶稣会士闵明我在柏林时，门采尔也从他那儿得到了很大的帮助。后来，1696 年，门采尔在德国发表了《中华帝王谱》(*Chronology of the Chinese Kings*)，他从一本名为《小儿论》(*Xiao Er Lun*)的书中找到皇帝名字的汉字②，而其余部分完全是对柏应理的《中国皇朝编年史》的翻译——有些地方还不正确。例如，在"Kang Wan"项下，门采尔的注释是：国家安定，鼓励耕作，甚至监狱里的犯人也放出来到田间耕作。柏应理说那时司法高度发达，农活一做完，罪犯便自愿戴上脚链手铐。门采尔记述秦二世(King Er Shi)皇帝被他哥哥下令自杀。可在柏应理的编年史里的记载却是父亲指定长子继承王位，但二世皇帝排行第二，便命令他的哥哥自杀。门采尔写到昭帝(Zhao Di)赦免鞑靼人，与鞑靼人缔结和约。但柏应理说当与鞑靼人缔结和约时，皇帝效仿先祖典范，宣布全国大赦。门采尔说安帝(King An Di，即汉安帝刘祜——译者注)娶了个妃子(即阎姬——译者注)，但是由于她不能生育，安帝领养了另一个妃子的儿子，并毒死了那个妃子。可柏应理说皇妃从另一个妃子那儿领来一个新生婴儿，然后又杀了这个妃子，并没有告诉皇帝。门采尔说伊斯兰教在太祖(Tai Zu)在位时传到中国；他应该像柏应理那样说，即这件事发生在这个皇帝所处的朝代，或者按其他人所说的，在上一

---

① 托马斯·海德(1636—1703)，牛津著名的东方学家，精通土耳其语、阿拉伯语、叙利亚语、波斯语、希伯来语和马来语。沃尔顿的伦敦《多语圣经》中的波斯语部分中大部分是他负责翻译的。《中国度量衡考》('Epistolae de Mensuris et Ponderibus Serum sive Sinensium'，1688)在爱德华·伯纳德的《关于古代度量衡三卷本》(*De Mensuris et Ponderibus antiquis libri tres*，1688)上。《东方游艺Ⅱ》出现在《沙希德历史》(*Mandragorias，seu Historia Shahiludi*，1694)上。在《讷第卢德历史》(*Mandragorias Historia Nerdiludii*)第Ⅱ部分第 87—88 页上，海德称这个中国青年为"我才华横溢的中国朋友沈福宗"。格里高里·夏普(Gregory Sharpe)编辑的《托马斯·海德论文汇编》(*Syntagma dissertationum quos olim Thomas Hyde separatim edidit*…，1767)中关于汉语语言部分的附录上有 6 封他写给海德的信。这个附录很重要也很有趣，它的编者是一个优秀的东方学者，附录里还有巴耶尔的索引书目，并且介绍了一本汉语初级读物《杂字》(Za Zi)——关于《杂字》，我们在"《小儿论》"部分会听到更多。沈福宗(？—1692)，中国耶稣会士。1681 年至 1692 年间随柏应理游历欧洲，死在回国途中。

② 《简明中国大事年表》(1696)。皇帝部分的年谱是柏应理的《中国皇朝编年史》部分的缩略。门采尔没有这样说，尽管他的确提到柏应理就是《中国哲学家孔子》中前言的作者。门采尔说他根据选帝侯图书馆中的《资治通鉴》制出这份简短的历史年表。的确，他从中找到每个皇帝的名字，将其加进由柏应理的《中国皇朝编年史》概括而来的内容中。我已把柏应理的页码加在文中。《简明中国大事年表》的第一部分来自中国儿童初级读物《杂字》。

个朝代。仔细比较两个文本,会发现诸多诸如此类的东西。

门采尔的年谱的前几页是从汉语翻译过来的《小儿论》,我原打算把那篇放在这本书里并加以评注,不过门采尔已酝酿了一部大著作,当从印度群岛得到两本《字汇》字典后,他拆开其中一本并穿插上欧洲的纸页,以便能加入他的翻译,共形成8大卷。当门采尔觉得他的工作大有进展时,便发表了这本书的内容简介:

> 此汉语字典书名为《字汇》,即中国汉字纲目,从易到难,按部首的组合形式编排,带有语音注释和拉丁语翻译,经过校正并且收编了《正字通》及其他重要汉语字典中的新汉字。(卷Ⅰ,克里斯蒂安·门采尔著)

1698年,门采尔将其孜孜不倦努力钻研的成果献给了英明的弗里德里希选帝侯。[①] 这些成果来自卫匡国的语法、柏应理的信件、迪亚兹的《字汇》及其他资料。现在,这些材料陈列在柏林皇家图书馆里。

莱布尼茨是门采尔研究最热情、最积极的倡导者之一。莱布尼茨对上帝创造的宇宙万物有着深刻的洞察,同时他又是一个人文天才,如同一座人文学的丰碑。他博闻强志,几乎通晓所有的语言并了解各种语言相互之间的关系,为尚未发展起来的语言哲学学科打下了坚实的基础。莱布尼茨知道,就连大力神墨丘利(Hercules)也不能掌握所有的语言,所以他很愿意毫无妒忌心地帮助任何为此类问题付出心智和精力的人,尽其所能地给他们提供建议,对他们的努力表示赞赏和嘉许。因此,莱布尼茨努力启发米勒愚钝的头脑。当他发现米勒像帕罗斯(Paros)岛上的大理石一样不开窍时,就把注意力转向了门采尔。门采尔死后,莱布尼茨想尽一切办法要找到一个

---

① 在第二次世界大战期间,门采尔的字典从柏林国家图书馆遗失了。库尔特·陶茨(Kurt Tautz)描述这本字典是"从《字汇》上把汉字剪切下来……再加上一些《正字通》里的字,很多字带葡萄牙语音译,有一些是拉丁语音译",参见库尔特·陶茨:《施普雷的王家丘吉尔库科林图书馆》(*Die Bibliothecare der Churfürstlichen Bibliothek zu Cölln an der Spree*),1925年。巴耶尔一定是看过这本字典,不过他也可能是从唐泽尔《月谈》(1690)第900—901页找到的资料。出于某种原因,巴耶尔在这里没有提门采尔的《汉语钥匙》而是等到讨论莱斯尔时才说起。

有才华的人来承担这一光荣使命。①

莱布尼茨与柏应理和闵明我关系融洽。当白晋(Joachim Bouvet)负责法国耶稣会事务时,莱布尼茨写信请他评论中国的自然历史。白晋友善地回了信,并许诺当他从拉罗歇尔(La Rochelle)出行时,将带给他足够的资料。闵明我同样善待莱布尼茨,他从印度果阿写信谈论自己的兴趣和愿望。他们通信数次,而且我相信要是莱布尼茨多活几年的话,他们之间的交流定会结出丰硕的成果。

莱布尼茨还出版了《中国近事》,其中有苏霖(Joseph Suarez)的一篇小文章,谈到了新近颁布的基督教在中国合法化的御旨;还有白晋绘制的康熙皇帝的画像,色彩华丽鲜艳。短文由莱布尼茨从法文译成拉丁文。莱布尼茨没有说这是他的译作,但是我了解他的儒雅之风,所以立即认出这是他的手笔。②

在《柏林综合文献》中莱布尼茨还描述了一种中国游戏,这是莱布尼茨

---

① 莱布尼茨(1646—1716),德国伟大的哲学家,了不起的天才。巴耶尔从艾嘉德(I.G.Eccard)1717年编辑的莱布尼茨的《词源集》(*Collectanea etymologica*)以及莱布尼茨刊登在《柏林综合文献》第1卷第1—16页上的文章《简述对民族起源的思索,来自语言的证据》('Brevis designatio meditationum de originibus gentium, ductis potissimum ex indicio linguarum')中得知莱布尼茨对所有语言有着广泛兴趣。在柏林皇家科学院年刊的第Ⅰ卷里有11篇莱布尼茨关于不同学科,如数学、物理学及人文学方面的文章,展示了这位博古通今无所不晓的通才的学识。莱布尼茨在1697年和1699年发表《中国近事》显出对中国的兴趣。1700年至1702年间,他与在华的耶稣会士白晋(1656—1730)保持通信,他们认识到莱布尼茨的二进制数字系统与《易经》所谓的乾卦图之间有某种相似性。《易经》卦图据说是由伏羲所创,他是"中国第一皇帝"。1703年,关于中华文明之父伏羲氏懂得组合学和二进制原理这一惊人的发现发表在《皇家科学院历史》(*Mémoires de l' Académie royale des Sciences*)第85—89页上。巴耶尔在本书"汉字起源"中就这件事发表了自己的见解。巴耶尔的《中国时间》表明那时他就已经熟悉八卦六线图了。参见孟德卫:《莱布尼茨和儒学》(*Leibniz and Confucianism—the Search for Accord*),1977年。还有A.J.艾顿(A.J.Aiton)和W.士卯(W.Shimao)写的一篇文章《格莱·坎左关于莱布尼茨的研究与易经卦图》('Gorai Kinzo' s Study of Leibniz and the I Ching Hexagrams'),刊登在《科学年鉴》(*Annals of Science*,1981)上。奇怪的是,在序言中巴耶尔并没有提莱布尼茨曾多次让拉克罗兹集中精力钻研汉语语言研究——从巴耶尔在《中国日食》里写给拉克罗兹的致谢信(1718)里可以看出巴耶尔知道此事。莱布尼茨在1705年至1710年间写给拉克罗兹的信中,又多次敦促拉克罗兹,语气越发恳切。参见克里斯蒂安·考特尔特(Christian Korthold)(编辑):《莱布尼茨致多人信件》(*Viri illustris Godofridi Guilielmi Leibnitii Epistola ad diversos*...)卷1,1734年。

② 莱布尼茨编辑的《中国近事》第2版,1699年出版,其中有《耶稣会士白晋神父著中国皇帝康熙传》(*Icon Regia Monarchae Sinarum nunc Regnantis Delineata a R.P.Joach.Bouveto Jusuita Gallo, e Gallico Versa*),法文版《中国皇帝康熙传》(*Portrait historique de l' Empereur de la Chine*)一书的翻译(1697)。考狄在他的《西人论中国书目》(*Bibliotheca Sinica*,1635)第835栏里说,大汉学家伟烈亚力(Alexander Wylie,1815—1887)的图书馆里收藏有一本。这本书曾是巴耶尔的,书的空白处有他亲笔写下的大量注释。

从金尼阁的文章中得知的。可是,关于这个游戏,莱布尼茨的讲解毫无用处。他本人也觉得那篇文章不对劲儿。莱布尼茨从来没有看到过海德关于中国游戏的书。海德的书中就有解释这个被称作"围棋"——一种包围游戏——的游戏的规则。[①]

当英明的弗里德里希把普鲁士变成王国后,他计划建立皇家科学院。这个科学院直到今天在柏林仍兴盛未衰。他下令展开关于在中国倡导基督教、了解中国和普鲁士辽阔疆域间的多种语言及不同民族的性质并准确研究东方语言等一系列问题的讨论。

这个协会有两个卓越的代表性人物,一个是久负盛名、才华横溢的老学者拉克罗兹,另一个是阿道夫·德·维尼奥勒[②](Adolphe des-Vignoles)。出于史学研究的目的,拉克罗兹精通科普特语和亚美尼亚语。这在当今、过去以致也许到将来都无人能企及。至于汉语,拉克罗兹过去常对我说他对汉语付出的时间和精力只是要满足他的好奇心而已。德·维尼奥勒只钻研古代编年史,为此他研究汉语以便能从中国的编年史中获得有关日食和天文学其他方面的记载。我还听说他也研究中国地理。

在这里还应提到孜孜不倦的恩格尔布雷希特·坎普尔(Engelbrecht Kaempfer)。他曾到过日本并努力学习当地的语言。日语的文字跟汉语相同,但是发音不同。因此,当坎普尔在欧洲出版他的《异域采风记》(*Amoenitatum exoticarum politico-physico-medicarum fasciculi V*...)时,其中的植物名称和其他自然物的名称都用优美的汉字书写,但使用日语的发音。[③]

莱斯尔以研究的多样性而著称,在汉语研究方面他曾有一个颇为宏大

① 参见莱布尼茨:《关于游艺的笔记:第一中国游艺》('Annotatio de quibusdam ludis: imprimis de ludo quodam Sinico'),载于《柏林综合文献》第1卷,1710年,第22—26页。

② 阿道夫·德·维尼奥勒(1649—1716),法国编年史学家,柏林城区改革派教堂牧师 。从一开始(1701)就是柏林皇家科学院的成员,1727年当上主席。与别人合编《日耳曼百科全书》,著有《圣史及外国史编年》(*Chronologie de l' histoire sainte et des histories étrangères*...,1738),在各种期刊上发表了大量文章。

③ 恩格尔布雷希特·坎普尔(1651—1716),德国内科医生、旅行家,在远东为荷兰服役多年。《异域采风记》,1712年出版。

的计划。[①] 如果我没记错的话，1717 年拉克罗兹给了他一本门采尔的《汉语钥匙》和一些简短的语法注释。莱斯尔在其《文献工具》中曾提及此事。他的用意在于显示他做了米勒只在口头上说要做的事。莱斯尔说他得到了一本《汉语钥匙》，写得如此糟糕，以至于明显暴露出作者对汉语知之甚少，就像基歇尔或摘抄大秦景教碑文之辈一样。在我看来，这无疑是在暗指门采尔的《汉语钥匙》——而对于门采尔的功绩我从不掩盖，也不能容忍他被别人贬损和诋毁。的确，门采尔写的汉字很糟糕——但这是由于他年事已高、双手颤抖，而不是因为他的无知或疏忽。其实，如果既学过印刷体字又学过行书体字的话，就不难看出他的汉字笔画正确无误。门采尔过去常写行书。(另一方面，我看不出来基歇尔的《中国图说》中的大秦景教碑文一文到底有什么问题——显而易见，基歇尔的汉字笔画也是正确的。)

还是回过头来说说莱斯尔的"钥匙"吧。莱斯尔曾说过，他要将这把"钥匙"与汉语书中的汉字相对照，加以补充校正使其更加完善。莱斯尔还想象会有很多人愿意出钱来印刷这部著作。但我不知道他为什么会放弃——或是因为他好高骛远，或是因为有更重要的事分散了他的精力。不管怎么说，很遗憾，这本书没有出版。

从维也纳帝国图书馆图书目录的一个声明中，我还获知兰贝克的继任者丹尼尔·德·尼赛尔(Daniel de Nessel)曾想出版有关中国方面的文章专辑，要带有简短的汉语注释，尤其是关于中国画家笔下基督的生平及其实施的奇迹。书中也要有地理和天文方面的注释。但这个计划并未付诸实践。所以对于此人的能力我就不得而知了。[②]

---

① 莱斯尔(1690—1728)，即波利卡普·莱斯尔，德国学者，在赫尔姆施泰特(Helmstadt)讲授诗歌。一些学者出版的《文献工具》(1717—1718)中有各种各样关于文学和神学的短篇文章，大部分是莱斯尔所写。莱斯尔在他的《为普天下学者重拾米勒的汉语钥匙》(*Clavis Linguae Sinicae Mulleriana orbi Literato Restituenda*)卷 1 第 31—38 页中讨论了《汉语钥匙》，这本书是莱斯尔从一个著名的精通汉语的学者那儿得来的，这位学者的姓名他不愿透露。从莱斯尔简短的介绍中可以很明显地看出他谈论的就是门采尔的《汉语钥匙》，例如此书的图 7 中有莱斯尔描述的两个汉字，莱斯尔把米勒模糊的笔记与自己手中的书相比较，得出的结论是它们完全相同。然而，这本《汉语钥匙》是"语法钥匙"，不是"哲学钥匙"；一眼看上去不可能明白汉字的意思，但是他已经发现其背后的系统了，借助汉语著作他纠正了《汉语钥匙》中的不当之处，并做了大量补充。书已经完备，准备印刷，莱斯尔希望以某种方式在比利时或伦敦出版。

② 丹尼尔·德·尼塞尔(1644—1711)，德国学者，接替兰贝克任维也纳帝国图书馆管理员。他出版了《对希腊和东方手稿的分类与特殊评价》(*Catalogus sive recensio specialis omnium codicum manuscriptorum graecorum nec non orientalium*……，1690)，这是兰贝克的《评论》的缩写本。

1716年约翰·雅各布·马斯科夫(Johann Jakob Mascov)启程去意大利。[①] 我知道他学识渊博,德高望重,是个极其善良温和的人。因为知道他的资质和勤奋,所以在我看来似乎无人比卓越的他对我更有帮助了。于是,我利用在意大利的机会请他留意寻找对汉语研究感兴趣的人。马斯科夫写信告诉我,他跟阎当(Charles Maigrot)很熟。阎当曾是康农(Conon)的主教,被教皇派到中国任代理主教。在中国20年的生活使他在中国文化方面有深厚造诣。马斯科夫还听说过克劳迪波利斯(Claudiopolis)主教刘应(Claude de Visdelou)也曾在中国某地担任过代理主教,对汉语和满语都很精通。那时刘应住在科罗曼德尔(Coromandel)海岸上的一个名为庞蒂切里(Pondicherry)的法属小镇。[②]

那时我还请著名的帕思卡里诺(Paul Joseph Pasqualino)向泽诺(Zeno)打听是否认识通晓汉语的意大利人,帕思卡里诺说泽诺认识几个人,其中有众人皆知的教皇——泽诺告诉帕思卡里诺这是他在罗马时听说的。[③]

要是我比较了解那些知名的法国作者就好了,那样我就可以在这里讨论他们的汉学研究,就像谈论其他人的研究一样自如。

比农[④]教士在促进各学科发展方面的著作被广为称颂,获得巨大声望,对此我无以复加。当年轻的学者黄嘉略(Arcadius Huang)陪同罗萨利

---

① 约翰·雅各布·马斯科夫(1689—1761),德国历史学家、法学家。1712年至1714年以及1717年至1718年先后两次到意大利,参观图书馆并会见很多著名学者。与他同时代的人都景仰他的著作和品行。马斯科夫和拉克罗兹是好朋友。

② 世纪之交之时,在中国和欧洲发生的礼仪之争愈演愈烈。阎当以外方传教会的名义发出宣言,反对引起动荡的中国礼仪(1693)。1706年,阎当被逐出中国,在罗马度过余生。1714年,阎当用"Minorelli"的名字发表了那篇恶毒攻击反耶稣会的文章。刘应(1656—1737),在华耶稣会士,博学的历史学家,专门研究中亚地区各民族历史。教皇派出的使者铎罗(Tournon)与康熙皇帝发生争吵,刘应本人也卷入其中,陷入困境。1708年,刘应逃出中国,由于法国摄政王奥尔良大公不允许他返回欧洲,他便来到庞蒂切里(印度——译者注),在那里度过了余生。克莱门廷九世(Clement Ⅸ),1700—1721年任教皇,他反对在华的适应政策。

③ 泽诺(1668—1750),梵蒂冈戏剧家、历史学家。帕思卡里诺,意大利文学家(?),出生在蒂罗尔(Tirol)。巴耶尔一定是从他的朋友戈德巴赫那里得到泽诺的地址,因为戈德巴赫曾在旅途中与泽诺相遇并与他通信联系。参见科普列维奇、尤斯克维奇:《克里斯蒂安·戈德巴赫——1690—1764》(用俄语写的),莫斯科,1983年,第50页。

④ 比农,参见本书第58页注释④。

亚(*Rosalia*)的主教来到巴黎时,他抓住机会促进汉学研究。① 首先他让黄嘉略加入外方传教会,虽贡献微薄,但黄嘉略越来越迷恋这座城市的显赫以及法国人的生活方式。黄嘉略娶了一个法国女子,生了一个女儿,相貌像中国人:她的特征和肤色正是用来区分中国人和欧洲人的标准。后来,比农雇黄嘉略在巴黎皇家图书馆翻译汉语书籍,薪金很少。在这里黄嘉略建立了汉语书籍目录,开始编纂汉语语法和字典。著名学者尼古拉斯·弗雷莱(Nicolas Fréret)与黄嘉略联系密切,受益于其指点。无论是古代的还是现代的东方语言和地理知识,弗雷莱都通晓。②

除弗雷莱外,在铭文与美文学院(Académie des inscriptions et belles-lettres)还有两位优秀的东方学家,他们就是傅尔蒙兄弟,他们都是巴黎皇家图书馆的翻译。哥哥埃迪恩·傅尔蒙(Étienne Fourmoni)是法国大学阿拉伯语教授;弟弟麦克尔·傅尔蒙(Michel Fourmoni)是同校的古叙利亚语教授(据说他正在去往君士坦丁堡)。两人,尤其是哥哥埃迪恩一直持续自学汉语。因此他们可以弄到以前存放在巴黎皇家图书馆里的所有汉语书,还有黄嘉略新带来的书以及保存在外方传教会和其他地方的汉语书籍。③

---

① 黄嘉略(1679—1716),年轻的中国学者,与傅尔蒙和弗雷莱一起在巴黎皇家图书馆工作。黄嘉略出生在福建省的一个信奉基督教的官宦家庭,1702 年随罗萨利亚主教阿图斯·德·莱奥恩(Artus de Lionne,1655—1713)一同到达法国。傅尔蒙在文章中贬低他对法国汉学产生的重要作用,艾丹妮(Danielle Elisséeff-Poisle)在他的《尼古拉斯·弗雷莱(1688—1749):18 世纪一位人文主义者关于中国的思考》(*Nicolas Fréret(1688—1749)—Reflections d' un humaniste du XVIII e siècle sur la Chine*,1978)中讨论了这个问题。

② 尼古拉斯·弗雷莱(1688—1749),法国历史学家,铭文与美文学院成员。他的长篇论文《关于书写艺术总则特别是中国文字基础的思考》('Reflexion sur les principes generaux de l' art d' écrire et en particulier sur les fondements de l' écriture chinoise')刊登在《皇家铭文与美文学院历史》(*Histoire de l' Academie royale des inscriptions et des belles-lettres*)第 6 卷,1729 年,第 609—635 页上。在第 5 卷第 303—312 页上,有一篇他在巴黎科学院读过的论文摘要"关于汉语语言"。巴耶尔在写他的《中国博览》时可能还不知道这两篇文章,但是他知道弗雷莱翻译了一首汉语诗,登在《皇家铭文与美文学院历史》(1717)第 3 卷第 289—291 页。弗雷莱在 1735 年写给宋君荣的一封长信里,表露出对《中国博览》的蔑视。然而,弗雷莱的语言含糊,带有情绪,似乎对《中国博览》记得不是很清晰——令弗雷莱尤其生气的是巴耶尔把他的那首汉语小诗的翻译也放上去了。参见毕诺(Vigile Pinot):《1685—1740 年间关于法国认识中国未刊文献》(*Documents inédits relatif a la connaissance de la Chine en France de 1685 à 1740*),1932 年。关于弗雷莱,可参见艾丹妮写的传记,见本页注释①。巴耶尔临终前几日就傅尔蒙对他的攻击一事写了两封信,其中一封写给弗雷莱,另一封写给苏西埃。

③ 埃迪恩·傅尔蒙(1683—1745),法国汉学家,巴黎科学院成员。他的《汉语思索》1737 年在巴黎问世。其中几乎有 3 页写满了对巴耶尔和他的《中国博览》刻薄攻击的话。巴耶尔在死前只读到其一篇评论文章。傅尔蒙的下一部著作是《中华官话和文字的双重语法》。巴耶尔 1712 年读到过傅尔蒙写的文章评论,并从他的朋友德利尔那里知道他是著名的汉学家。从以下很多地方可以清楚地看到这个人对巴耶尔的思想有着重要影响。

我听说黄嘉略已经在木版上刻了50000个汉字，而且准备刻更多，达到70000个，组成一本字典。我经常从我的朋友弗朗索瓦·约瑟夫·德利尔那儿听到诸如此类的事。德利尔是黄嘉略的朋友，在巴黎与他住的很近，极其敬仰弗雷莱和傅尔蒙兄弟。

在他圣彼得堡的家里，德利尔给我看了保存在巴黎皇家图书馆中的中国天文学方面著作的书单。我的这位同事与我有许多共同的兴趣，他从事中国天文学方面的研究，得出的结论与卡西尼的完全不同。我们在一起的时候，德利尔经常夸赞《书经》(*Shu Jing*)，这是中国最古老的典籍之一；给我看有关尧(Çao)以后的5位皇帝的文章。德利尔在黄嘉略的帮助下读完这部书。这样，没有什么可以阻碍他发表他的成果。不过，德利尔知道耶稣会士苏西埃(Etienne Souciet)也在同一领域搞研究，苏西埃多年来收到从北京寄来的多部优秀著作，借助这些著作他对中国年代学的研究日臻完善。①

苏西埃的这部著作现在很有名，受到学识渊博人士的高度赞扬，但我还没有读到。我甚至还没有弄到一本《铭文与美文学院文集》(*Mémoires de l'Académie des Inscriptions et Belles-lettres*)，傅尔蒙的研究成果都发表在那里。不过我读到了杰出的比尔芬格②的《特雷武文集》(1724)节选部分的汉语文献注释。这些注释的确切中要害，因为在我看来——我这位博学的同事把含糊不清、晦涩难懂的问题都解决了。

我差点忘了雷诺多(Eusèbe Renaudot)神父，他也极其精通东方国家的

① 尧以后的5位皇帝：我们不是很清楚巴耶尔在这里是什么意思。Çao可能是个讹误，或者是把Yao错印成Çao了，《书经》的第一章里提到过尧帝。根据记载，尧生活在公元前2357年至公元前2258年之间。在这一章里将读到两位"天文学家"Xi和He领受尧帝的指令，观察太阳、月亮和星星的运动，调整规范历法。苏西埃(1671—1744)，巴黎路易乐大学院(College Louis-le-Grand)大学图书管理员，《特雷武文集》的编者之一。就在巴耶尔刚刚完成《中国博览》之时，他的著作《从中国古代书籍或新发现的耶稣会神父在印度和中国所作的数学、天文学、地理学、年代学和物理学观察》(以下简称《数学观察》)(*Observations mathématiques, astronomiques, géogrophiques, chronologiques, et physiques, tirées des anciens livres chinois; ou faites nouvellement aux Indes et à la Chine par les Pères de la Compagnie de Jésus*)第一卷问世(1729)。

② 比尔芬格，参见本书第105页注释③。

文献和历史，还拥有一个非常实用的图书馆。[①] 雷诺多神父取得了很多出色的研究成果，受到学术界的普遍敬仰，但是由于他屡次侮辱冒犯一些德高望重的老学者，人们对他的敬仰也就没能万古长青。雷诺多神父对他的对手以及对手的朋友或知交辱骂中伤，抑或这些人认为他在含沙射影地攻击他们，这使他遭到对手们的痛恨，最后成为他们攻击和取笑的对象。雷诺多神父所做的或对或错，我不想贬损他以及他的伟大功绩。一个在如此众多领域辛勤耕耘的人偶尔犯了些错误，对此我一点也不感到意外，但是有件事是无可争辩的，那就是他对汉语一无所知，不过他研究阿拉伯语文章，对理解汉语历史有着极大的帮助。

雷诺多神父还对大秦景教碑的真实性和权威性提出质疑，这导致该领域其他学者从波斯、阿拉伯和叙利亚文献中寻找证据来捍卫景教碑文的地位。在这些学者中，首先就有上文提到的特维诺。特维诺在穆斯林作者的著作中找到证据，证实基督教确实由景教徒传到了中国。随后，德尔博洛(Barthelemy Herbelot)为托斯卡纳(Tuscany)大公翻译了一篇描写经过乌兹别克斯坦到震旦或中国的游记，其中有迹象表明在那一地区基督教很盛行。[②] 莱布尼茨让麦格里贝奇(Antonio Magliabechi)把这篇游记编辑在册，收在《柏林医学文献》(*Bibliotheca Medicaca*)里。我不知道这篇游记后来如何，不

---

① 雷诺多(1646—1720)，法国颇有影响的神学家、东方学家，法兰西科学院和巴黎科学院成员。他攻击的靶子之一是鲁道夫——因为他对科普特教派存在误解。另一个靶子是巴耶尔在柏林的老朋友拉克罗兹，拉克罗兹为此非常沮丧，参见《拉克罗兹信件》卷Ⅰ，第9、39页；卷Ⅲ，第4页。这里讨论的雷诺多的著作是《亚历山大雅各布教宗史》(*Historia Patriarcharum Alexandrinorum Jacobitorum...*，1713)和《两位伊斯兰旅行者的印度和中国古代报告》(*Anciennes relations des Indes et de la Chine, de deux voyageurs mahométans*，1718)，还有4个附录，其中一个附录的标题是《中国科学》(*Les Sciences des Chinois*，1718)。

② 德尔博洛(1625—1695)，法国东方学家，法国国王东方语言翻译，1692年起担任法兰西学院叙利亚语教授。芬迪南二世(Ferdinand Ⅱ)，托斯卡纳大公，学识渊博，给德尔博洛提供了很多东方著作的手稿。他的巨著《东方藏书》(*Bibliothèque orientale...*)在他死后由C.格兰德(C.Galand，1646—1715)出版，格兰德是法兰西学院阿拉伯语教授。刘应和格兰德写的《德尔博洛东方藏书补》(*Supplément à la Bibliotheque Orientale de M.D' Herbelot*)发表于1780年。上面有关于德尔博洛的《鞑靼史》(*Histoire de la Tartarie*)(第18—133页)和刘应的大秦景教碑文新译文《基督教遗迹》(*Monument de la Religion Chrétienne*)的评论(第165—190页)。最后一篇是刘应1719年在庞蒂切里写就。巴耶尔在他晚年时曾向北京的耶稣会士索求带景教碑文的汉语书，遗憾的是，巴耶尔没有意识到，他在北京的朋友们也不知道这件事。

过雷诺多神父和阿瑟马尼(Simounio Assemani)给我们提供了一些必要资料。①

首先看一下雷诺多神父于1718年发表的经印度和中国通往阿拉伯之旅的法文译本。雷诺多神父估算游记作者大约在1173年前后经过这些地区。雷诺多神父对此次旅行的注释繁多,不胜枚举,充满了奇才大智。他综述各种各样的学科,展现欧洲人在形而上学、物理、天文和其他科学领域的优越与先进。在这方面他与沃斯的观点迥然不同,但是雷诺多神父的观点更接近事实。至于这些民族的道德准则和政治学说,雷诺多神父认为那要么是庸俗的观念,要么是混乱无章的生活信条。关于年代学及文献方面他也提出了批评,在他看来这些文献根本体现不出这个民族具备什么聪明才智。

雷诺多神父的这些提法招致了一些人对他的攻击和不满,说他诬蔑中国人。傅尔蒙斥责他根本不懂汉语文献。我不想说中国书籍和著作集没有体现中国人的理性和智慧,但是我的确认为欧洲著作更具有创造性和判断力,而且我相信中国人也会同意我的观点。

然而,雷诺多神父把我们对中国的赞赏驳斥得体无完肤,似乎那些赞美之词完全是无稽之谈,他这样诋毁中国文献并从中得到了莫大的满足,这到底是为什么呢?显然他对汉语文献一无所知。

说到基督教,雷诺多神父本人已经证明景教徒曾远至中国。这一点记载在他的《亚历山大雅各布教宗史》里,这部著作发表于1713年。那时他的证据不仅是大秦景教碑,还有他发现的其他资料。而且,在印度有很多基督教教堂这一事实已经出现在印度旅行者库斯玛斯的著作中,而库斯玛斯本人就是景教徒。在拉克罗兹驳斥伯纳德·德·蒙特法康(Bernard de Montfaucon)时证实了这一点。② 也有证据清楚地表明在中国也存在着基督教教堂。不用说马可·波罗的游记,马龙派(Maronite,黎巴嫩地区的天主教教派——译者注)教堂的杰出教士阿瑟马尼也从梵蒂冈图书馆的资料中找到了证据,我本人也有些证据,所以这个问题就此应该解决了。

---

① 麦格里贝奇(1633—1714),博学的意大利人,为佛罗伦萨的卡西默三世(Cosimo Ⅲ)大公管理医学图书馆。巴耶尔从莱布尼茨的《中国近事》上得知关于此人以及特维诺特的情况。阿瑟马尼(1687—1718),黎巴嫩马龙派教士,1730年起在梵蒂冈图书馆任图书管理员。1719年至1728年间,他出版了《克雷芒梵蒂冈图书馆东方藏书》(*Bibliotheca orientalis Clementino-Vaticana*),里面收录了很多他本人在近东旅行期间搜集的手稿。巴耶尔在康涅斯堡市立图书馆里见过这部著作的第I卷。参见《沃尔夫信件》增补卷114,大约1721年出版。

② 伯纳德·德·蒙特法康(1655—1741),法国圣本笃修会修士,编辑了《希腊神父与作家新辑》(*Collectio nova patrum et scriptorum graecorum*,1706)。拉克罗兹在《印度的基督教历史》里批评他不知道库斯玛斯是景教徒。

现在我意识到我该说说关于我本人的情况，我将以诚实、坦白、谦逊的态度谈一谈我个人的研究。

从小时候我就对人文学感兴趣，我最大的乐趣就是阅读古代历史。当我还是小孩子时，我已开始读特图利安（Tertullian）的著作，敬仰他的敏锐判断、深沉、博学以及威严的品格。这些给我留下了深刻的印象，尤其当我读到加百利·德·奥博斯潘（Gabriel de L' Aubespine）的评注时。[①] 这样，一点一点，我被东方教会问题强烈地吸引住了。然而，我很快意识到研究这些问题需要相关的东方语言知识，并且要比较熟悉令我感兴趣的亚洲部分的历史；而且，好像是命运的安排，我恰巧有机会正规地学习希伯来语初级课程。

我永远也不会忘记从沃尔夫那儿得到的既有益又有效的教诲，亚伯拉罕·沃尔夫[②]是著名的希伯来语专家，现在是康涅斯堡神学和东方语言的教授。我充满感激地回想起他善意的训诫，我对自己为之付出的努力无怨无悔。

总之，由于遵循沃尔夫传授的希伯来语规则来学习相关的语言，我的研究进展得还不算太困难。我还得到了额外的帮助：跟大马士革的萨洛蒙·埃塞都斯（Salomon Assedeus）学了几天阿拉伯语，埃塞都斯也极其精通欧洲科学——他最近在英格兰去世了；我还跟温文尔雅的拉克罗兹学了一些科普特语。

1713年，我待在乡下。一时心血来潮，我强烈地想学习汉语。接下来的那段时间，我边学习边思索——毋宁说，梦想如何穿越这个神秘的领域。要是我能在这个领域有小小的作为，我都会把自己看成是神者之后、王中之王。像一只等待分娩的兔子，我把一切能找到的东西都搬到洞里，把所有可以用来编字典和介绍汉语语言及汉语文献的东西都搜集起来。我有大秦景教碑文，有海德和门采尔的著作，这些东西对我都非常有用。我还寻找米勒发表的文章，但是直到今天我还对那些文章感到恼火——对米勒的把戏和蒙骗感到非常气愤。[③]

但是，随后在1716年，我来到柏林，遇到拉克罗兹，这是多么重要的见面啊！

---

① 特图利安（约155—222），伟大的教会作家，言辞激烈。加百利·德·奥博斯潘（约1559—1630），法国早期教会领袖，曾写过《古代教会仪式观察》（*Observationes de vercribus ecclesiae ruibus*，1623），还写过一篇关于特图利安的论文。

② 亚伯拉罕·沃尔夫（1680—1731），虔诚的神学家，在康涅斯堡讲授神学。

③ 格拉斯哥大学图书馆巴耶尔档案里最久远的一份资料是一篇手稿，标题是"汉语词汇（Glossarium Sinicum）"，参见亨特藏书，第139号。在标题下，巴耶尔写道："始于1713年5月22日。"如巴耶尔所说，这些汉字来自门采尔（《简明中国大事年表》里的《小儿论》）、海德的书，最后是基歇尔的《中国图说》，编号从796到2577，在一个大的对折开本里，包括未翻译的汉字，大约有1800个。

拉克罗兹那么博学、那么儒雅！我所有的读者都知道，正是他告诫我不要让我的汉学研究停滞不前，而要在这片迄今为止仍被忽视的领域里不断耕耘。

无论我想要看柏林皇家图书馆里的什么书，也不管这书藏匿于何处，拉克罗兹都能给我拿来，供我使用。而且，当拉克罗兹听说莱布尼茨正在寻找一个能从事汉学研究并为其提供帮助和建议的年轻人时，他向这位伟大的学者推荐了我。然而，不幸的是，正当他努力促成此事时，莱布尼茨却溘然长逝了。①

在柏林充实了汉语知识后，我在闲暇时间经常重温这方面的研究。经过不懈努力，同时也为了使自己不陷于懒散倦怠的消极无为中，我在康涅斯堡写了一篇小论文，写的是有关中国的日食和汉语语言及汉语文献方面的基础知识。② 我曾计划写一本书，介绍中国以及亚洲北部一度兴盛的基督教会情况，而这篇论文是其中的一部分。我没有向外界介绍这本书，可是我并不后悔这样做，因为后来随着我知道的东西越来越多，而且得到了更多的资料，一部更加丰富翔实的著作从中诞生了。③

我被召到圣彼得堡帝国科学院后，开始思考如何从事我的汉语研究。我感到忙于其他学科使我远离了汉语研究，我也知道经过艰苦努力学来的东西不应该只停留在书桌抽屉里。而且，诺夫哥罗德主教兼圣宗会(Holy Synod)主持、英明的西奥芬尼斯·普罗克坡维奇也敦促并支持我发表一些成果。就这样，在圣彼得堡帝国科学院的慷慨资助下，我把这些前所未有的成果呈现给公众。④

我给书起名叫《中国博览》，因为我最先想到的就是这个名字，而且也找不到比这更好的名字了。⑤ 此书虽说不上是一部巨著，但我想把它分成两

---

① 在巴耶尔与拉克罗兹1716年至1717年冬互通的4封信件里生动描述过这些事件。参见《拉克罗兹信件》卷Ⅰ，第7—9页；卷Ⅲ，第14—18页。莱布尼茨死于1716年11月14日。

② 巴耶尔在这里没有给出他的《中国日食》的书名。

③ 巴耶尔没时间写那本书。早年巴耶尔与拉克罗兹和本泽流士通信中，经常提到这件事，在他最后写给北京耶稣会士的一封信中(1735)，巴耶尔罗列出这样一本书中各个章节的标题。格拉斯哥大学图书馆里保存着这些章节的草稿。

④ 西奥芬尼斯·普罗克坡维奇(1681—1736)，乌克兰神学家，俄罗斯教会牧首，是彼得大帝、女皇叶卡捷琳娜一世和安娜女皇身边的红人。他是一个活跃、独立的人物，曾帮助沙皇彼得削弱俄罗斯教会的旧势力。年轻时他曾求学于罗马，对天主教徒和新教徒采取宽容政策。《中国博览》上有一篇长长的感谢信就是献给西奥芬尼斯的。巴耶尔(1735年8月1日)写信给沃尔夫说他两次拜访了西奥芬尼斯在彼得霍夫(Peterhof)附近郊外的房子，参见《沃尔夫信件》增补卷122, Bl. 95—98。

⑤ 那时"museum"一词经常指图书馆或藏书。《中国博览》这个名字很谦逊，可与后一部"汉语教科书"，即1737年傅尔蒙在巴黎出版的《汉语思索》相比较。

册,把一些木刻版的汉字加进去,以便读者见仁见智。我想可能还有一些读者喜欢把附录裱上,以便能在书页外展开——而若弄成一卷厚本就很难做到这些。

对于这两本书取得的成绩,或是有何不足,不该由我本人来阐述,而应该由读者去评判。

第1卷含有两册,第1册关于汉语语言,第2册关于汉语文献。第1册主要是依据卫匡国和柏应理的语法。卫匡国把他的语法交给了格流士,而柏应理的语法给了皮克斯,除此之外,我还参考了其他资料。

描述任何一种语言,最重要的是要详细精确地阐释这种语言的组合规则,即语言的句法。然而,读者会发现我根本没有涉及这个方面。因为尽管我已经对这个问题有了一些洞见,但还是觉得这些想法很不成熟,我本人甚至也感到疑惑,因此我不愿说出自己的看法,而宁愿等待其他人来解释这些问题。

在另一本书里,我讲述了汉语文献的实质,这些文献主要来自柏应理写给门采尔的信件、门采尔本人的笔记、迪亚兹的《字汇》,还有我自己的经验和见解。我承认关于汉语语言的风格我谈得很少——我希望别人来研究这方面,做出更充分的描述。虽然我的研究还只是在初级水平上,但可以帮助其他人取得更重要的成果。尽管充分认识到自身的弱点,我还是相信这本书会被诚实无偏见的评论家所接受,特别是当他们考虑到我钻研这个新的领域有多么困难。

接下来是漳州方言的语法。这是我在柏林皇家图书馆里找到的。这部分语法用西班牙语写在很薄的中国纸上,想必由方济各会修士所为,因为圣方济的名字出现在礼拜仪式上。这本书不仅讲语法规则,还有字典和译成汉语的教义。只是书上的西班牙文实在太糟糕了,虽然我把它抄了下来,可看得懂的很少。尽管如此,把它呈现在这儿我认为还是值得的,可告示读者一种汉语方言的语法规则。翻译这篇文章时,我得到贝尔纳多·里伯拉(Bernardo Ribera)的帮助,他曾一度是西班牙科学院宗教语言教授,现在是令人尊敬的利里亚(Liria)公爵率领下的西班牙使节团的神父。在此,我要为这位博学善良的人的友善和帮助表达我衷心的谢意。当我们翻译这篇文章时,发现这篇文章很令人费解,连这位可敬的西班牙人都感到惊奇和好笑。在这篇译文的基础上,我又重新组织句子篇章。

我相信漳州(Chin ceu 或 Chin cheo)在广东省边界附近。根据卫匡国的地图可知漳州是个地区,除漳州这个较大的繁华城市外,还包括其他几个小镇。①

人们希望有人能出版汉语地方方言方面的书,或者至少是最重要的方言的样本。我将在以下适当的地方讨论这方面努力所带来的益处。

最后,书里有3篇文章,我相信读者会感兴趣。特兰克巴尔(Tranquebar)的传教士们写给我的信很有学术价值,信息丰富,我想与其他学者共享。我还想把米勒的《汉语钥匙论题》书中印出来,因为书中所有的小文章都很难见到。这些文章既表达了他的希望也显示了他的成就……我认为如果读者有机会,应该思考一下米勒的观点,并与本书的内容相比较。在结尾,我印上米勒给赫维流斯的信件原文。我通过我的好朋友德利尔得到这封信。德利尔在但泽访问时,购买了赫维流斯所有的手稿和信件。赫维流斯在回信里说,他没见到过米勒询问的日食记载。

现在我们谈谈第2卷。第2卷包括两本字典和一些文章。在第一本字典里,我描述了汉字应该怎样分类及如何根据其构成要素进行查找。我本想以更准确的方式来处理这些问题,可要做到这一点,就得弄出一本800000汉字以上的巨著来,而这既非我的意图也非目前的手段和方法所能办到的。事实上,到现在我仅收集了10000多个字,就连这些我也不敢全部铺列在这本书中,以免书的印刷成本因此而更加高昂。其实,这本书里的字及其变体还不到2200个,如果这些字印刷得尚不完美,那也不是我的过错了。②

至于字典中的汉字,我想按照这样的方式编排,即所有的二类字放在一类字的下面,二类字的下面只有三类字,而三类字的下面只有四类字,以此类推。这便会是一个最理想的系统,但我只是提出这种方式。其实在第二类下我不仅放上第三类字,还有第四类、第五类的字;在第三类下面,有第六类、第七类、第八类字。坦率地说,我这样做是出于经济原则,这也是我为读者所能提供的帮助。

也许我的这个系统可以由傅尔蒙兄弟来大批量地印刷完成——我确信

---

① 河广是中国中部一个大省,在康熙统治时期分成河北和河南两省。巴耶尔不知道Chin ceu就是福建省沿岸的城市漳州。他一定花了很多时间在卫匡国的《中国新图志》里的各种地图上找漳州这个城市。

② 这句话可能指《中国博览》里汉字的质量太差。巴耶尔在针对傅尔蒙的攻击而为自己辩护的文章里又回到这个问题上,这篇文章是在他死后发表的。

我的工作会激励他们向前迈进。我也相信巴黎科学院会同我们的帝国科学院一样慷慨,在这项高尚的事业上与我们公平竞争。由于资金短缺,一些分类项下还是一片空白。我后来感到,其实在汉字的编排上我可以有所改进,但还是没有继续深入地做下去。①

(读者不要以为在汉语字典里能够找到我在著作里或期望在傅尔蒙兄弟的著作里体现的那种精确。恰恰相反,以欧洲的标准来看,汉语字典杂乱无章。)

然而,根据这个原则编成的字典只会对汉语译成拉丁语有用,因为为了写汉语,或者把拉丁语译成汉语,显然需要不同种类的字典。那些只想为特殊用途写汉语的人,比如商人或外交使者,应该编纂特殊用途字典。这里我已写出了这类词典的样例,列出中国朝廷文官、武官的头衔。这对想知道中华帝国状况的欧洲人可能会有用。

接下来的第一篇文章是从果阿版本中摘录下来的《孔子传》(*Life of Confucius*),包括柏应理对巴黎出版的《中国哲学家孔子》所做的修改,我还加上了果阿版本上印的汉字。后面有孔子的一篇著作《大学》,既有汉语又有拉丁语,还有我做的注释,另外还有一篇《小儿论》的第一部分和我对汉语来源做的注释。虽说《小儿论》部分节选已经由门采尔出版过,但是我印在此处的汉字更清楚,而且是重新翻译的。

在评注汉语的来源时,我尽量呈现中国人记忆中对世界起源的认识,这样我们无须害怕中国人的历史和编年史会损害我们神圣的教义。三年前,显赫的诺夫格罗德主教大人西奥芬尼斯·普罗克坡维奇敦促我写下这些,我在这里也极力使那位绝顶博学的人相信事情就是这样。

在这个评注里,我还加了一篇关于中国时间系统的文章,这篇文章的思想来自格流士、海德、卫方济和我自已的一些笔记;另一篇是关于中国的度量衡,来源同上。这些是我所能收集到的全部事实,但是我跟大家一样对这些资料将信将疑。

十分感谢卫方济会士,他的著作比耶稣会中其他人的著作更清楚,使我明白了这些问题。卫方济没有涉及的和我尚未发现的将由未来的学者去做出新的发现。在我看来,卫方济的数学和物理学观察结果应该更加广为人

---

① 巴耶尔在论述汉语语言的章节里解释了汉语的词汇系统,但是在这里,巴耶尔一定是感到有必要简单描述一下——无论多么令人费解——这个系统毕竟是他主要关心的问题。

知。每当他的资料适合我的著作和论述时,我都从中摄取了大量信息。① 为此,我对他深表谢意。

在末尾,我还加了些有关日食的图表,希望这些图表也能令天文学家感兴趣。

序言的最后一部分

我们一直在听巴耶尔直言不讳地讲述他所谓的"汉学研究历史",以一幅汉学家巴耶尔的自画像结束。《中国博览》前 145 页都是序言,我在此简单介绍序言的最后一部分,并稍加评论。巴耶尔在这部分的论述松散牵强,与他的主题或多或少有些关联,间或谈到日语、朝鲜语、安南语、闪语、梅尔巴克语和芬兰语。显然,巴耶尔任由他的笔驰骋而不能自持。在第 136 页上巴耶尔说:"现在我必须要言简意赅,以免这个序言膨胀成一本书。"在第 140 页,他又重复了这句话。在接近结尾的一个地方巴耶尔直接告诉读者:"我本打算就此罢笔,但是在印刷这几页时,我突然想到有些事我忘了告诉你们。"

接下来便是对他所讨论的一些主题的简短陈述。

巴耶尔重新捡起已经讨论多次的原初语言以及汉语与其他语言的关系问题,并就此与格流士和莱布尼茨进行争论。格流士认为汉语是一种人造语言,由古代的一些天才智者发明,这是违反理性的,尽管伟大的莱布尼茨似乎接受了这个观点,而莱布尼茨也只是认为存在这样的可能性。在巴耶尔的文章里,莱布尼茨说过,语言不是发明出来的,而是自然产生的。语言的声音是人类心灵的情感和活动的表达——词语的来源可以从一些象声词中发现。在德语里,ruck 的意思是"戳、刺、猛冲",其中"r"表示一种猛烈的运动,而最后的"k"意味着运动的停止。"我接受不了像维尔金斯主教发明的那样的人工语言……对汉语也持有异议。"格流士臆测汉语是人工语言,这值得一听。莱布尼茨还说:"如果上帝教会人类一种语言的话,那么它一定会像汉语那样。"②

巴耶尔在批评格流士和莱布尼茨时,想必他谈的是汉语口语。至于汉

① 卫方济的书的名字是《对印度与中国的数学和物理学的观察》(*Observationes mathematicae et physicae in India et China facta*…,1710),这本书的评论刊登在《特雷武文集》的第 654—703 页上。

② 本书第 82 页注释①提到《柏林综合文献》上这篇关于语言的文章。

语的书写,我们以后会看到,巴耶尔始终认为汉字是由"一些天才"发明的;否则,人们如何解释巴耶尔一直探求的汉字组字系统。但是,巴耶尔还不是很清楚,甚至在一些地方他竟接受了他本来在别处已经摒弃了的一个观点。关于"汉语方言"的讨论,巴耶尔说,用字母书写的语言不像汉语那样富于变化,因为汉语文字来自事物的图画。

在圣彼得堡的那些岁月里,巴耶尔力求得到关于中亚地区文字的资料——蒙文、满文和藏文,巴耶尔在《圣彼得堡帝国科学院评论》上发表了几篇关于这些文字字母的文章。[①] 在序言的最后一部分,巴耶尔表现出对藏文颇感兴趣。大约1720年,在南西伯利亚,即现在的哈萨克斯坦境内,临近一个叫塞米巴拉金斯克(Semipalatinsk)的地方,发现一份用藏文写的文件,这份文件被送到了彼得大帝那里,彼得大帝于1722年又把这份文件送到了巴黎,心想那里或许有人能读懂。巴黎科学院的傅尔蒙兄弟借助巴黎皇家图书馆里为数不多的藏语词汇开始翻译,把这份文件的译文和读音送给沙皇一份。此举在整个欧洲传得沸沸扬扬,加上同年在《特雷武文集》上发表了一篇关于汉语语言讲座的摘要,傅尔蒙名声大震。

巴耶尔在圣彼得堡帝国科学院的档案馆里发现了这份文件和文件的伪译件,巴耶尔不辨真伪,在序言中用14页之多载入这份伪译件,以表达他对两位巴黎学者的无限敬仰。[②]

在另一处,巴耶尔回到更早的一份汉学研究资料上,即荷兰东方学家亚得里安·里兰(Adriaan Reeland)的一篇文章,这篇文章选自里兰的《论文汇编三部》(*Dissertationum miscellarium Partes tres*)。[③] 在文章中,里兰谈到一本

---

① 《婆罗门、唐古特和蒙古基本文献》(*Elementa Litteraturae Barhmanicae, Tangutanae, Mungalicae*)卷3,1732年,第389—422页。《婆罗门、唐古特和蒙古基础》(*Elementa Brahmanica, Tangutana, Mungalica*)卷4,1735年,第289—301页。《关于满文》(*De Litteratura Mangjurica*)卷5,1739年,第325—328页。

② 拉克罗兹听说过这个翻译并在1723年写信给巴耶尔提到此事,说:"我希望找个时间把它发表。"参见《拉克罗兹信件》卷Ⅲ,第59页。G.F.米勒的文章《西伯利亚藏文抄本释读》('De scriptis Thanguticis')1742年发表在《圣彼得堡帝国科学院评论》第10卷第420—468页上,G.F.米勒在这篇文章里提到这个译文:"巴耶尔找到帝国科学院里保存的一份手稿,以为这份手稿是真的,便把它放在《中国博览》的序言里,以示对傅尔蒙兄弟的敬重。"G.F.米勒还说:"我倒希望那位傅尔蒙能够更加公允地看待巴耶尔的优秀著作及其在汉学研究领域里取得的卓越功绩。"

③ 亚得里安·里兰(1676—1718),乌得勒支东方语言和基督教会古籍研究方面的教授。他的生命虽短,但以研究犹太教和伊斯兰教文献而闻名于世。里兰懂阿拉伯语、波斯语和马来语。他的《论文汇编三部》于1706年至1707年在乌得勒支印刷出版,并于1713年再版,据说这本书"与其说是摘引不如说是剽窃(more pilled than quoted)"。

格流士收藏的笔记,在这些笔记里有卫匡国和他的助手多美尼克(Dominico)用汉语、日语和安南语(Annamite)写的一些词和句子,其中还有《主祷文》。

里兰在他的文章里收录了一些汉字,注明汉语、日语和安南语的不同发音。他讲述了中国字和日本字之间的关系,但是巴耶尔提醒读者注意他以前在谈坎普尔的书时说的话:日本字有的使用汉字的"正楷",有的使用汉字的"草书"。巴耶尔还说里兰刊登在约翰·张伯伦(John Chamberlayne)的集子里的《主祷文》显然是用"草书"写的,与早前米勒"楷体"字的祷文形成对照。[①]

在下一页,巴耶尔谈到《千字文》(*Qian Zi Wen*),似乎比以往任何时候都坚决地要摒弃汉字是象形字的说法。[②] 巴耶尔告诉读者,里兰从格流士的笔记中抄写了《千字文》的内容,这本著名的汉语书是一位学识渊博的人在狱中完成的。皇帝很喜欢这本书,便释放了作者。《千字文》在中国印刷出版,黑纸白字,而且如标题所示,书里有 1000 个汉字。

里兰不是根据"字根",而是用实物图画来解释汉字,就像基歇尔的《中国图说》里的那些图一样。其中一幅图画的是半个月亮,接下来是用楷体字写的"月",表明这个汉字来自月亮的图形。"日"字和其他汉字的处理也是这样。但是,巴耶尔说,所有这些都是无稽之谈——"我们用不着在这位大师身上浪费时间了"![③]

接下来的一长段有些出人意料,讲述了刚从北京回来的沙皇特使郎喀(Lorenz Lange)告诉他的有关 1722 年康熙皇帝驾崩后,传教士在中国的悲惨状况。巴耶尔还把郎喀给他的度量衡方面的术语印到书中并加入一个有关

---

① 约翰·张伯伦(1666—1732),英格兰杂文作家,据说懂 16 种语言。张伯伦编辑了《周日主祷文》(*Oratio Dominica*,1715),里面有 150 种语言的《主祷文》。汉语的是用毛笔以行书(不是草书)字体写就,人们猜想是卫匡国的仆人多美尼克写的。米勒的《主祷文》在他 1680 年出版的《关于除正宗原版之外的百个版本主祷文的祷语》(*Oratio Orationum*)里登出,后又在 1703 年,即他死后出版的《各种语言字母与注释大全》里再一次印出。巴耶尔在与北京耶稣会士通信中曾说他正在帮助一个伦敦的神职人员重新编辑张伯伦的书。

② 《千字文》中有 1000 个不同的汉字,中国小孩读过《三字经》,在学"四书"前要学这篇文章。19 世纪《千字文》在欧洲被翻译过数次。

③ 为了表示对里兰观点的轻蔑,巴耶尔从普劳图斯(Plautus)的《骄兵》(*Miles Golriosus*)中第 209—212 页上引来 4 行文字,如其一贯做法,没有提作者和书名。在这里,把这位士兵刻画得极其可笑以显示他深邃的思想。脱离上下文这句话没有什么意义,只有那些把普劳图斯熟记于心的读者才能明白其中的含义。

中国历法的章节。①

最后，巴耶尔用两页莫名其妙的文字告知他的读者，帝国科学院刚刚收到或即将收到一些汉语书籍，而他此时已完成手稿，书正在印刷中。

> 就在最近，我们图书馆收到订成一卷本的"五经"(Wu Jing)。"五经"中的第一经是《易经》(*Yi Jing*)。这本书中的字或毋宁说是线条由黄帝(原文如此)发明的，有两份注释。和欧洲的书籍相比，这卷书不算是大部头的作品，每册只有30页。下一本是史学经典《书经》。柏应理《书经》有6册，可这里只有2册，一册45页，另一册71页——另外4册下落不明。第三本是《诗经》(*Shi Jing*)，共有4册，分别有71页、52页、34页和18页。第四本是《礼经》(*Li Jing*)，共6册，分别有62页、58页、69页、66页、49页、57页。第五本，也就是最后一本，《春秋》(*Chun Qiu*)，是孔子写的，共4册，分别有29页、29页、43页和33页。我对这五本书的了解只限于柏应理(在《中国哲学家孔子》的前言中)说的那么多，因为以我粗浅的汉语知识远远不能理解这些著作，而且我只有几天的时间来研读这些书籍。我们还收到两卷本的《三国演义》(*San Guo*)，有120个喜剧故事(原文如此)，每章节前都有两幅画。我们正期待《海篇》(*Hai Pian*)、《字汇》(*Zi Hui*)以及一本手写的《汉语-拉丁语词典》能从莫斯科如期寄来。

这令人辛酸的几页向我们精确地描述了这位年轻的学者在彼得大帝统治下的俄罗斯帝国的混乱局势下如何酝酿关于中国语言和文献方面著作的情形。书完成了并已印刷，没有时间做进一步的修改和补充。而现在他本该拿到手的材料——最基本的文章和字典就要送来了！

虽无可奈何，但仍似乎倔强不屈，巴耶尔清点这些经典著作的页码，把它们记下来，告诉他的读者。这几页上可有一些痛楚或嘲讽的语气？没有——既没有嘲讽，也没有痛楚，巴耶尔用下面的话结束了长长的序言：

① 郎喀，死于1743年。瑞典军官，效力于俄国朝廷。据说郎喀从1718年起去过中国8次。1739年，郎喀被任命为伊尔库斯克州副州长。在中国，郎喀有幸赢得康熙皇帝的友谊。1726年到1728年他和萨瓦·符拉吉斯拉维奇伯爵在中国。在他自己的一本书，即《郎喀先生驻节北京朝廷日记》(*Journal de la résidence du Sieur Lange... à la cour de la Chine...*, 1726)中，郎喀生动地描述了他在北京的经历及其颇具同情心的性格。北京耶稣会士们给巴耶尔的很多信件中(1732—1737)都有郎喀的名字。

现在,无论是谁,读了我的书,请公平地对待我和我的文章,也要公平地对待这本关于中国问题的书。别了,圣彼得堡,1730年7月15日。

5.汉语语言

《汉语语法》(*Grammatica Sinica*)及其附录部分是《中国博览》的主要内容。长长的序言后是两册关于汉语官话的介绍,另有一册谈漳州方言。第 2 卷包括巴耶尔的《汉语字典》、42 张镌刻汉字版和 119 页对照音译和意译表。还有 3 篇小文章,可能是作为这部"汉语课本"的课外短文供读者阅读。

接下来我们先讨论一下巴耶尔关于汉字书写系统想法的灵感来源——莱布尼茨、傅尔蒙和比尔芬格——再来看巴耶尔掌握的资料,这些资料是巴耶尔认识汉字本质的来源和基础。我们用较短的篇幅介绍巴耶尔对汉字起源的思索之后,将谈一下他对现代汉字本质的认识及其为揭示汉字底层系统所做的努力。正是根据这个系统,巴耶尔编纂了他自己的《汉语字典》。接下来一章,篇幅不长,论述汉语语法,简要谈及漳州语法,最后是选文部分,收录了 3 篇课文,作为学习汉语的辅助阅读材料。

灵感来源

《组合学》是莱布尼茨 20 岁时写的一篇论文,于 1666 年在莱比锡印刷出版。这是由莱布尼茨本人发表的为数不多的著作之一。莱布尼茨论述组合和排列的规则,并把这些数学程式应用到神学、音乐、诗歌等领域。

在莱布尼茨死后出版的手稿中,我们发现他一再回到这些问题上。在一篇大约写于 1685 年的笔记中,莱布尼茨写道:

> 如果真的有一种精确的语言——有人称之为原初语言——或者是真正的充满智性的文字,这样的文字建立在一种直接来自事实的人类概念的自然顺序基础上,能够产生某种类似于我们用来解决数学和几何问题的演算——它可能是希伯来的神秘语言,或是毕达哥拉斯数字命理学(Pythagorean Numerology),或是占星家和智者的语言特点。当我还是一个孩子时就已经为如此崇高的事物酝酿思想,并在我的《组合

学》里穿插了一些有关这方面的论述。[①]

还有一份手稿，大约写于1700年，标题是《(我的)普遍语特点史，一点建议》[*The history of (my) universal language of characteristics, with a recommendation*]这是一篇激情洋溢的文章。莱布尼茨在谈到他青年时代的这篇文章时说：发表这样的文章他没有什么可后悔的，因为它使智慧的头脑感到愉悦。莱布尼茨说他要卷土重来，构建这样普遍语言的基本语法和词典，而且认为现在没有什么事比这更重要，认真挑选几个人来做这项工作，可望在5年内完成。[②]

莱布尼茨的想法中没有包括汉语，但是我们知道他对汉语极其感兴趣，而且他头脑中关于普遍语言的思索无疑也与他的兴趣有关。莱布尼茨当然知道米勒提出的“汉语钥匙”，而且门采尔告诉过他自己也正在写这方面的东西。[③] 在一封1705年到1712年间莱布尼茨写给柏林的东方学家拉克罗兹的信里，他敦促拉克罗兹从事汉语研究，莱布尼茨写道：“在我看来，这项研究至关重要，因为如果我们能发现汉字的关键所在，我们就能为分析思想找到有用的东西。”(1707年10月8日)[④]1710年莱布尼茨在《柏林综合文献》上发表了一篇关于语言的重要文章，莱布尼茨说如果上帝教给人类一种语言的话，这种语言定会像汉语那样。[⑤]

拉克罗兹没有受此诱惑，但我们听说1716年拉克罗兹向莱布尼茨推荐他年轻的朋友巴耶尔，只可惜太迟了，因为这个哲学家还没有来得及给拉克罗兹的推荐信回信就与世长辞了。

与巴耶尔汉学研究相关的最有意思的材料是两封莱布尼茨于1714年写给在巴黎的数学家皮埃尔·雷蒙·德·蒙特芒(Pierre Remond de Montmort)的信。这两封信在莱布尼茨逝世几年后于1720年发表。在1月10日的信里莱布尼茨写道：

---

① 参见J.E.埃德曼(J.E.Erdmann)(编辑)：《莱布尼茨哲学著作全集》(*Gotffried Wilhelm Leibniz: Opera philosophica*)，1840年，第83页。

② 同上，第162—164页。

③ 参见约阿希姆·弗里德里希·费勒(Joachim Friedrich Feller)(编辑)：《来自汉诺威的轻松读物：莱布尼茨口述和作品文集》(*Otium Hannoveranum sive miscellanea ex ore et schedis Leibnitii…*)，1717年，第118—121页。

④ 参见克里斯蒂安·考特尔特(编辑)：《莱布尼茨致多人信件》卷1，1734年，第177—378页。

⑤ 《柏林综合文献》，参见本书第82页注释①。

如果我能专心于此,或是年轻些,或是有有才华的年轻人相助,我希望能制定一套普遍符号,所有的推理都化简为一种计算。同时,它可以是一种语言或是普遍语言书写符号……虽然制定或发明这种语言或文字会很困难,但是一旦形成,即使没有字典的帮助,也容易学会……①

在3月14日写给皮埃尔·雷蒙·德·蒙特芒的信中,莱布尼茨又谈到这个问题:

我跟德·拉霍比塔尔侯爵(Marquis de L' Hôpital)和其他一些人讲过关于我的普遍符号语言,可他们置之不理,好像我在痴人说梦。我本该用一些显而易见的成果来佐证,可要想这样就有必要先弄出至少一部分词汇——这个工作可不容易,尤其是在目前的状况下,我无法与可在此方面启发我、帮助我的人讨论……②

年轻的图宾根哲学家比尔芬格是莱布尼茨的崇拜者,他读到了这些信件。4年后,即1724年,比尔芬格在美因河畔法兰克福(Frankfurt-on-Main)发表了一部有关汉语语言的著作《古代中国人道德与政治思想样本》(*Specimen doctrinae Sinarum moralis et politica*...),在长长的关于汉语语言的附录中,对上述信件做了评论。1726年,巴耶尔在圣彼得堡帝国科学院见到该书的作者,在这之前,巴耶尔可能对此书早有耳闻,两人在圣彼得堡帝国科学院共事5年。

然而,在莱布尼茨信件的发表和比尔芬格的汉语语言著作问世之间,还发生了一件事,给比尔芬格留下很深印象,这件事对巴耶尔也极为重要,这就是学界泰斗傅尔蒙1722年在巴黎所做的关于汉语语言的演讲。

我们先来看一下这件事,然后再回到比尔芬格及其对巴耶尔的影响。

---

① 参见埃德曼(编辑):《莱布尼茨哲学著作全集》,第701—702页。

② 同上,第702—704页。皮埃尔·雷蒙·德·蒙特芒是尼古拉斯·德·雷蒙(Nicolas de Remond)的兄弟,莱布尼茨与他们兄弟俩通信,这封和上一封都是写给皮埃尔的,莱布尼茨给尼古拉斯·德·雷蒙的重要一封信是:《关于中国哲学的信》('Lettre sur la philosophie chinoise à Mons. de Remond')。给皮埃尔·雷蒙·德·蒙特芒的信登在皮埃尔·德·麦祖斯(Pierre des Maizeaux)的《莱布尼茨、克拉克、牛顿等先生哲学选段集》(*Recueil de diverses pieces sur la philosophie*...*par Messieurs Leibniz*, *Clarke*, *Newton*, *etc.*, 1720)上。雷蒙·德·蒙特芒跟莱布尼茨一样都对游戏感兴趣,最早从事概率研究,著有《偶然性游戏分析论文》(*Essay d' analyse sur les jeux de hazard*, 1713)。

埃迪恩·傅尔蒙这个名字我们在引言中已经提到过多次,他对汉学研究的最早建树是在1722年。那一年的4月14日,傅尔蒙在巴黎科学院的一次会议上提交了一份关于汉语语言的论文。论文摘要发表在很有影响且发行广泛的《特雷武文集》[①]7月份的一期上。

《傅尔蒙先生论中国文献》('Dissertation de M. de Fourmont sur la litterature chinoise')这篇文章,总共6页,从一个年轻的中国人黄嘉略的死谈起。傅尔蒙说黄嘉略受路易十四差遣,编纂一本汉语字典。黄嘉略死后,摄政王奥尔良公爵又指派傅尔蒙审查这位"翻译家"留下的文章,尤其查看字典的情况,并向公爵汇报。这些事结束后,傅尔蒙被命令继续从事这方面工作,而现在,傅尔蒙已创作出不止一本而是几本汉语字典,还有一些帮助学习汉语语言的著作,总共有12到14卷对开本。

有一小章节谈到在华耶稣会士和几个欧洲学者的研究,包括格流士、里兰、米勒、木尔岑(Meultzen)、迈森、弗雷莱和雷诺多等人,还有几行讲到汉语口语为数不多的音节。

接下来是对汉字书写系统的描述。这部分虽只有半页的篇幅,但却给学术界留下了极深的印象,也确立了傅尔蒙作为汉学学者的世界领先地位,使其声名远扬:

> 汉字系统是庞大的;有80000个字;每样事物都有自己的汉字;事实上,这些汉字都是象形字。可是,根据M.傅尔蒙所言,中国人在组合汉字时保留着优美的、充满智性的几何结构顺序,比任何其他语言更具有类推性。乍一见那些不可胜数的汉字会让人望而生畏,但由于那种可类推的结构顺序就使汉字的难度大大降低了。M.傅尔蒙断言说汉字的

① 《特雷武文集》或《特雷武日志》都是《科学与艺术史文集》(*Mémoires pour l' Histoire des Sciences et des Beaux Arts*)的简称,在法国特雷武出版,被认为是法国耶稣会的喉舌。

组合是人类最高的成就(努力);没有哪种物理系统像它那样趋于完美。①

直到15年后的1737年,《汉语思索》发表时,傅尔蒙才向世人揭示这一妄断的理由。巴耶尔没能看到对这个伟大发现的详细阐述。巴耶尔看到的是登载在《学者杂志》(*Journal des Sçavans*)上的书评,并获悉他受到了攻击,但巴耶尔还没找到机会仔细阅读该书便离开了人世。

在此期间,大多数学者好像只认识到那几行字的表面价值,只有在此方面已有一定研究的在华耶稣会士们和与之有书信往来的其他欧洲同人们对之另眼相待。事实上,在这些年间,即从1722年到1737年,傅尔蒙发表在《特雷武文集》的言语起到了像米勒的《汉语钥匙论题》在17世纪起的同样作用,只是人们更愿意相信著名的巴黎学院院士的话,而不愿听信柏林的一个无名牧师的话。傅尔蒙虽然没说能在一周之内教会任何人读汉语,但强调说存在着这样一个系统,而且他已经把这个系统弄明白了。

正如我们已经看到的和即将再一次看到的,巴耶尔对傅尔蒙充满了无限敬仰。巴耶尔知道早期的作者,如在华耶稣会教士谢务禄和人工智慧语言的创立者、著名的威尔金斯主教都或多或少明确讲过汉字书写是一个系

---

① 傅尔蒙论文的节选登在第1575—1580页上(1722)。一个秘书总结了这篇演讲,并于1729年把它刊登在《铭文与美文学院历史》第5卷第312—319页。在这篇演讲稿里我们看到几行关于中国汉字214个部首的论述。傅尔蒙提到人、女人、天、土、气、水、马、虫等偏旁。傅尔蒙还给出了几个例子,说明在(汉语字典里)这些偏旁下的汉字在属性上或是仅仅是偶然和比喻关系上都与这些偏旁有关。巴耶尔可能从来没看过这篇文章——他从来没提过。黄嘉略,参见本书第86页注释①。在《特雷武文集》中的节选部分里,傅尔蒙没有提与黄嘉略在巴黎皇家图书馆一起工作的5年里黄嘉略给他的帮助。上文的总结里说他从“黄嘉略的文章”里获得了帮助。弗雷莱“关于汉语语言”摘要就登在傅尔蒙的之前(第303—312页),在这篇摘要里,我们知道“他(弗雷莱)与黄嘉略有过多次谈话”。

统。[①] 在巴耶尔看来,傅尔蒙的假设如果不是首创至少也是他关于汉字作为组合系统的想法的最有力的支持。中国人自己可能已经忘了这一点,但傅尔蒙发现了,而且巴耶尔正想尽自己的微薄之力来仿效这位巴黎的大人物。除了强有力的假设,巴耶尔在傅尔蒙的话里找不到任何帮助。值得注意的是,在《特雷武文集》的节录里没有提到 214 个偏旁部首系统,也根本没提到任何分类系统。[②]

巴耶尔也有可能从未看到《特雷武文集》上的文章,但比尔芬格在《古代中国人道德与政治思想样本》里用法文把上述重要引文一字不差地写在脚注里,巴耶尔可从那里获悉这一切。

比尔芬格在《古代中国人道德与政治思想样本》中论述的语言部分是一篇长达 70 页的论文,本身就很值得研究。在此,我们只讲那些对巴耶尔至关重要的部分。[③]

在开头部分,比尔芬格承认自己对汉语知之甚少,只读过谢务禄、斯皮泽流士、李明的书以及傅尔蒙在巴黎科学院上发表演讲的摘要。然而,比尔芬格认为这已经足以让他敢于向公众呈献他的这些笔记。

---

① 威尔金斯(1614—1672),即约翰·威尔金斯,切斯特主教,以他的著作《面向真正的哲学文字和语言》(*Essay towards a real character and a philosophical language*,1668)而闻名。在这本书里,威尔金斯制定出一套人工语言系统,既有书面语又有口语。事实上,威尔金斯主教把这门语言与汉语做了比较(第 450—452 页),发现汉语不如他发明的语言,因为汉语的发音太难了,还有很多同音字,而且汉字书写极其复杂,为了证明这一点,威尔金斯附上一页《主祷文》的汉语译文及其音译。威尔金斯引用谢务禄曾用过的带有意义的偏旁部首,说:"见到这篇东西我欣喜万分,我以前就是根据这种方法制定事物自然的表达方式。"然而,威尔金斯说根据谢务禄所言,这个规则不是一成不变的。威尔金斯总结说,我们有理由怀疑"它们中是否存在着适用于所有的事物和观念的普遍哲学理论"。我们看到在序言里巴耶尔提到威尔金斯,称他为哲学语言的优秀缔造者,但是巴耶尔很可能从未见过威尔金斯的这本书。如果巴耶尔见过并能用英语阅读这本书,就会对作者关于汉语语言的评论发表自己的看法了。比尔芬格在他的《古代中国人道德与政治思想样本》(第 333 页)里提到这本书,并说他还没有读到。见本页注释③。

② 参见本书第 104 页注释①。

③ 比尔芬格(1693—1750),即乔治·伯恩哈德·比尔芬格,德国哲学家、政治家。1719 年至 1721 年,他在哈雷大学学习,受教于莱布尼茨的追随者、著名哲学家克里斯蒂安·沃尔夫。沃尔夫极其崇拜中国,1724 年,未经允许,《特雷武文集》上登载了他的文章《关于中国人智慧的演讲》(*De Sapientia Sinensium Oratio*...)——参见本书第 152 页注释②。1721 年,比尔芬格成为图宾根哲学教授,在当地发表了几部著作,捍卫莱布尼茨的理论和他的《古代中国人道德与政治思想样本》,这本书系统阐述了《中国哲学家孔子》。关于汉语语言的长长的附录《汉语文献简述》(*De Litteratura Sinensi Dissertatio Extemporalis*)和一篇关于《易经》的文章以及《揭秘莱布尼茨与白晋》(*Expositio Mysterii Leibnitio-Bouvetiana*)一同出现在第 289—360 页上。1726 年至 1731 年,比尔芬格在圣彼得堡帝国科学院与巴耶尔共事。回到图宾根后,他成为符腾堡(Würtemberg)国务大臣,被委任组建高等学府和研究机构并从事防御工事研究。

在几章颇有意思的关于语义学的总论之后——"语义学"这个词好像是比尔芬格自己造的——比尔芬格便开始谈及汉字：

就汉字来说，它们无疑包含一些可以总体把握的相似和差异。因为如果不是这样，就不可能编出字典，让人们查寻字意。谁能为了找一个字而去浏览成千上万的汉字？因此，无疑要有类有别，由汉字的笔画标明，据此如同进入其类属。可是，这样的系统只能使在字典中查字变得容易些，如果简单笔画的安排和组合在语义上没有规律的话，这个系统也不能帮助人们记忆。我没亲眼看到一本汉语字典，但是我相信其他学者的见证。

然后，比尔芬格提到《汉语钥匙》，米勒曾答应送他一本，但始终没给。比尔芬格说，如今不大可能来判定这本书有什么价值，但希望犹在——他很高兴把杰出的傅尔蒙最近的研究告知他的读者。

我怀着无比喜悦的心情阅读了《特雷武文集》上的文章，他宣称中国人在组合汉字时遵循一种清晰的秩序，极富有智性。这是一个天才系统，汉字显示了人类力量所企及的高度，达到了任何物理系统未曾达到的完美。

比尔芬格引用《特雷武文集》的段落，补充说造字艺术堪比科学，将二者相提并论，甚至把造字凌驾于科学之上，这在某些人看来未免有些夸大其词。"我下面要写的看来会引起一些读者的反感"。

于是，比尔芬格把注意力转向莱布尼茨，引用给上文提到的皮埃尔·雷蒙·德·蒙特芒的信件。在此，比尔芬格说莱布尼茨的话有如天书。

比尔芬格自己的解释和思考如下：

如我理解的，这才是这位伟人所提议或设想的：

如果真的有人能够使所有简单事物从万物基本原理分离出来并收集在一起，如果真的有人愿意研究它们的关系并分门别类，如果一个人用这样的方式为事物和事物间的关系造出字来，即根据事物本身之间的关系，使合成字由简单字组合而来，如果这个人找到同义词相互替代的规律，那么，我认为他就已经接近大哲学家的思想了。通过不断的努力，这样的事情是可能的——我对此不悲观。因为存在着一些普遍类别和原理——本质、存在、物质、模态、种类和表象等。还有事物间的共同关系和联系——原始与派生、原因与结果、主体与附属、冲量与运动、阻力与受体、力量与对抗、共存与接替以及其他类似的应该分类的概念。现在，如果这些（概念）用字或符号以从简单到复杂的方式来表现，如果能找出基于这些关系的本质来替代同等概念的方法，而且这种方法以其特有的方式与代数学家从量值关系得出的方法相一致，那么，玄学的真理就可以像在数学领域通过计算一样来把握。

比尔芬格继续对汉语是否是这样的系统或者说是否能成为这样的系统表示他的希望和疑惑——希望傅尔蒙能有时间获得必要的支持来完成他已经轰轰烈烈开始的工作。

这个搭架构屋的系统读起来与巴耶尔讨论他的汉字书写体系的观点如出一辙。我们在序言中已经看到，巴耶尔提到了那个附录，简短且态度又不明朗——"它的确非常真实"，除了这个小段落，比尔芬格的名字只出现在《汉语语法》第2册中关于莱布尼茨和白晋的简短的脚注中。

然而，我们知道巴耶尔是多么仔细地研究过这篇关于汉语语言的附录，因为这份手写《汉语语法》就是印在《中国博览》上的语法部分的草稿，前4页是《汉语语法》的小段节选并加有注释和评论。[①]

此处，巴耶尔说比尔芬格收集了早期欧洲关于汉语语言的所有文献，但不像斯皮泽流士那样（只是罗列引文）——"他用哲学的方式来处理这些问题"。巴耶尔说比尔芬格在寻找他（巴耶尔）已经找到了的东西，而且，由于他（比尔芬格）的原理是错误的，再加上缺乏资料，所以犯了错误。可是在最后几页，巴耶尔写道："比（尔芬格）的真知灼见在第326—327页。"——比尔芬格在此处总结说字典的存在就可以证明一定存在着一个系统。

---

① 《汉语语法》，亨特藏书MS，第350号。标题上说"写于圣彼得堡"，但没有日期。

资料

巴耶尔编写《中国博览》里的语法部分和字典部分时的手头资料有迪亚兹的《字汇》和门采尔的文章,1716 年巴耶尔在柏林时看到这些资料并把它们抄录下来。

《汉语-卡斯蒂利亚语字汇》(*Vocabulario de Letra China con la Explication Castellana*)是多明我会成员迪亚兹在 17 世纪 40 年代编著的。1710 年,拉克罗兹在《柏林综合文献》上发表的一篇文章里对这部《字汇》进行了描述。在柏林遇到拉克罗兹之前,巴耶尔可能早就看到过那篇文章。拉克罗兹说《字汇》有 598 页,每页划分成 3 栏。拉克罗兹说上面的汉字很优雅,甚至比那些汉语书上的字还好看;西班牙语的译文长短不一,包括对书中其他地方出现的同义词的解释。"无疑,就学习汉语语言来说,这本字典要好于欧洲现有的其他任何一本。"①

上文说过,18 世纪 20 年代巴耶尔可能借到了这本字典。但即使这样,巴耶尔也只能抄录一小部分,因为在一封 1732 年写于圣彼得堡的信中,巴耶尔说他想从柏林弄到一本——或者一份手抄本。这本字典在第二次世界大战期间遗失了,但在梵蒂冈图书馆有一份复制本。②

《门采尔文献合订本》为 17 世纪晚期出品,搜集了关于汉语语言的各式各样的手稿,曾在柏林皇家图书馆保存,现也遗失了。可是,合订本的一份复制本现保存在格拉斯哥大学图书馆的巴耶尔文献部分,是巴耶尔在 1716 年 9 月抄录的。巴耶尔给他的复制本起名叫"神助"(Agathe Tyche,希腊司

---

① 参见《柏林综合文献》第 1 卷,1710 年,第 84—88 页。朱利叶斯·克拉普劳特(Julius Klaproth)在《柏林皇家图书馆中满文书籍手稿目录》(*Verzeichniss der chinesischen und mandchurischen Büchern und Handschriften der kgl.Bibliothek zu Berlin*,1822)第 129—136 页中也描述过这本字典,还为巴黎国家图书馆里的一本修订本作了评注,这本修订本就是傅尔蒙所使用的那本。柏林的字典有 7169 个汉字。

② 这份有 91 页,每页上有 6 栏[梵蒂冈图书馆,中国藏书(Borgia Cinese), 412]。这份复制本是为意大利汉学家蒙图奇(Antonio Montucci,1762—1829)复制的。关于他为词典编纂所付出的非凡但并不成功的努力,可参见他 1817 年在伦敦出版的有趣的书《二帙字典西译比较》(*Urh-Chih-Tsze-Teen-se-Yin-Pe-Keaou*)。

机遇之女神——译者注)。[①]

"神助"的前40页是卫匡国的汉语语法部分。门采尔说他1689年从巴达维亚的克莱耶尔那儿得到这部分语法。最后15页是一份汉字表,包括331个偏旁部首。[②] 几页从迪亚兹的《字汇》里选出的大约50个汉字,其后是"卫匡国和柏应理的汉语语法(*Martinio Cupletiana Grammatica Sinica*)"——这是巴耶尔对门采尔的《汉语钥匙》的誊写。在此,巴耶尔找到了一份大约有800个汉字的列表,这些汉字根据另一套含214个偏旁部首的系统编排,还找到大约有500个带音译的字汇表,将其按字母顺序排列,还注明这些音译字在前一份汉字表中的位置。

门采尔的《汉语钥匙》有很长一部分是关于"耶稣会士编"的汉语语法,但是,巴耶尔只是从中摘录了几处——总共有6页。很奇怪,巴耶尔没有抄录门采尔书的最后4页——反正这4页没有被收在格拉斯哥的巴耶尔文献中。这几页上有《主祷文》《大学》和《中庸》的一小部分,另加一小部分药典内容——都是用汉字写的,配有音译和意译。显然,那时巴耶尔最感兴趣的是汉语书写系统本身。

---

① "神助",参见亨特藏书第299号,共205页。门采尔的《汉语钥匙》手稿的原件保存在柏林国家图书馆里[Libri Sinici,Alte Sammlung,第14号(新第19号):Varia Sinica et Mandschurica,dabei Mentzel's],124页对开本,前4页是汉语数字表。第5—54页是214个偏旁部首字典,排列顺序如《字汇》。每个汉字后是其读音和翻译。第55—89页是按字母顺序编排的单词表,这是门采尔借助迪亚兹的《字汇》编排的,想必是为编他自己的字典做准备。除了按字母顺序排列的汉字,巴耶尔把整个单词表都抄录下来了,但实际上他这样做是多余的,因为这个单词表与字典里的汉字是相关的。接下来第90—120页是"Grammaticalia quaedam a P.P.Societatis(原文如此) observata",即音调规则、名词及其变格、代词等,并都有汉字解释。结尾——第121—124页——有4张表,分别是《主祷文》、《大学》前58个字、《中庸》前62个字,最后36个字是《本草纲目》中有关人参的介绍。巴耶尔没有抄最后这几页,但是回到康涅斯堡后,他写信给拉克罗兹,请拉克罗兹抄写《大学》里的那一段。保存在柏林的手稿和巴耶尔的手抄稿上都没有标题,但是考狄看到过这个标题,并写在《西人论中国书目》上:"门采尔所著《汉语钥匙》——人们也许想知道门采尔为什么选择这个标题,在讲了解神秘的汉语语言的关键所在时,米勒用的就是'钥匙'一词。门采尔的'钥匙'一点也不神秘,是对汉语语言的简明扼要的介绍:1本小字典、1本语法和4篇阅读范文。"显然,门采尔的著作经过了艰苦的工作才得以完成,考虑到门采尔所能利用的简陋条件,可以说这已经很了不起了。这份手稿让巴耶尔对门采尔博士的敬意油然而生,所以巴耶尔经常向外界表达他的这份尊敬。

② 这份汉字表里的331个偏旁部首包括所有214个偏旁部首,其余的是变体或从其系统中派生出来的汉字。开头看起来好像是丢掉了一些东西,因为只有两个一笔画的汉字,是214系统中6个一笔画汉字的最后两个,可是看不出来有撕掉过一页的痕迹。总之,这个偏旁部首表给人的印象是仓促而就,一些词项安排显得杂乱无章。字好像是用刷子(毛笔)写的,线条粗犷,纸张粗糙,显然,写的人习惯写汉字。音译和意译是用细钢笔添上的。巴耶尔从中选了一些偏旁部首,又加了一些他自己的。这个字汇表及其来源有待进一步研究。

"神助"的最后部分是皮克斯的 11 页汉语语法。最后我们找到关于汉语语言方面的一些手抄信件。有一封是在牛津的托马斯·海德给门采尔的信的译文,写于 1683 年。有 7 封是柏应理写给门采尔的,写于 1687 年 4 月至 9 月间。还有一封是柏应理写给在巴达维亚的克莱耶尔的,这封信没有标注日期,"写在中国(宣)纸上"。最后两封时间较早,是米勒给天文学家赫维流斯以及赫维流斯给米勒的答复,都写于 1679 年。巴耶尔把这些信件都放到了《中国博览》里。

这些信,尤其是来自柏应理的信,对巴耶尔早期汉语研究至关重要。柏应理的"汉语词汇"中有 1800 个汉字来自大秦景教碑文,这是巴耶尔开始编《中国博览》的语法和字典部分时所拥有的所有资料。1716 年巴耶尔在柏林看到过《字汇》和《正字通》,但可能只是粗略地看过,并未从中受益。他那时甚至可能还没意识到那些汉字是按照同一套 214 个偏旁部首系统编排的,更重要的是,巴耶尔不可能注意到《正字通》里很多有如图画般的篆字。①

18 世纪 20 年代晚期,巴耶尔在圣彼得堡工作时还没有汉语方面的书籍。如我们所看到的,在序言的结尾,巴耶尔说他正在盼望从莫斯科寄来的两本汉语字典。

汉字的起源

巴耶尔在谈汉字的本质之前,插入了一个章节——第 2 卷第 2 章——讨论汉字的起源。

欧洲读者从有关中国的早期文献里获知,中国的汉字来源于事物的图画。在卫匡国广为人知的《中国上古史》中,介绍刻在木板上的"山、日、龙、鸟和鸡"等汉字的"原始形式"(画得很糟糕),旁边是这些汉字的现代写法。前四个看起来像在篆书字典里的样子,但是"鸟"和"鸡"则完全是欧洲画法。如果说"山"和"日"的原始形式是现代写法的前身还可以接受,就"龙"与皇帝来说,就看不出其中的关联了;认为鸟和鸡的图画就是"鸟"和"鸡"这两个字的原型一定——也的确——很可笑。卫匡国只是说这些原始汉字是由中国第一个皇帝伏曦氏发明的,它们是事物的图画。

在巴耶尔看来,中国汉字来源于图画的看法难以让人接受;正像我们在序言中看到的,巴耶尔几次讥笑这样的想法,所以拒绝像卫匡国在书中所做的那样,给那些"想入非非的东西"配上插图。巴耶尔完全拒绝象形理论的

---

① 参见本书第 166 页注释③。

部分原因是他从没看过或者说是注意过汉语字典里的篆字。要是他看过并接受它们就是真正的古代汉字的话,就会看得出汉字中很多字都显而易见地是事物的图画。当然,巴耶尔拒绝这个说法的最重要的原因是这一理论与他认为汉字是由简单笔画组合而成系统的想法不相容。

在这里,巴耶尔还提到基歇尔《中国图说》中的“古代汉字”,但只是像在序言中声称的那样,说它们是异想天开的发明,并补充说这些古代汉字类似于亚美尼亚人(Armenian)“装饰性”的字母文字,可巴耶尔忘了提基歇尔的观点,即这些古老的形式实际上是中国人“观物取象”的结果。巴耶尔说一些原始民族,比如墨西哥人,用图画代替文字,但是这与汉字系统大相径庭,他将在下面对汉字系统加以解释。对于已经谈论很多的埃及人的象形字与汉字相像以及它们之间可能存在联系的问题,巴耶尔引用基歇尔的话说:“方尖塔上刻有圣甲虫护身符并不代表甲虫,而是象征太阳。”这又与汉字不同,汉字没有这些神秘的象征。如果要拿汉字与什么相比的话,汉字看起来更像古罗马人的数字,罗马数字的形成是没有任何系统的,相反汉字“仿佛来自某些字干,因此可以类推,它们的意思来自它们组合的方式”。①

这是巴耶尔第一次试图表述自己的观点,随后以及在其晚期著作中他努力再三以求使之更加清晰。

正如我们所想,热衷于系统的巴耶尔更倾向于认为八卦是汉字的摇篮:完整的和断开的线的组合代表了某种系统。巴耶尔说我们应该首先来看备受景仰的著作《易经》里的六十四卦图,这些卦图出现在《中国哲学家孔子》一书里。

在这里,巴耶尔莫名其妙地转向莱布尼茨:这本中国古书最近成为伟大的哲学家进行哲学讨论的对象!巴耶尔似乎理所当然地认为他的读者知道莱布尼茨的一篇或其他篇论文,在这些论文里,莱布尼茨从在华耶稣会士白晋那儿知道八卦,并谈到八卦图的某种特殊排列和他的二进制系统有些相似。巴耶尔写道:

> 白晋把莱布尼茨的二进制系统和八卦图进行比较实在让人难以捉摸。的确,也许它们看起来有着惊人的相似,但是莱布尼茨的发明是如

① 巴耶尔可能在米勒的《各种语言字母与注释大全》里看到过亚美尼亚人的“装饰性”字母,但在基歇尔的《埃及的俄狄普斯》卷3第41页中也有类似的字母。

此高深卓越,一个地球上的初始民族是无法发现的。①

然而,巴耶尔还是继续莱布尼茨在《组合学》里的论述:

> 中国古代哲学家思考可以多少次改变两三个或多个简单图形的位置和顺序,这是他们值得庆幸的发明,也是他们伟大的功绩。

通过显示整线和断线组合而成的双线、三线,到六十四卦中最后的四卦,巴耶尔把这称作组合系统:

> 先看头两个简单图形,有整线和断线,由它们形成4个组合图,进而又生出8个更复杂的组合,以此类推,形成64个卦图——这就是《易经》这本书的构成。这类东西不是易于接受的,但是很惹人注目,对这些初民来说,它们似乎是神赐的、永恒的。如果他们采纳这一发明,我相信古代民族可能会把这些符号用作单词——甚至在今天,据说它们(八卦图)的各自意思是"乾"(Heaven)、"兑"(Pools)、"艮"(Collected in the Mountains)、"离"(Fire)、"震"(Thunder)、"巽"(Wind)、"坎"(Water)、"坤"(Mountain and Earth)。②

这是巴耶尔对《易经》经久不衰的讨论的贡献。巴耶尔的叙述让我们感到他似乎想象这个过程由两步完成:系统本身在创世之初即被发明,后来的人虽用它来书写但仍处于蒙昧状态。事实上,这样的过程在《中国哲学家孔子》的前言里有所暗示,巴耶尔可能感觉到了。但是那时候巴耶尔还不知道伏曦氏、盘古开天,也不知道周文王或是八卦"乾"之后的安排。欧洲唯一知

---

① 关于卦图:白晋发现可以把八卦图看作是一个二进制系统,莱布尼茨把自己的以及白晋的发现一同发表在《皇家科学院历史》第58—63页上,并把更详细的资料寄给唐泽尔。1705年,唐泽尔就这个问题在《珍奇图书》第81—112页上发表了一篇长文。在《关于中国哲学的信》的结尾处,莱布尼茨又讲到这件事,这是他的文章不可分割的一部分,而不是像有些人认为的是临时加上去的。

② 巴耶尔从《中国哲学家孔子》的前言中的图表知道这些。

晓这些的只有莱布尼茨，可莱布尼茨从未公开发表他的看法。① 我们在第三部分关于巴耶尔的《中国时间》里再谈这个问题。

在解释了八卦后，巴耶尔立即补充了一个注释，以示谨慎：

> 人们是否接受这个理论，在我看来并不至关重要。可是，中国人摆弄这些线条组合去构成简单汉字进而形成越来越复杂的汉字的做法是极其可能的——即使在今天还在发明和增加新的汉字！

这就是巴耶尔的方式——他不喜欢米勒那种冗长不堪的正反论证，巴耶尔一生都在批评这位领袖人物。巴耶尔喜欢直抒胸臆，让他人来校正、评判他的观点。

汉字的本质

面对这些令人困惑的符号变体，巴耶尔认为它们应有一个底层系统，他对汉字的认识来源于此，《汉语语法》第 2 卷第 3 章“论汉字的本质及其类推”中体现了这一思想。

现在我们先追随巴耶尔的思路，然后再看他如何把自己的思想应用于编纂汉语字典上。

> 首先有一些非常简单的字，单笔画的，但都有意义。由这些字一步步合成其他的字。以下是前 9 个简单字。

图 7 中这 9 个字连同音译和巴耶尔本人认识的字的意译出现在《中国

① 在上面提到莱布尼茨的文章里，莱布尼茨只是简单地说他从白晋那里得到一份汉语图表，里面的卦图可以看作是一个二进制系统（不是二进制数字系统）。后来，巴耶尔才渐渐看懂这个图（参见第三部分“《中国时间》”）。原件保存在汉诺威（Hannover）的下萨克森州立图书馆（Niedersächsische Landesbibliothek），上有邵雍（Shao Yong，1011—1077）数学运算书里按方形和圆形排列的八卦图，这份是复制品，出现在孟德卫的《莱布尼茨和儒学》中。汉斯·J.扎歇尔（Hans J. Zacher）重要著作《莱布尼茨二进制主要书写符号》（*Die Hauptschriften zur Dyadik von G. W. Leibniz*，1973）对这些问题提出新的见解，但是要解释莱布尼茨以如此方式发表他的发现的动机还需要做进一步的研究。当时，乔安·托马斯·哈普特（Johan Thomas Haupt）在他的《关于中国最早黄帝留下的〈易经〉一书的新的解释》（*Neue und volständige Auslegung… des Ye-Kim*，1753）书里就考虑到这个问题。

博览》里(其中有两个字印颠倒了)。[①] 把音译省去,括号里添上这些字在214个部首系统里的号码,巴耶尔的汉字表看起来如下:

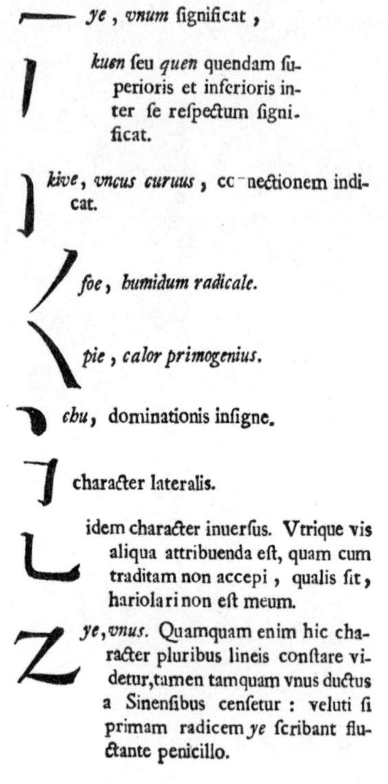

图7 巴耶尔《中国博览》中的9个基本字符

1.(1)一。

2.(2)表示上下关系。

3.(6)钩,连接。

4.(4)原火。

5.(?)水。

6.(3)皇。

7.(?)表示“边”。

8.(?)“边”字倒转。这两个字的意思我还不知道。我也不想妄加猜测。

9.(5)一。尽管它的构成好像不止一画,但中国人把它看成是一笔写就的。这一笔看起来像是9个笔画中第一个的草体。

巴耶尔认为中国汉字建立在9个基本字或者说是基本笔画上,我们不清

① 巴耶尔的这个错误来自门采尔的《简明中国大事年表》第11页。巴耶尔后来在他的《大汉语-拉丁语词典》里纠正了这个错误(参见第三部分“《汉语大字典》”)。

楚他的这个想法从何而来,也不知道他怎么知道就是这9个。在巴耶尔所有出版及未出版的著作和信件里,他一直强调说有9个——"不多不少"——而且这9个字都有意义。巴耶尔的这9个基本形式可能来自谢务禄的话:"为了组成这大量的字,只用9个笔画。"我们在序言中已经看到《大中国志》里有一个小章节,巴耶尔认为这一段是对汉语语言的最佳描述。

然而,有趣的是,在格拉斯哥巴耶尔文献中"汉语语法"部分的草稿里,巴耶尔说"最简单的汉字大约有7个",巴耶尔所引用的汉字表不在手稿里(见亨特藏书MS,第350号)。因此,我们不知道那"大约7个"字是什么,但是,在巴耶尔熟悉并景仰的门采尔的《拉汉小字典》里,有类似的含糊表达——"大约6个",并配有木刻版显示的7个简单字!门采尔当时正在根据《字汇》整理出包含214个部首的字典,他给出的是6个单笔画的汉字,有一个像是巴耶尔列出的第5个字,但经过一些篡改。我不知道巴耶尔的第7个字和第8个字是怎么来的,巴耶尔说不知道这两个字的意思。

巴耶尔接下来说:

> 这是第1组字。2个这样的字组合在一起构成第2组,3个这样的字合在一起构成第3组,4个就构成第4组,以此类推,但是它们还叫简单字。所有这些(简单)字——2项、3项或是4项等——合起来形成其他的(复合)字。如果这样两个简单字组合在一起,就好比形成了字根或是字干,第3个简单字又加在前两个字上,然后以此类推。这样,在这个系统里每一个汉字既是根又是干,既是简单字的干,也是更复合字的根。但在字典里一切要更加清晰明了。

提出这些总体观点后,巴耶尔在下一章的结尾处又加以重申,还提出一些更加实用的规则:

> 现在注意下面这几点:
>
> 1. 一些字尽管看起来复杂可还是简单字。在前面最简单字的表里我说过第9个字就是这种情况,以后还有更多的例子。
>
> 2. 简单字在形式上可能会有些变化,尤其在草书中。(给出5个例子)
>
> 3. 在复合字中会经常看到组成它的简单字发生了很大变化,当这

> 些简单字独立使用时不会有那么大的改变。
>
> 4. 一些简单字在成为复合字的一部分时,丢掉了它们原来的样子,换了一副新面孔,如不是在复合字之中,它们本身没有意义。(见给出的 13 对例子)

在下面的一个小章节里,巴耶尔讲述了汉字的"类推"规则,比在书中任何部分都更加清晰明确。

> 在复合字的组合成分中可以得出一套系统,对汉字的意思给出微妙的指示,包括某物的用法或某种性质。甚至在老师告诉你之前,你就可以从字的构成中猜测这个字的意思。当一个字由几个简单字构成时,这一现象就更明显。

巴耶尔以"皇" 为例,"皇"的意思是"王权"。巴耶尔对这个字的分析甚至比他在第 137 页对神话传说里的女王——女娲的名字的分析还要异想天开。巴耶尔还举了含有"山"这个字或者说字根的一些小例子,这些字倒更让人易于接受(即使在今天)。接下来是一张"偏旁"表,指河流、树木、植物、鸟类、鱼类、蛇或石等,在现代读者看来它们还是不错的。

类推结构和组合系统之间没有什么矛盾。当然,某些笔画的组合可以意指某物,而且什么时候都一样,这样就打开了类推解释的通道。但是巴耶尔在强调类推概念的时候很小心谨慎,我们知道这是为什么:他不知道手头这些简单字的意思。

剩下的工作留给傅尔蒙来做了,傅尔蒙牺牲"几何学"原理而强调"类推"的规则。可是,这超出了本书所要讨论的范围,因为巴耶尔没能读到《汉语思索》就告别人世了。

第 4 章的题目是"论汉语字典"。有几句话谈到《字汇》《正字通》和《海篇》,而且,再一次说到迪亚兹《字汇》——"我承认它对我一直很有用"。

接下来的重要一章讨论字典里汉字读音的标识——"它们或是用读音相同但更为常见的字来表示,或是用更微妙的方式"。随后读者发现巴耶尔用很多例子对传统的反切法进行了清楚的阐述。巴耶尔说反切技术是运用两个熟知的字,通过把第 1 个字的第 1 部分与第 2 个字的第 2 部分结合起来获得该字的读音。

字典

在关于汉语字典一章的最后几页，巴耶尔谈到了汉字在字典中的排列，但是实际上主要讲他自己的字典。巴耶尔从他的宏伟计划谈起，再一次提到他在讨论中国汉字的本质时所使用的论据。然而写到这里，巴耶尔似乎比以前更加明确地意识到他刚刚写的东西还不够清楚：

从简洁的角度考虑，我将只谈我自己的字典及其和《正字通》的关系。从中不仅可以明显看出中国人如何编字典，也能看出我做到了哪一步以及我认为其他人该如何着手继续以求更加全面、更加准确。

接下来巴耶尔力图全面描述他的字典系统：

在我的字典里，第1类包括9个非常简单的字，它们是组成所有汉字的最小元素……

第2类由第1类里两个单笔画字组成的字构成。这些字，我称它们是第2类，编排如第1类。例如，第1类的第1个字是一横，接下来是一竖。同样，第2类的第1个字由两横加一竖组成，竖线贯穿其中一条横线。第2类中每一个都可作为字根，后面跟随的其他字可看作是干。从根到干这样形成的字在第3类和第4类又作为字根出现。

第3类含有3画的字根，按同样的方式排列。这里要记住第2类字中每一个字的根源和顺序，你会再一次看到每一个字根后是派生出的字，这些字在下一类中又作为字根出现。但是也有一些复杂的字在系统中找不到合适的字根。

在第4类和第5类里——4到5个笔画组成的字根——从中可以看出汉字不仅仅由第1类的简单字构成，因为有一些字是由第2类的两个字组合而成的。但是，字在上下类中的排列都是一样的。在复合类中的第8类包含很多由相对简单的字组成的字根，而且这种倾向在以后的类别里体现得更加显著。

在这一章的最后，巴耶尔提出一个原则，并在晚期编他的汉语大字典时更加恪守这一原则：

在组合成字根并把这些字根正确排列时,我们只应考虑那些出现在合成字的上边或左边的部分,但是有时合成字的底部或右部偏旁十分明显时,中国人也把这些偏旁看作字根。这一点我也同意。可结果是有时汉字,尤其是最复杂的字,会出现在多个字根下。

最后,巴耶尔对这个复杂的阐释补充了一些很有意义的思考:

我知道我本可以用一种更精确的方式解决这一切。应该用上更多的字根生成新的汉字,随着这些新汉字越来越复杂,再把它们做适当的分类。采用这样的新程序,我就会达到欧洲人所期盼的精确——而中国人对此类事情不大在意。但是,要是这样就意味着得编纂一部庞大的字典——这不是我的本意,况且我害怕贫困会迫使我有始无终。后人也许会幸运些,能够在这方面更有作为,复杂的字本应细致地安排在其相应的字根项下。但是,我希望我所做的不会遭到遗弃,这是一份非常艰巨的工作,而且我在这有限的篇幅里介绍了这些材料,以及如何把这些材料用于编纂更加详尽的字典,我认为这方面的工作我已经做得足够了。①

事实上,巴耶尔在晚年真的编了一本"大字典",只是那时他已经有些放弃了他在《中国博览》中提出的系统。我们将在本书"《汉语大字典》"中再谈这个问题。

《中国博览》里字典部分有2251个汉字,可是这些汉字中有很多是重复的。这些字印在40张镌刻版上并标上号,据此,字的读音和意义可以在所附的107页的表中查到。其中有20多处没有读音或翻译,或二者皆无。巴耶尔在他自己保存的字典里面补充上一些。②

从第一小节的9个基本字根到最后一节的有18画的字根,巴耶尔用了18小节把汉字编在407个字根下。如他所解释的,每一个字根后是一系列派生出的汉字或字干。

---

① 当然,巴耶尔在这里想到的是傅尔蒙。

② 格拉斯哥大学图书馆,亨特藏书(Ee.2.1,2)。

巴耶尔是从卫匡国、柏应理两人介绍的语法，即门采尔的《汉语钥匙》中知道这214个汉字部首系统的。巴耶尔在柏林把这些抄下来，而且他曾在柏应理写给门采尔的两封信里看到过这些汉字部首。在信里，柏应理说他把一个部首表——想必是那214个部首的表——送给巴黎的“图书管理员”，巴耶尔准确地猜到这个人就是特维诺。然而，在一封信的另一处柏应理声称“大约有400个部首，用这些部首来组成复杂的汉字”，巴耶尔看到过并抄录下卫匡国语法后的一份有331个部首的表，在柏林的门采尔文献里也收有这份部首表。奇怪的是巴耶尔从没提过卫匡国的部首表，也没提柏应理信中说的“大约400个部首”这句话。他一定以为这些都是汉字系统，并想象还存在着其他系统——那时他甚至可能不知道1716年出版的具有权威性的《康熙字典》，在这本字典里就有这214个部首。不管怎么说，巴耶尔以为可以随心所欲地发明自己的系统，寻找他认为汉字所具有的最明显的特点，最终可望达到“大约400个部首”①。

然而，这样做不光是随心所欲的问题，在巴耶尔的心里，要把他自己的发明更上一层楼的愿望一直都很强烈：我们必须想象巴耶尔一直在注视着巴黎的傅尔蒙，这位学术泰斗曾说过存在一个系统，而且他已经发现了这个系统。巴耶尔从卫匡国-柏应理语法中获得的214个汉字部首不能算作真正的系统，他不得不放弃它而笃信自己的聪明才智。

巴耶尔采用了何种技术手段来编他的字典，对于这个问题我们只能猜测了。

巴耶尔从卫匡国-柏应理的语法里抄录了500个带有音译和意译的单词，从迪亚兹《字汇》里也抄录了一些，他可能只抄录了那些在他看来最重要的部分。决定他的407个汉字部首，并把它们按笔画数排列好后，巴耶尔要把汉字安排在每个部首项下。他可能在另一些纸条上写出了每一个字及其读音和拉丁语的翻译——竖着排列在一个15—20厘米长的方格。他还要决定把这些汉字——第2类字、第3类字等——放在什么位置，做些协调、让步并允许某些例外，如他本人所说，打破了自己制定的严格规则……

《中国博览》中的“汉语词汇”的前两页是图8a和图8b。

---

① 这句话出现在“汉字总论”这一章的第9小节里似乎有些莫名其妙，可能是后来加进手稿里的：“在这些（汉语书）中，部首的数目大约是400个；合成汉字的数量要大得多（原文如此）。据说有7000个汉字就足以阅读和解释比较简单的书籍了……”

Lexicon Sinicum

图 8a

图 8b

第 1 节呈现了 9 个基本笔画。接下来的第 2 节有 4 页篇幅，我们看到所有的字根都由两个基本笔画构成，还有这些字根派生出的字。首先是一个由两横组成的字，即写两遍第一个基本笔画“一”——我们称之为 1-1 组合。接下来的项下只有一个派生字，即 3 个这样的笔画“三”。然后是第 1 类与第 2 类基本笔画的组合，1-2 组合，一个“十”字。

暂时不考虑用小字印出的派生字，我们看到这两块版上的字有 8 组以上基本笔画的组合。可是仔细观察这些字，可以看出它们没有按 1-3、1-4、1-5 等组合排列，而是按 1-4、1-2、1-4、1-4、1-2、1-2、1-6 和 1-6 排列的，由于笔画间相互位置摆放不同造成了这些重复。①

然而，这种排列并不像巴耶尔多次说到的《组合学》里的排列。字与字之间不存在空间关系，也不是拓扑结构，不允许有同源字，两个符号只能形成一对，$xy=yx$。9 个符号总共可形成 36 个由两个符号形成的组合。巴耶尔在第 2 类中列出 37 个由 9 个基本笔画组成的汉字。巴耶尔通过以上重复列举的办法，以及由于他手头的字汇表里没有 1-3 和 1-4 的组合字，而造成某

---

① 严格说来，9 个基本笔画的可能组合是 511 个。巴耶尔可能在莱布尼茨《组合学》的表 1 里查到了这个数字。511 个汉字的可能组合是 1163 位数字；如果把这个数字印在这本书上，得占用半页纸。

些遗漏,因而得出了这个数字。

现在,如果检查第3类和更高类及37个第2类字根项下的派生字,我们发现,正如巴耶尔在描述这个方法时所说的,它们只是趋近一个系统。在一个粗体的"十"字形的字根下,我们隐隐约约找到了13个派生字,但是这些派生字根本没有严格按照多余笔画的数量来编排。

巴耶尔选择部首和编排这些部首项下的派生字的方法造成大量双项和三项字,例如,我们在图8a第12号找到"羊",它是第2类"十"字形的派生字,可是这个字也出现在一个6画的部首项下。这两处的音译和意译都有"羊"。然而,若没有407部首表,这样的重复也许会对读者寻找某一个字有所帮助。我们看到,巴耶尔本人谈及这些冗赘和重复时,这样说:"由字根形成的字干在(更高级的)类别里又成为字根。"

就此处以及《中国博览》中别处出现的汉字的质量来说,明显看出这些汉字印刷得非常拙劣,我们会看到,对这本书的大多数批评都集中在这方面。有一些字很难辨认,如:30号字"黍"(黏米)——这个字是巴耶尔从上文提到的331部首表上的粗糙汉字转抄下来的。34号字"宋"(一个朝代的名称),如果没有给出音译和意译,这个字就根本没法认读。有几个汉字完全就是错字,比如,33号字"利"(利益)丢掉了两画,40号字(与45号字完全一样)的第4画不知怎么给丢掉了。[①]

最后谈一谈这些汉字的音译和意译。

如上所述,根据版上的标号可以在107页的字表里找到每个字的读音和意义。除了一些印刷错误——ten误印成teu,tum误印成fum等——大体上音译基本正确,意译也比较准确,不过也有一些错误。不管怎么说,这已经足够了:我们看到的毕竟是第一次自编汉语字典的粗浅尝试。巴耶尔本人一再强调这一点。他的用意只是演示方法并激励后人继续做下去,以求比他甚至比中国人做得更好。毫无疑问,他的同时代的学者及其继承者在通读这部字典时,一定会感到它既有用又令人振奋,他们会惊喜地发现每一处错误,但是这里我们就不浪费时间来谈这些了。

我们对巴耶尔汉字理论和实践已经做了充分介绍。巴耶尔从组合理论

① 我们知道柏林的迪亚兹《字汇》上的汉字印刷得很好,巴耶尔从上面抄了一些用作例子。不过,迪亚兹的汉字用的是楷书,不是用于印刷文章的宋体,手写汉字时从不使用宋体字。巴耶尔笔记上的字都抄自耶稣会士或门采尔。巴耶尔在他晚年反驳傅尔蒙对他的攻击时,举出《中国博览》中汉字的质量差的另一个原因是圣彼得堡帝国科学院出版社镌刻工人对印刷汉字无能为力。

这一想法出发,可他实际采用的字汇表并不符合这样一个框架,而且巴耶尔本人也厌倦了自己的理想——“欧洲人对精确的期望”。巴耶尔感到,要是他手头有整整一套80000汉字就好了,而且,如果他能具备所需的体力,就能得出准确真实的系统。现在他已经指出了途径,并把其交给更有天赋、研究装备更好的后人来完成他未竟的事业。①

语法

《汉语语法》第1册以“论汉语语言”为标题,是语法正文部分。开头就说汉语既是某些地方上使用的通用语(方言),也是规范的学术语言。这种语言被称作“官话”或“普通话”,是朝廷上和学者间使用的语言。

巴耶尔说汉字既不按字母书写,也不按音节书写,而是事物和思想在头脑中形成的图像。中国人通过聆听教师读课文来学会汉字的发音。另一方面,那些不懂口语的人甚至也能看懂和解释书写的汉字。这是沙勿略的观点,与巴耶尔本人以前的说法有些不一致。不过,巴耶尔补充说,最好至少知道一点读音知识,因此他将“对口语作些评论或注释,这对那些想翻译汉语文章的人看起来会有所帮助”。

接下来巴耶尔“根据西班牙语和葡萄牙语的读音”列出353个汉语音

---

① 当然,从原则上讲,像巴耶尔这样“自制”一套部首系统无可厚非。1615年,梅膺祚在其《字汇》里介绍了214个汉字部首系统,1716年出版的《康熙字典》使这套系统得以强制推行,300多年来欧洲学习汉语的学子们都习惯了这套系统。但是,在那以前,从古老的《说文解字》开始,存在很多不同的部首系统,有的少于100个,有的多于500个。《汉语-法语-拉丁语字典》(*Dictionnaire chinois, français et latin*)有214个部首,是欧洲出版的第一本汉语字典,由小德金(著名汉学家德金之子,所编字典颇受争议——译者注)编辑,1813年在巴黎出版。随后的大多数字典都是214个部首,只有几部例外,如江沙维(J.A.Goncalves)1833年在澳门出版的《汉语-葡萄牙语字典》(*Diccionario China-Portuguez*),这本字典中的汉字编排在编者本人发明的129个字根下。蒙图奇曾计划出版一部或多部庞大的汉语-拉丁语字典,并说他打算用的字根将是《康熙字典》中的两到三倍。蒙图奇在一个地方提到巴耶尔的名字,但是没有说他们两人的想法有什么相似的地方。俄国汉学家王西里(V.P.Vasil'ev)为他的《汉字笔画系统——首部汉俄词典试编》(*Graphic System of Chinese Characters: An Attempt at the first Chinese Russion Dictionary*,1867)发明了一套有24个部首的系统。鄂山荫(I.M.Ošanin)的《华俄辞典》(*Chinese-Russian Dictionary*,1952)还坚持使用这套系统。中国采用简化字以后,部首的数量减至186个或187个。北京制造的现代汉字电子打印机,Sinotronic CS4000汉字处理器就不是建立在214个部首系统上的。宣传册上说:“某些人认为部首是最基本的汉字,但是部首不是完整的汉字,它们的数量太多了,把汉字拆分成偏旁部首没有统一的标准。从几何学的角度来看,任何一个汉字都可以拆分为点和线。不考虑长短,点和线的最小组合可以构成5类:点,横,竖,撇,捺。”册子上显示这些笔画——这些笔画成为巴耶尔标号1,2,4,5,6的“字根”。我很感谢易家乐教授让我注意到这个新发明。1980年在香港出版的《李氏中文字典》(*Li Shi Zhongwen Zidian*)也同样建立在这5个“部首”上,不过,这些笔画在字典里可以组成1171个音标单位。

节。巴耶尔说李明神父按照法语的写法,海德按照英语的写法,而他本人在《中国日食》某些地方采用了德语的音译——但是现在他改主意了。巴耶尔说事实上汉语与欧洲语言的发音相差很大,用欧洲语言的字母几乎无法描述这些汉语音节。因此,还是让我们坚持用西班牙和葡萄牙语的形式,因为我们在传教士的著作中遇到的就是这样的形式。

然后,巴耶尔开始讨论音调,演示耶稣会教士的音调标注,"多明我会成员迪亚兹的字典印刷精美,里面用的也是这些音调,我在柏林研究过这本字典",巴耶尔力求描述其中汉字的语音值——大家想象得到,这个努力最终没有成功。巴耶尔还在上面印上了一些漳州语法部分中的"双音调"字,但是只写了几行便放弃了。

巴耶尔十分清醒地意识到音调的重要性:"音调不同的音节意思不同",但是他还是决定省去音调标记,如他所说,这是因为"我只是为那些想读而不是想说汉语的人而写"。在巴耶尔后期的著作里以及他死前对傅尔蒙尖锐批评的反驳中,我们看到他提出忽视音调标记的其他理由。在《中国博览》里,巴耶尔只能给出近似的音译,否则就不得不在文章中印出一行行汉字。而马若瑟的语法书《汉语札记》(*Notitia Linguae Sinicae*)可以做得到。欧洲直到 1831 年才能在马拉加(Malaga)地区印刷汉语书籍,而且必须由中国印刷匠来印。更何况还要给每一个音译的汉语单词加上适当的标调,这对于圣彼得堡的印刷匠来说会是一份极其繁重而又麻烦的工作!

在这之后是语法部分,完全建立在拉丁语法体系上:介绍了名词和形容词及其变格、代词、动词变位、副词和介词等。

这长长 40 页的分类和表格也许会让毫无准备的现代读者十分惊奇。可是,在巴耶尔所处的时代,以及其后的整整一个世纪里,根本没有其他方式来展现语言的结构。当巴耶尔在圣彼得堡为他的早期著作辛勤耕耘之时,马若瑟也用拉丁语法框架在广东写作让他颇受景仰的《汉语札记》,尽管书中大部分在讨论功能小品词。另一部汉语语法,即奥古斯丁(Augustinian)的胡安·罗德里格斯(Juan Rodriguez)和荷西·维拉诺瓦(José Villanueva)编著的语法也是如法炮制。这本语法书于 1785 年准备印刷,但事实上并未出版。①

---

① 参见龙伯格:《一部 18 世纪以西班牙语撰写的汉语语法》('Une grammaire espagnole de la langue chinoise au XVIIIe siecle'),载于《第二届国际汉学大会论文集》(*Actes du IIe Colloque International de Sinologie*),1980 年,第 259—269 页。

所以,这里的几行字也许足以显示巴耶尔——或毋宁说其信息来源,即耶稣会士们——对汉语语言特殊性的一些重要洞见。

从一开始,读者就获悉一个奇怪的事实,随后又多次听到,那就是几乎所有的汉字和单词都能像我们通常称之为名词、形容词,甚至动词那样使用。巴耶尔知道这与一个事实有关,即所有汉语词都是单音节的,不能变格:有一个"杂"字,意思是"混合",但也意味着"混合的"或"混合品"。这个例子出现在迪亚兹按字母排列的单词表的第1页上!一大堆重要的字似乎都介于我们的副词和介词之间。这样的语言到底怎样运用?读者被告知词序的极其重要性和一大堆组织词语和句子的功能小品词,这些小品词的作用相当于我们动词的语态和时态以及我们名词的格等语法范畴。汉语的量词体现了汉语语言的一个突出特点,巴耶尔用39个图例加以说明。

书中所有的音译单词都有一个上标数字,可参考8张镌刻版上的汉字。这里总共有809个汉字,组成437个单词或词组,用来说明汉语语言的语法系统。①

《汉语语法》第2册的标题是"汉语文献"。第1章谈中国的纸、墨、笔、砚,关于中国人如何操笔,巴耶尔让读者参看基歇尔《中国图说》和《中国哲学家孔子》中孔子的肖像。接下来的部分是关于中国的印刷术、书的形式和种类,这在当时一定很有趣。巴耶尔说中国书籍的标题印在对开纸的外缘,还印有作者的姓名、印刷地和印刷年份,所以"人在读书的时候得把手放在两页之间"。作为例子,巴耶尔引用了《孟子》的封页和两部他在康涅斯堡图书馆里见到的医学著作。②

《汉语语法》第2册第2章的结尾部分虽不长但却配有丰富的插图,用来说明汉字的两种写法,巴耶尔称这两种写法为正字和草字。正字中一个最好的例字来自一个传教士的小册子③。有两张草书版,是从不知名的一本带有皇帝出行狩猎图画的著作里摘录来的。结尾有一个篆字,巴耶尔告诉

---

① 这个系统在72号至90号字之间无法运行。细心的读者会看得出来,但还是不容易看出。也许正因为如此,雷慕沙在关于巴耶尔的注释里这样评价他:"他并不缺乏基本汉语知识,如果不是急于出版他的著作的话,他本可以做得更好,会对初学者更有帮助。"(此处 commerçant 被错印成 commençant)参见《亚洲杂纂》卷2,1826年,第70页。

② 其中关于经脉一书中有一个奇怪的错误,在序言讨论卜弥格的医学著作时巴耶尔提到过。巴耶尔无法认出作者的名字王叔和(Wang Shuho),就写成"……皇帝及其他人等"。

③ 这是艾儒略的《万有真原》(*Wan You Zhen Yuan*,1628)。费赖之(Pfister)提到过这个汉语书名。巴耶尔注意到这几个字与1711年康熙皇帝给在北京的耶稣会士的新住院的牌匾上的字一模一样。

他的读者中国人有专门的篆字字典——他本人从来没见过。

《汉语语法》的最后一章的标题是"论雄辩"。巴耶尔承认他对中国人的雄辩术知之甚少，事实上他只强调并称赞中国哲人言简意赅的风格。最后一页谈中国的诗歌。巴耶尔印了一首由弗雷莱翻译的《诗经》(*Book of Songs*)里的诗作，另一首是黄嘉略翻译的咏柳的诗。这两个译文都没有汉字。随后，巴耶尔又加了两首《大学》里的诗，既有汉字又有音译和意译，但他没说这两首诗已在他的《中国日食》中出现过。①

谈漳州方言

在序言里，我们知道有一份西班牙语的论及漳州方言语法的手稿，巴耶尔在柏林把这份手稿抄下来，并在一个名叫贝尔纳多·里伯拉的西班牙人的帮助下在圣彼得堡进行了重新组织编排，成为《中国博览》中"汉语语法"的第 3 部分，也就是最后一部分。巴耶尔感到，用一个在语音和音调系统上与标准官话相差巨大的方言作例子是很重要的。②

一开始巴耶尔就试图描述 10 种音调，该方言有其中的 5 种调式，巴耶尔还介绍了传教士对这些音调的标注。接下来是语法部分，长达 70 多页，有大量的例子，跟他描述汉语官话语法一样，也按着拉丁语法的体系编排。

最后，读者可以看到主祷文、使徒信条(Apostolic Creed)、万福玛利亚(Ave Maria)和救世主(Salve)的音译和意译，但是没有汉字。巴耶尔本人和他的读者对此一定很感兴趣，因为这显示了耶稣会士们在传教以外的技艺：所有西班牙宗教名字和词语都用与汉语大致相似的读音来表示，比如用 Dio si 表示 Dios，Si pi ri to san ta 表示 Espiritu Santo，Cu lut 表示 Cruz，Galacia 表示 Gracia 等。当然，巴耶尔知道福音布道方式是耶稣会士与其他传教士的争论所在，但是他在此并未发表评论——在本书"《小儿论》"中我们将看到

---

① 巴耶尔说黄嘉略所译的诗来自他开始翻译的一本汉语小说。巴耶尔从弗雷莱 1717 年的一短篇文章里引用过来。傅尔蒙在他的《汉语语法》(1742)第 501 页也提到过——"一种文学体裁，法语称为小说"，但是没有给出书名。实际上，这首诗来自明代小说《玉娇梨》(Yu jiao li)的第 6 章，雷慕沙 1822 年出版了它的法文译本，书名叫《两表亲》(*Les deux cousines*)，1864 年儒莲(Stanislas Julien)客气地批评了雷慕沙拙劣的翻译，再一次出版了小说的法文译本。马若瑟的《汉语札记》开头部分有一个关于罗塞利亚主教的注释，注释说《玉娇梨》让罗塞利亚主教异常激动，以至于把书里的文字编成一种字典。就是这位主教把黄嘉略带到法国……也许某一天有人会仔细欣赏关于这本小说译文的逸事。

② 多亏易家乐教授的指点，我才得以辨别这章谈到的方言与闽南方言(福建南部的方言)之间的区别，闽南方言与厦门和潮州方言有共同特点。漳州方言的《主祷文》在《古今文学共和国批评史》第 3 卷第 272—276 页中一封匿名信里。

巴耶尔谨慎的评述。

选文集

介绍一门语言的教科书通常包括语法、词汇和选文集,选文就是几篇用来练习的小短文。在《中国博览》里,我们看到有三篇文章,可以看作是一个选文集。这三篇文章是:《孔子生平》、《大学》的第一章和一本有关中国神话的名叫《小儿论》里的一篇文章。这些文章既有汉字,又有音译和意译,应该对复习已学的语法和词汇有所帮助。另外,大多数选文集中的选文会对该语言中体现的文化背景给予解释。巴耶尔所选的选文也体现了这一点——一个中国历史上最伟大的人物的传记,出自最经典的"四书"中的一本,另一篇则讲中国人对远古历史的认识和观念。

其实,巴耶尔在编选文集的时候几乎没有什么选择的余地。除了大秦景教碑文,他手头仅有这三篇汉语文章。无疑,他本希望能采用或部分采用大秦景教碑文——巴耶尔后来曾请求北京的耶稣会教士寄给他一本汉语版的——在当时他没有把碑文收入选集中另有原因。巴耶尔知道基歇尔的《中国图说》里印的汉语碑文极其糟糕,很多汉字无法辨认。而且,虽然关于景教碑文的研究引起了人们的极大兴趣,但在巴耶尔看来,经过基歇尔和米勒等人之手后,似乎已变得陈腐了。

巴耶尔给出的汉语课文虽不新,但并不容易弄到。其中《小儿论》30 多年以前曾出现在一本德文书中;另一本,即《孔子生平》,其拉丁译文可以买到,但是汉语的只在东方出版过,而在欧洲只有为数不多的几本。《大学》的情况也是如此。《孔子生平》和《大学》篇幅都不长,其中有巴耶尔的注解和评论,可是关于中国神话那部分在巴耶尔手下却膨胀成长篇大论,事实上,除了序言,这篇课文是《中国博览》中最长的一篇。

《孔子生平》

这三篇选文的第一篇被称作"选自果阿版的孔子著作中的孔子生平"。事实上,这篇文章由殷铎泽的《中国政治道德学说》和《中国哲学家孔子》里的孔子生平组成,并指出后者所做的增减。

巴耶尔没有说他是在哪里读到"果阿版"的,我们甚至不清楚他是否看过这本书。柏林皇家图书馆里没有,但他知道维也纳的皇家图书馆里有一本。拉丁译本不成问题,因为他有《中国哲学家孔子》和维也纳的皇家图书馆兰贝克手稿目录以及特维诺的《旅行集》里发表的果阿版。[①] 只是巴耶尔从哪儿得到的汉字呢?

有一个刻有63个名字或词语(128个汉字)的镌印版,与文章中标在上角的63个数字相对应。这些汉字比《中国博览》里其他地方的字还要糟糕,而且还有一些奇怪的错误,比如孔子字仲尼,写成了尼仲。巴耶尔弄到一份副本,这份的音标可能出自维也纳——也许一方面是为他自己,但更有可能是为了门采尔。[②]

不同于其他两篇,巴耶尔没有在这一篇上做评论。基于这个以及其他原因,在此就没有必要讨论这篇文章了。可以充分肯定地说,它除了给出孔子生平的汉语材料,同时也表明耶稣会把孔教当作一种民间仪式,而非顶礼膜拜的偶像。尤其从《中国哲学家孔子》里关于孔子生平的长长讲述中更可以看出这一点。

巴耶尔在《中国日食》里讨论过这些问题,但此处他没有讲什么。[③] 巴耶尔在《中国博览》里明确指出哪些部分果阿和巴黎两地出版的版本里有,哪些内容没有,省去了我们费劲比较《中国哲学家孔子》和兰贝克庞大的《目录》的麻烦![④] 与其他东西相比,这个选文集作为一个读者学习汉语的辅助资料不是很有帮助,因为词表里只给出了一部分人名、地名和日期的汉字,而非文章中的全部汉字。

《大学》

第二篇是著名的《大学》的第一部分,带有译文和注释。《大学》是孔子

---

① 在《孔子生平》的结尾处,巴耶尔加入一个小的篆字木刻,说这是殷铎泽的名字。他一定是从殷铎泽的《中国政治道德学说》的末尾处的木刻版上抄下来的。但是有一点巴耶尔搞错了。他把这四个字翻译成"殷铎泽会"(Yinduoze Hui),而实际上是"殷铎泽印"。巴耶尔把这个字与殷铎泽书的封面上的字搞混了:封面上是"殷铎泽　耶稣会"。

② 《中国哲学家孔子》一书中标出了63个名字或者词语,不像书中其他部分那样上角标有数字,这些词语用的是罗马字体,以区别文中其他部分的斜体字。在殷铎泽的《中国政治道德学说》里,一行行汉字嵌在文章中。

③ 文章讲,当说到"西方圣人"时,皈依基督教的中国人相信孔子曾预言救世主的到来。巴耶尔在后来与耶稣会士通信时又回到这个问题上。里面有一段像《无罪获胜》中的话,谈到景仰上天、爱你的邻居、认识并约束自己等——但是巴耶尔在这里没有对此发表评论。

④ 有一点巴耶尔忽略了:倒数第二段关于永乐皇帝那部分只出现在《中国哲学家孔子》里。巴耶尔忘了注明这一点。

“四书”中的第一本。① 巴耶尔在柏林皇家图书馆的门采尔文献里看到过这本书带有音译和意译的汉语原文，但是，巴耶尔显然没有时间把它抄录下来。后来，可能是在 1722 年，巴耶尔让拉克罗兹为他誊写一份。在 8 月 22 日的一封信中，巴耶尔写道：“如果您能尽快给我寄来一份门采尔的《中国哲学家孔子》汉语节选的前 6 页，直到‘这就是中国哲学家孔子的思想（atque haec est ipsumet Confucii Sinarum oraculi doctrina）’②我将不胜感激。”信的结尾是“在黎明前静谧的夜里”，但没有年份和地点。拉克罗兹把这部分抄下来，并随 1723 年 5 月的一封信一同寄给了巴耶尔。③

巴耶尔摘录了汉语原文及其音译和意译，还另加了一份流畅的译文——“一个不存偏见的译文（意指不同于耶稣会士的翻译），我想象如果孔夫子会讲拉丁语，那么他所说的话就该是这样。”

下面是巴耶尔的一段译文：

> The Nature of the Great Doctrine, i.e. philosophy, is to illuminate virtue (de); it is to regard the people in a responsible way; it is to persist in the highest goodness (zhi shan)...Things (res omnia) have beginnings and ends; works (opera, officia, negotia) have beginnings and ends...to perfect the intelligence is to penetrate everything.

---

① “四书”包括《大学》《中庸》《论语》和《孟子》，由朱熹（Zhu Xi, 1130—1200）从各种典籍中收集在一起编辑而成，一直是儒家经典之作。“四书”的译本有很多种，最通用的仍是 1861 年理雅各（James Legge）的《中国经典》第 1 卷（*The Chinese Classics*, Vol.I），这部书重印了很多次。《中国哲学家孔子》最早介绍了“四书”，或者毋宁说是“四书”里的第一本，但实际上几乎比它早 100 年，欧洲就有罗明坚翻译的《大学》开头部分。想必巴耶尔在写《中国博览》时还从未见过“四书”。巴耶尔从来没有在总体上介绍过《大学》或“四书”的组成结构或内容。门采尔有一套“四书”，但是没有放在门采尔文献中，因为 1688 年门采尔把它作为礼物送给了在维也纳的皇帝利奥波德（Leopold），同时送去的还有《大学》部分的汉字及其音译和意译。奥地利国家图书馆（Oesterreichische Nationalbibliothek）保存的手稿上面的（拉丁语）标题很有趣：“《大学》——出自中国最重要的哲学家，意为‘伟大的科学’，柏应理将其翻译成拉丁语，我门采尔用羸弱之手把原拉丁语及中文的汉字和读音标注于此。”门采尔老年的时候得了帕金森症，当说到门采尔汉字的质量问题时经常提到这个原因。关于门采尔送给皇帝礼物之事，可参见克拉夫特的文章。直到 1735 年，巴耶尔还在向他在北京的耶稣会士朋友们索要“孔子的书”，也就是“四书”，以便同《中国哲学家孔子》一书作比较。

② 参见《拉克罗兹信件》卷 II，第 277 页。实际上《中国哲学家孔子》中“中国科学：第 1 章”的第 1—6 页就是《大学》的第 1 章，到“atque haec”一句结束。

③ 参见《拉克罗兹信件》卷Ⅲ，第 58ff 页。

在巴耶尔的笔记里,他几次批评耶稣会士的翻译。汉字“德”,巴耶尔译为“virtue”,在《中国哲学家孔子》里被译成“rational nature”。巴耶尔说不难理解他们为什么这样译,他们想要(阐述)“基督教自然之光(lumen naturale)”的思想——可这在孔子的著作中是找不到的。汉语的“至善”,巴耶尔译成“the highest goodness”,反对耶稣会士引入“欧洲人关于至善(summum bonum)”的争论。

巴耶尔提到一部颇受关注的反耶稣会的著作,“阎当关于乔万西(Jouvenci)的错误之书”,但是只涉及孔子著作的来源问题,没提到礼仪之争(Rites Controversy)。巴耶尔在后来与耶稣会士们通信时又谈到那本书。

注释部分解释了巴耶尔在迪亚兹的《字汇》和卫匡国-柏应理语法中找到的一些汉字。巴耶尔还回过头讲到皇帝的名字和称呼以展现他的汉学功底。巴耶尔写道:“在《资治通鉴》,即中华帝国官方年鉴中,太宗,此名出现在景教碑文上,称作……(一个 9 个字的称呼)”①

这表明巴耶尔拥有巨大的汉语词汇量,知晓《资治通鉴》巨著,会给他的读者留下深刻印象。然而,我们可以料想,这也是他 1716 年在柏林皇家图书馆读历史书时做的为数不多的一件事。上有基歇尔的《中国图说》中的完整碑文,巴耶尔完全有可能从康涅斯堡带来他的小小“汉语词表”,包括太宗的名字(第 8 列第 39 号字)。从卜弥格对基歇尔书的翻译解释中,巴耶尔知道这个皇帝于 636 年登基,所以他在“年鉴”中能够找到这个皇帝的位置。

最后讲一个有趣的错误:

在一个注解里,巴耶尔重复《大学》第 2 章里的《黄莺咏》(*Ode on the Yellow Bird*),说在语法部分给出了这一段的汉语部分。巴耶尔认为这个鸟(Yellow Bird)是“一种中国凤凰”,他在一本中国自然历史书里找到了这种鸟的图画,并让读者联想《中国博览》最后一页上配的插图,《中国博览》上画的的确是著名的凤凰,可不是“Yellow Bird”,根据汉语的解释,“Yellow Bird”应是黄莺(或金莺)。②

《小儿论》

一本配有插图的名叫《小儿论》的通俗儿童启蒙读物的一部分被门采尔印在他的《简明中国大事年表》里。巴耶尔也收录了这篇文章,并借此讨论

---

① 巴耶尔在《中国日食》中已经提到过此事。

② 凤凰,是神话传说中的神鸟,预示着圣人的诞生,巴耶尔这两个汉字基本上是对的。巴耶尔错把黄莺当成凤凰,可能是觉得“黄”字与凤凰的“凰”字有些相像。

了中国的早期历史。巴耶尔用了 4 块刻有汉字的印版把这篇读物呈献给读者,全文共有 230 个字。①

此篇是关于"皇帝年表(General Record of Emperors and Kings)"的第一部分,讲述开天辟地之始只有水,水分裂形成万物。随后出现三个"统治家族",分别是天、地、人,每一族有 9 到 13 个"兄弟",统治了 18000 年到 45000 年。接下来由火神主宰。火神传授农艺、厨艺和冶炼技术。然后是三皇——伏羲、女娲和神农,最后有 5 个或 6 个只有名字的皇帝。第一个和第三个皇帝有以下特点:伏羲,人头蛇身,传授音律,还发明了八卦;神农,人身牛头,著有一部医学典籍。文中没有提第二个皇帝,但是从米勒翻译的《阿卜杜拉·巴达维的中国历史》(*History of China*)中我们已经知道女娲是一位女子。

巴耶尔曾仔细研究过门采尔在儿童读物中找到的这篇短文,它是中国众多描述世界初始时期故事中的一个。②

门采尔的译文很短,只有几处评论。巴耶尔大体上遵循了门采尔的译

① 关于《简明中国大事年表》,参见本书第 80 页注释②。根据门采尔的描述,巴耶尔写道:这是一本小书,配有粗浅的插图,主要内容有中国历史基本知识,一张星宿图和一张地形图(门采尔写的是"行政区域图"),一些关于自然界、度量衡、钱币以及公共机构和宗教仪式等方面的介绍。门采尔用了两张木刻字版印上这本书开头关于中国历史的第一部分。巴耶尔在关于中国早期历史的长篇文章里把这段重新拿出来加以讨论。门采尔原以为《小儿论》是儿童读物《小学》,但是巴耶尔意识到不是这么回事,《小学》一定要比这本书薄得多。巴耶尔知道此书由卫方济于 1711 年译成拉丁文,作为他的《中华帝国古典六书》中的一部分发表过。巴耶尔没有指出哪一本汉语书符合门采尔的描述——巴耶尔看过的汉语书实在是太有限了!巴耶尔试图找到更多关于此书的信息,但没有结果。1717 年 10 月,巴耶尔回到康涅斯堡不久,写信给拉克罗兹说:"我非常想知道门采尔从哪儿弄到《小儿论》的,这本书是否在皇家图书馆里。"拉克罗兹两周后回信说门采尔死后,他的书被送到柏林皇家图书馆,但这本书不在其汉语书籍中。拉克罗兹说:"我记得 14 或 15 年前(门采尔死后的一两年),一个年轻人,门采尔的儿子拿着那本书来找我,让我买下那本书。可是当时我对那类东西一点儿都不感兴趣。至于书和他儿子之后的情况,我就不得而知了。"参见《拉克罗兹信件》卷Ⅰ,第 26 页;卷Ⅲ,第 34 页。在格拉斯哥大学图书馆,但不是在巴耶尔文献里,我找到两份一样的、印刷拙劣的初级汉语读物,与门采尔描述的相吻合。见亨特藏书,第 396 页,第 21、23 号。标题不是《小儿论》,而是《杂字》和《杂字大全》(*Za Zi Daquan*)。然而,只有一本里面有一张天体图和中国行政区域图,两本上面都有门采尔提到的短篇小文章,包括邮票大小的图画,有人物、动物、居家物品等;这两本书上也都有门采尔及后来巴耶尔采录的关于"创世初期"的文章。参见亨特藏书,第 396 页,第 21 和第 23 号,以及 1982 年 12 月中国和丹麦出版的龙伯格的《门采尔博士与中国儿童读物》('Dr.Mentzels kinesiske Børnebog')。拉乌斯基(Evelyn S.Rawski)的学术研究成果《中国清代教育和大众文化普及》(*Education and popular Literacy in Ch'ing China*,1979)使人们注意到那些为中产阶级及穷苦劳动人民子女学习文化所使用的书籍。不过这些书在 19 世纪上半叶已为人所知。在 1841 年版《中国知识宝库》卷 10 第 613—618 页,有一本描写《杂字》的书,但没有署名。这本书与格拉斯哥大学图书馆里的那两本很类似,但不完全相同。

② 几年以后,欧洲读者从《书经》(*Le Chou-King, un des livres sacrés des chinois…*, 1770)上获悉关于这些故事的详细情况。马若瑟近 100 页的前言中介绍了这部分神话传说。

法,两人不一致的地方常常在于一些词和短语的"神学"解释上。

巴耶尔的评论是65页的长篇大论,标题是《论汉语起源》(*Commentarii Originum Sinicarum*)。文中最先两个字的意思是"远古",巴耶尔用了6页讨论这两个字,用另外6页评论4个与水有关的字,整篇文章充斥着各种各样的引文,这些引文摘自阿·巴达维、门多萨、卫匡国、西奥德(Hesiod),弥勒图斯的泰勒斯(Thales of Miletus)、阿纳西曼德(Anaximander)、阿那格拉斯(Anaxagoras)、奥维德(Ovid)、莱提乌斯(Diogenes Laetius)和被称为"神圣摩西(the divine Moses)"的佛曼努斯(Lactantius Firmanus)。最有趣的部分是巴耶尔对这本汉语书里描述的历史事件的思考以及对女娲这两个字字源的猜测。

读过《小儿论》,巴耶尔得出结论说书里面讲述的关于世界初始状态可能是圣经故事《创世纪》前几章的拙劣翻版。

17世纪,在中国的传教士中有很多人都有过这种猜测,比如卫匡国,巴耶尔很熟悉此人的著作。最大的问题是如何使中国的传统史记与《旧约》中的记载相协调。要解决这个问题,用时间跨度大得多的希腊版本的《旧约》比用犹太学者编著的要容易些。卫匡国得出的结论是中国的文明在洪水之前就已存在了,但是很多其他传教士相信中国人一定是来源于诺亚家族。洪水之后,诺亚的一个儿子,可能是含,带着对古老的希伯来传统的记忆迁徙到东方。很多传教士以及包括基歇尔在内的欧洲学者们都把中国历史著作中的皇帝和文化偶像(英雄)与《旧约》里的犹太人先祖们联想到一起。

巴耶尔通过思考这篇小文章中一些汉字的真正含义而得出他自己独到的观点。

关于文章开头带有水字旁的4个汉字,巴耶尔在字典中——很可能是迪亚兹《字汇》——查到这4个字的右半部并将其分别翻译成"coming(即将到来的)"水、"flowing(流淌的)"水、"pacific(平静的)"水和"composite(混合成的)"水。巴耶尔感到这些字一定与远古的混沌未开(tohuwabohu),即创世纪的"空与荒"有关,而不是像门采尔认为的那样,说它们与洪水有关。至于宇宙(celestial)、地域(terrestrial)和人类主宰(human rulers)这些问题,巴耶尔所能做的只是提醒他的读者上帝最先创造了天,然后是地,最后是人。想到中国少儿读物与《圣经》的故事不相矛盾时,巴耶尔便捷足先登把他的想法发表了。

人类主宰是9个"兄弟"。从伏羲到黄帝(在门采尔的汉语书里,黄帝没有出现)及其他皇帝,总共有9个。第9个皇帝的名字可能是黄帝的另一个名字。不过,加上女娲,总共还是9个先祖。在《旧约》里,从亚当到诺亚也有9个先祖。"所以我们可以把中国的最初统治者与《圣经》中记载的先祖们加以比较"。当把诺亚和黄帝视为同一人时,巴耶尔发现传统上认为黄帝生活在公元前2697—公元前2599年,这与阿什尔(Ussher)主教计算的诺亚的寿命相当。事实上,黄帝只活了100年,而诺亚活了950年,同样根据阿什尔的计算,洪水的时间发生在黄帝死后250年。然而,巴耶尔说我们对这些不必在意,我们不能期望这些久远的事件会被精确地记载。①

现在我们来看看巴耶尔对女娲名字所做的词源学方面的猜测。巴耶尔在《简明中国大事年表》上读到过门采尔关于这个名字的研究。在《字汇》中门采尔找到并翻译了一些词条,根据门采尔的翻译,女娲是古时一女子,是伏羲的姐妹,发明了很多东西。这让巴耶尔很感兴趣,当时巴耶尔在圣彼得堡,手头没有《字汇》,而且很可能不会用;但是他更感兴趣的是门采尔对这个字(娲)的右半部的说法。而就这个问题,巴耶尔有了自己的见解。这个字的声音触动了他,他把这个字解释成:"娲(Chaua)——它的发音与希伯来语的'夏娃'的发音一样!"接下来巴耶尔又分析了"女娲"两个字的结构和意义。

> "女"是一个普通词,意思是"女性的","女子"或"女人"。但如果看第二个字的两个组成部分,根据门采尔的说法,我们可以在《字汇》中找到对它的右半部分的如下解释:"口戾不正也。"门采尔于是说:"'Kua'的意思是咬,如同人从树上吃果子,这个女人从一条秘密的、不正当的小路来到这棵树前。"
>
> 这里你可以看到,这是"咬",还有"树",这个女人是我们邪恶的根源!在这里,我必须再一次说我非常遗憾门采尔没有把《字汇》里的汉字抄进去,但是我确信我知道它们是什么。绝没有什么树,也根本没有什么从秘密小路来的女人。无疑,口戾是汉字"口""嘴"和"咬","不正"意思是"不对",即"非法的""原罪"。而"也"(ye)似乎就是一个末尾助词。

---

① 阿什尔主教的编年史在当时被广泛接受,但是德·维尼奥勒说他知道有200处不同之处。创世的时间差了3000年。

> 换句话说,正确理解这个句子的方式应当是这样:"娲"字的右半部分的意思是用嘴咬,但也有原罪的意思。因为它由以下简单成分构成:"内(Nei)"意思是内部、里面;"Kium(Jiong)"是空虚、愚蠢;"口"是嘴。在空嘴里——除了咬,这还能是什么?因此,"娲"的意思既是"咬"的女人又是"有罪"的女人。

这是巴耶尔解释汉字系统本质的一个极好的例子。他面前的汉字的右半部分有9画,可以分成一个2画、一个3画和一个4画的字,每一个都有意思,合在一起是那半部的意义;与左边的女字旁合在一起就成了整个字的完整的、无可争议的意义:夏娃。

然而,除了对汉字底层系统的认识,上述分析可能看起来十分荒谬可笑,尤其来自一个像巴耶尔这样对汉语知之甚少的人。但是这种建立在语音相似基础上的词源推测在巴耶尔那个时代的语文研究传统中是可以接受的,如"Kua"与"Chaua"。文艺复兴时期的神秘主义研究历史悠久,人们把希伯来语的词和字母拆开以寻找它们所应包含的奥秘。基歇尔在17世纪仍在这样的框架中思考和写作。[①] 可巴耶尔身处18世纪20年代的圣彼得堡,竟还在圣经人名中搜寻汉字的词源,这的确让人感到奇怪。

那时,即18世纪上半叶,在中国有一群耶稣会士,即所谓的索隐派,采用这种方法提出要加强和振兴中国的传教工作。索隐派对汉字和中国文学都有很深的造诣,他们相信很多汉字的确有《旧约》言辞的痕迹并指向《新约》中的人物和事件。巴耶尔很可能不知道这些事情,因为索隐派的著作受到压制,几乎不允许出版,所以在欧洲几乎没人知道。而"中国索隐派"根植于欧洲的"希腊神秘主义传统",尤其是在基歇尔的著作中最为明显,巴耶尔对

---

① 弗朗西斯·A.耶茨(Frances A.Yates)在《1614年卡佐邦揭秘赫尔墨斯·特里米哥斯特炼金术之后继落伍者》(*Retardataires after Causabon's Explosion of the Hermes Trimegistus Myth in 1614*)中例举过基歇尔——然而,这样的猜测直到19世纪仍屡见不鲜。参见《吉奥达诺·布鲁诺与赫尔墨斯炼金传统》(*Giordano Bruno and the Hermetic Tradition*),伦敦,1964年。舍瓦利耶·德·巴拉维(le Chevalier de Paravey)在他的"发现"中用大量篇幅阐述中国的某些文化英雄就是《圣经》中的先祖,严肃驳斥"博学的巴耶尔所做的假设",参见《基督教哲学编年》(*Annales de philosophie chrétienne*),1837年,第115—134页。

这些著作非常熟悉。①

最后,还有一点值得注意。在写这篇令人费解的关于中国人的早期世界的文章时,巴耶尔把他对"最先给中国带去福音"的耶稣会士的总的看法及当时沸沸扬扬的"礼仪之争"也写了进去。

> 当谈到中国著作中的证据时,耶稣会士声称先王在露天下膜拜,乞求天的帮助,看来他们是对的。其实,"天"在中国哲学家那里就是上帝的名称;这从波斯的阿·巴达维写于450年前的《中国历史》中的很多地方都可以知道……耶稣会士在研究中国历史著作中也证实了这一点,那么怎么能说中国人是无神论者呢?……当然,今天他们搞偶像崇拜,不信上帝,但这不是一回事……

巴耶尔还对在华传教团所用的上帝的名称进行了热烈的讨论。

> 耶稣会传教士用汉语"天主"指代上帝有什么错呢?多明我会神父也是这样做的。也许中国有一个神叫这个名字,传教士只需对其界定。日本的传教士说到"Deus"时引进了一个对本族人来说毫无意义的奇怪

---

① 19世纪G.波蒂耶(G.Pauthier)在《基督教哲学编年》(共5册,1861)第3卷上发表了《马若瑟神父关于中国人的一神教的未刊信件》('Lettre inédite du P.Prémare sur le monothéisme des chinois')一文,人们开始知道索隐派的观点。索隐派的另一部著作是由A.伯内提(A.Bonnety)和P.颇尼(P.Perny)于1878年出版的马若瑟所著的《汲自中国古书的基督基本教义的遗迹》(*Vestiges des principeaux dogmes chrétiens tirés des anciens livres chinois*)。上面有教皇里奥十三世(Leo XIII)为其撰写的充满同情的简约书牍《时代改变》(*Tempora Mutantur*)!尤其是在近代,很多著作都涉及中国的索隐派:毕诺的《中国与法国哲学精神的形成》(*La Chine et la formation de l'esprit philosophique en France*,1932)和《1685—1740年间关于法国认识中国未刊文献》、保罗·A.鲁勒(Paul A.Rule)的论文《"孔子"还是"孔夫子"》(*K'ung-Tzu or Confucius? The Jesuits Interpreation of Confucianism*,1972)、孟德卫的《莱布尼茨和儒学》以及他刊登在《东西方哲学》(*Philosophy East and West*)1976年第26期上的文章《马若瑟著作中新儒教与基督教的调和》('The reconeiliation of Neo-Confucianism with Christianity in the writings of Joseph de Prémare,S.J.'),还有魏若望(John W.Witek)的《耶稣会士傅圣泽神甫(1665—1741)传:索隐派思想在中国及欧洲[*Controversial ideas in China and in Europe:A biography of Jean-François Foucquet(1665-1741)*,1982]、柯兰妮(Claudia von Collani)的《中国传教会中的索隐主义者》(*Die Figuristen in der Chinamission*,1981)以及她发表在《中国教会研究(1550—1800)》卷4第12—23页上的文章《当代欧洲人眼中的中国索隐派》('Chinese Figurists in the Eyes of European Contemporaries')和《白晋:生平与著作》(*P.Joachim Bouvet,S.J.—Sein Leben und sein* Werke,1985)。说到中国的索隐派,郭中传(Jean Alexis)与这些书名中提到的三位耶稣会士经常是被谈论的对象,但是受这些思想影响的还大有人在。戴进贤和徐懋德在1736年写给巴耶尔的最后一封信里告诉巴耶尔六十四卦中的第一卦不指具体的"物天"(Material Heaven)而就是"天(乾)",带有很强的索隐派的味道。

的音节,耶稣会传教士的做法难道不比他们好得多吗?我不明白为什么用“天主”或“天”就更危险……我不是说这是一个定论,但是只要这一争论没有澄清,我就认为我们应该破除偏见,停止对这些人的不敬,不要诋毁他们及其先驱者的虔诚……

巴耶尔总结他自己的思考如下:

可是现在我期待掀起一场风潮……很多一本正经的人士会认为创世的观念竟在如此堕落的、不知上帝名字的人中间盛行是荒唐的……一些人会拒绝整个中国编年史,因为他们认为中国人的历史与《旧约》不一致……不管怎样,我知道我没有资格对这些事情下定论……

把这些话与作者在《中国日食》中做的评注相比较,可以看出巴耶尔仔细地重新考虑了这件事并得出了不同的结论。不管怎样我们将在本书“与北京耶稣会士的通信”中看到他并没有一成不变;巴耶尔还是对之心存疑惑。另一方面,不难想象当他的老朋友拉克罗兹在柏林皇家图书馆读到这些话时会有怎样的反映。结尾说没有资格决定这些事情的遁词不会令这位激烈的反耶稣会者感到满意。不管怎么说,此后巴耶尔再也没有收到拉克罗兹的音信。

时间及度量衡

《中国博览》的第 2 卷的最后一部分是关于时间词和度量衡的资料。如巴耶尔在序言中所说,这些资料摘自格流士、海德和卫方济的著作。这里巴耶尔同样给出了这些词的汉字和发音。

有一较短章节谈的是中国人的时间系统——天、小时和分钟,还有月、年、60 年周期和 129600 年的大年(the Great Year)。接下来是关于重量单位的介绍,包括法国和西班牙硬币的中国单位的重量,之后是关于长度单位,详细介绍了重要长度单位在不同地区、不同历史时期的差别,比如“里”大约相当于 1/3 英里,“亩”大约是 1/6 英亩,还谈到不同行业——裁缝、木匠等使用的较小的单位。这些详细的资料是巴耶尔从卫方济的《对印度与中国的数学和物理学的观察》中摘引的——“因为这些很少为人所知”。

在书的结尾,巴耶尔讲解如何阅读有关日食和月食的小册子。巴耶尔印了一部分南怀仁用汉语-拉丁语写的关于1699年发生的日食的报告，其中有关于不同地区日食状况的资料，并给出这些日食或月食的名称和汉字。“这样你可以很容易地阅读这些小册子——这样的东西在欧洲有很多，我本人正坐在这里阅读一本这样的小册子，描述的是1721年的一次月食。”

图9 圣彼得堡帝国科学院和珍奇物品博物馆

图10 圣彼得堡帝国科学院图书馆

T qualiscunque industriae nostrae specimina quae hoc tertio volumine comprehenduntur, ante quam in publicum prodirent, TIBI, AVGVSTA, offerremus, et si opusculorum prohibebat exilitas, incredibilis tuae erga collegium nostrum benigni-

图 11　致安娜女皇献词的首页，来自《圣彼得堡帝国科学院评论》(1732) 卷 3。上图：俄国皇帝——双头鹰凝视西欧和东方。下图：从涅瓦河海军部方向初看帝国科学院和珍奇物品博物馆

图 12　卫匡国书中中国汉字的起源。来自卫匡国的《中国上古史》。奇数 1—11 在第 1 栏，为原来形式；偶数在第 3 栏，为现代形式

Die erste Tafel der Chinesischen Chronologiæ, von dem vermeinten Anfang der Welt mit ihren ersten fünff Käysern/ die so viel tausend Jahr sollen regieret haben.

6.	5.	4.	3.	2.	1.	A
燧Sui 人Gin 氏Xi 鑽cuon 木Mo 取çui 火Ho 教Kiao 人Gin 烹Pem 煮Chu 三San 皇Hoam 五u 帝Ti 紀Ki	有yen 巢quo 氏Xi 教Kiao 人Gin 地Ti 木Mo 爲Goei 巢quo 以y 居Kiu 處Chu	人Gin 皇Hoam 氏Xi 兄hium 弟Ti 九Nieu 人Gin 各Ko 四Su 萬Van 五u 千çien 六Lo 百Pe 歲Sui	地Ti 皇Hoam 氏Xi 兄hium 弟Ti 十Xe 一ye 人Gin 各Ko 一ye 萬Van 八Pa 千Cien 歲sui	天Tien 皇Hoam 氏Xi 兄hium 弟Ti 十Xe 三San 人Gin 各Ko 一ye 萬van 八pa 千çien 歲sui	太Tay 古Ku 洪hum 流Lieu 泥Ni 純Tun 之chi 分Fuen 上Xam 世Xi 故Ku 鑽civen 之chi 義y	歷Lie 代Tai 帝Ti 王Vam 總cum 紀Ki

图 13　门采尔的《小儿论》的两份印版的第一份。来自门采尔的《简明中国大事年表》(1696)

Sciatericum Sinicum Verticale

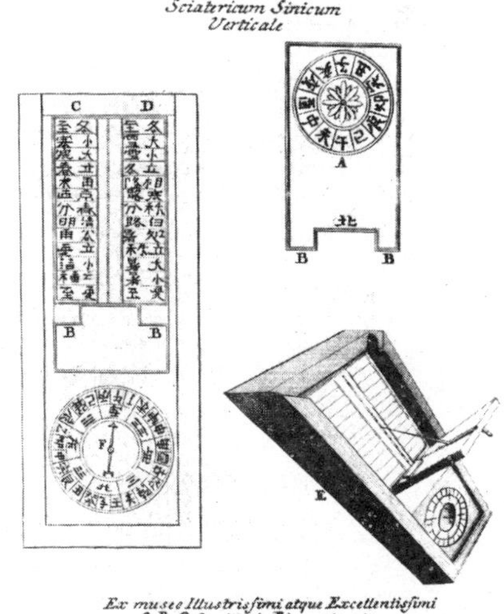

Ex museo Illustrissimi atque Excellentissimi S.R.J. Comitis de Biron etc. etc.

图 14　拜隆伯爵的日晷，来自巴耶尔的《中国时间》

第三部分 《中国博览》之后

6.概况

从《中国博览》的序言里以及书中的很多地方我们可以看到巴耶尔对他的著作极其谦逊,坦率承认其中的不足和缺憾。当然,这并未阻止他完成此书时的兴奋与得意。

1730 年 12 月 1 日,巴耶尔写信给住在莱比锡的老朋友约翰·马塞厄斯·吉斯纳(Johann Mathias Gesner):

> 两卷《中国博览》已经付印了。我不想吹嘘,但可以说,关于汉语语言和汉语文献我在这部书里写的比过去两百年间与这些问题打交道的所有人写的都要多。我听见你说:"向你致敬,汉学之父!"我很高兴听到这话……

但是,几句诙谐幽默的话过后,巴耶尔说:"够了! 够了! 这些无稽之谈!"①

《中国博览》的封面上印的出版年份是 1730 年,但实际上该书直到 1731 年年初才发行。② 随后不久,巴耶尔接连发表了很多东西,其后半生一直坚守在汉语研究这片领域。

从《中国博览》的序言中我们已经知道,当这本书即将问世时巴耶尔正期待从莫斯科寄来的两本汉语词典《字汇》和《海篇》,以及一本《汉语-拉丁语大学典》。这本词典是由博学的北京耶稣会传教士巴多明编纂的,巴多明把这本字典作为礼物送给符拉吉斯拉维奇伯爵,巴多明曾在恰克图(Kia-

---

① 约翰·马塞厄斯·吉斯纳(1691—1761),德国古典主义者,很有影响的教育学家。1732 年任莱比锡托马斯学院院长,1734 年起担任哥廷根(Gottingen)诗学教授,也是哥廷根大学图书馆创始人。在《拉汉小字典》中有好几封巴耶尔写给他的激情洋溢的信。这里引用的在第 1 卷第 31 页。

② 参见写给哥本哈根的丹麦历史学家汉斯·格莱姆(Hans Gram)的信,哥本哈根皇家图书馆,1731 年 8 月 4 日。

khta)谈判中为伯爵做翻译。符拉吉斯拉维奇伯爵一返回俄罗斯,奥斯特曼伯爵就让他把巴多明的字典借给巴耶尔抄写。[①] 1731年8月至9月间,巴耶尔用了不到6个星期抄写了562页对开本的字典。[②] 1731年9月巴耶尔把《中国博览》随同一封信寄给北京的耶稣会士们。两年后,巴耶尔接到耶稣会士们的回信。这是他们保持通信的开始,此后一直持续到巴耶尔过世。现在巴耶尔能够扩展他的汉语语言知识了,这使他充满信心并备受鼓舞,在这个艰难的领域里继续前进。学识渊博的耶稣会士就在那儿,还有来来往往的商队,他不再是踽踽独行!

但是,1732年,在还没有接到北京耶稣会士的信时,巴耶尔已经开始了一项伟大的汉学工程:我们将在后面谈到他的巨著《汉语-拉丁语大学典》。

1732年10月5日巴耶尔写信给在林克平(Linköping)的本泽流斯主教:

> 现在我来告诉你我在做什么:汉语问题!当《中国博览》出版时,我没想到,或者说只是偶尔想想我竟然会与这些事情打交道。到现在几乎一年了,我一直致力于此。我已经开始从事一部汉语字典的编写工作,以十分精确的形式包含**这种语言所有的词**。这其实并非我的意图,只是奥斯特曼伯爵让我并督促我这样做,还为此提供资助。在德国的一些人,如格鲁吉斯坦的帕达伯爵(Leopold Maximilian Pada von Creutzenstein),也迫使我这样做。我以前不认识伯爵大人,但他也懂汉语。奥斯特曼伯爵说如果我,一个德国人,让那些法国人摘取那个领域的桂冠不将是件耻辱的事吗?在这样的激励下,我勇敢地承担下这一重担。为什么不呢?希腊人靠尝试进入了特洛伊城,正如台奥克里托斯的《牧

---

① 可能他是以同样的方式弄到那两本汉语字典的。字典通过奥斯特曼伯爵到了他的手上。参见给约翰·克里斯托弗·沃尔夫的信,1732年7月31日,载于《沃尔夫信件》增补卷,114。关于符拉吉斯拉维奇,参见本书第23页注释①。在通信中,他总是以其父称"符拉吉斯拉维奇"称呼。

② 巴多明神父的《汉语-拉丁语词典》,参见亨特藏书MS,第224号。尽管标题是这样,其中有大量的法语和西班牙语的单词和短语。扉页上写着:"本字典起先是为俄罗斯派往北京宫廷的全权大使符拉吉斯拉维奇伯爵编写的,由他谦卑忠实的仆人、在华传教会耶稣会士巴多明完成。"在下面我们看到:"康涅斯堡的T.S.巴耶尔抄写了原手稿。"最先和最后几页分别写着:"开始于8月17日,传统风格,1731年"和"结束于1731年9月23日"。原稿在梵蒂冈图书馆(中国藏书424)。蒙图奇在他晚年把这份以及其他字典手稿卖给了那家图书馆。蒙图奇从著名的东方学家朱利叶斯·克拉普劳特处买来,克拉普劳特又是从琼·波托茨基(Jean Potocki,1750—1815)那儿弄到的,波托茨基是波兰著名学者、海上探险家,这两人于1805年同行出使中国,但此次出使并不成功。

> 歌》里亚历山大城(Alexandria)的老妇所说,一切皆在于尝试……①

几个月以前,即6月29日,巴耶尔更加幽默地写给他的朋友吉斯纳:"永别了,缪斯!我的心抛弃了希腊和罗马,放到野蛮人的身上!"②

随后巴耶尔真的见到了中国人!中国皇帝派来的浩大的使节团于1732年4月27日至7月9日来到圣彼得堡——这是继《恰克图条约》缔结后中国第二次派出这样大规模的使节团。③ 在给上文提到的本泽流斯的信里,巴耶尔讲到一件发生在圣彼得堡中国使节团团长身上的事:

> 我经常陪同他们……他们确信我在中国待过。我们写汉字,我用笔写出我所能写出的最优美的汉字。然后,使节团团长问我敢不敢用毛笔写。我还不算一塌糊涂,尽管那是我第一次见识毛笔并用它来写字。看到这些,他们都赞叹不已,认为我肯定去过中国。

本书最后一部分讲述巴耶尔从1731年至1738年逝世期间的汉学研究。直到那时,巴耶尔关于汉语语言的信息资料都来自欧洲出版的耶稣会士的书籍中的点滴注释和门采尔在柏林皇家图书馆里的文章,包括入华耶稣会士在17世纪写的信件。现在巴耶尔本人与北京最有名望的耶稣会传教士建立了私人联络。耶稣会士接纳他并在信中激励他,送给他字典和汉语著作来帮助他。巴耶尔,这位欧洲的汉学先驱,是入华耶稣会汉学家的学生,起先他们之间的联络是间接的,随后便是直接友好的接触。

巴耶尔带着关于汉语语言尤其是汉字书写系统本质的一些预想进入汉学领域。最后,巴耶尔从北京耶稣会朋友那儿知道他的想法是错误的。巴耶尔的学术生涯的悲剧在于他没有时间消化和吸收被矫正的思想以取得新的发现。

以下——在讨论巴耶尔后期著作以前——是北京耶稣会士信件的节选和评注,不过我们把严格的语言学部分放到"《汉语大字典》"中去讨论。这

---

① 参见《本泽流斯信件》,第298号。帕达伯爵,波西米亚贵族。

② 参见《拉汉小字典》第3卷,第29页。

③ 记载于G.F.米勒的《俄国史文集》(*Sammlung Russischer Geschichte*,1732)第1卷第34—74页。使节团团长于7月7日参观了帝国科学院出版社。巴耶尔把这位大使的名字以及雍正皇帝的名字,都用汉字刻在印版上,令使节团团长赞叹不已。

些信件绝非全部,我们希望保存在格拉斯哥大学图书馆的亨特藏书中的所有信件和保存在列宁格勒科学中心档案馆的其他有关汉语问题的信件——无论是以前出版过的还是没出版过的——都能一起出版。

7.与北京耶稣会士的通信

1731年夏,巴耶尔忙于抄写他从符拉吉斯拉维奇伯爵那儿借来的巴多明的《汉语-拉丁语词典》。在兴奋的工作之余,他写信给北京的耶稣会士,并随信送上一本他的《中国博览》。

令人遗憾的是这封信没有与保存在格拉斯哥图书馆的其他信件放在一起。但从巴耶尔得到的回信中我们知道,这封信写于1731年9月12日,是写给北京的耶稣会士的,没有收信人的名字,可能是因为巴耶尔当时还不认识他们。从回信中我们还可以猜想到巴耶尔以前写给他们的一些书信的内容——有他关于《资治通鉴》中"复活节日食"的老问题,也有写《中国博览》时出现的关于汉字系统的新问题。巴耶尔还向他们要一些汉语书籍,包括那本带景教碑文的书。

想必北京的耶稣会做出的决定是由宋君荣(Antoine Gaubil)、巴多明和戴进贤(Ignatius Koegler)、徐懋德(André Pereira)和严嘉乐(Karl Slavicek)给巴耶尔回信。耶稣会士们在1732年夏给巴耶尔回了三封信;巴耶尔在一年后收到这些信。[①]

宋君荣的第一封信谈了几句他的《中国博览》——“这项巨大的工程一定花费了很大气力,我们为此以及书的实用性而感到钦佩”。

信中对中国的时间系统和颇受关注的《资治通鉴》中记载的“复活节日食”有一些泛泛的评论,加入了一些必要的文字补充。但是,宋君荣的主要目的是告诉巴耶尔法国耶稣会士把很多关于中国的有用著作寄到了巴黎:如由广东寄给傅尔蒙的马若瑟的《汉语札记》、冯秉正的巨著《中国通史》、宋君荣本人的关于中国天文学的著作和《蒙古王朝历史》。宋君荣说巴多明和其他人正在准备编写一本《拉丁语-汉语词典》,严嘉乐正在写关于中国音乐

---

① 在格拉斯哥图书馆的北京耶稣会通信里,用 A1-9、12-15、17-18 标明(给巴耶尔的信),B1-14 标明(巴耶尔写的信)。巴耶尔发表了 A1、3 和 7,在 1737 年的《柏林综合文献》(*Miscellanea Berolinensia*)第 5 卷第 185—192 页,以《中国通信》(*Commercium Sinicum*)为题发表了 B1(他的第 2 封信)。部分宋君荣的信以编号 117-9、144、155、175-6 出现在热妮・西蒙(Renée Simon)编辑的《耶稣会士宋君荣 1722 年至 1759 年北京来信》(*Le P. Antoine Gaubil, S. J.: Correspondence de Pekin 1725-1759*, 1970)。这里还收集了几封写给德利尔的信,其中一封里面有完整的北京耶稣会士名单,有葡萄牙人和法国人。巴耶尔也有一份。(格拉斯哥巴耶尔馆 C 2)

宋君荣(1689—1759),法国耶稣会传教士,学识渊博的数学家和天文学家,1722 年至 1759 年在北京。他用法语写了很多关于中国天文史方面和蒙古王朝历史的著作,并翻译了几部中国典籍,如《史记》《礼记》和《易经》,其中很多被送到法国出版。宋君荣的一些天文学研究发现由苏西埃发表在他的《数学观察》里。他翻译的《书经》[*Book of History* (*Le Chou-King*)]在他死后于 1770 年在巴黎出版。在欧洲,宋君荣可能是入华耶稣会士中最出名的,一方面是因为他发表的著作,另一方面是因为他与欧洲科学家和文学家的大量通信。宋君荣是圣彼得堡帝国科学院名誉院士。

巴多明(1665—1741),法国耶稣会传教士,从 1698 年至死一直活跃在中国朝廷上,是卓越的语言学家,精通汉语和满语。生活在北京的 40 年中,巴多明做过传教士的翻译、外交使节和商人。很受康熙皇帝和雍正皇帝的器重。任北京会同四译馆(Imperial College of Interpreters)馆长。巴多明为苏努家族(皇家满族)的几个成员施洗礼。参见奥古斯特・德莫芒(Auguste Demoment):《巴多明神父》(‘Le Père Dominique Parrenin’),载于《贝桑松科学、美文与艺术学院文集》(*Mémoires de l' Académie des Sciences, Belles-Letters et Arts de Besançon*, 1962-1963)卷 175,第 225—243 页。

戴进贤(1680—1746),德国耶稣会传教士,1716 年至 1746 年在北京任钦天监正(即数学论坛主席)。他用汉语发表了大量关于数学和天文学方面的著作,其中有两部天文学巨著和一张天体图——戴进贤送给巴耶尔一份。

徐懋德(1689 或 1690—1743),英裔葡萄牙籍耶稣会传教士,1716 年至 1743 年在中国。1727 年起任钦天监监副。

严嘉乐(1678—1735),波西米亚耶稣会传教士,1716 年至 1735 年间在中国,大多数时间在北京朝廷中,是天文学家、音乐家和精湛的拉丁语专家。据说他性情忧郁,落落寡欢。

方面的东西……要是在法国的人能够把它们都出版就好了……①

巴多明在信中告诉巴耶尔他已经非常愉快地钻研了渊博的《中国博览》的序言。至于书本身,由于忙于公务,他只是粗略地看了一遍。因此他无法给出恰当的判断。"然而,可以说我从来没想到一个不在中国的学者——无论多么有学问——能够写出关于汉语语言如此多的东西来,展现出如此深刻的研究和洞察力以及一切为公、不图私利的勤勉。"

巴多明很高兴听说巴耶尔已经从符拉吉斯拉维奇伯爵那儿得到了《汉语-拉丁语词典》和两本汉语词汇《海篇》和《字汇》,并说北京的皇帝4年前组建了会同四译馆,由他出任馆长,目前他正准备为会同四译馆编写一本《拉丁语-汉语词典》。巴多明送给巴耶尔两样他信里要的东西——"五经"和神话动物麒麟的图片,解释说不同的画家画得不一样。巴多明还送他一张早期传教士为中国人绘制的世界地图,还有一些自己房间里的装饰图画。②

巴耶尔问他们是否对《圣彼得堡帝国科学院评论》感兴趣,巴多明说他们很高兴能得到这些刊物。他们会将其与法兰西科学院的刊物放在一起。在信的结尾,巴多明像宋君荣那样罗列了他送到巴黎的多篇论文和翻译,还说他听说冯秉正的《中国通史》正在印刷当中。

戴进贤、徐懋德、严嘉乐的长信一定使巴耶尔很不安。信的开始也是称赞他编写《中国博览》的工作和热情,但是告诫他没有一个得力的老师是无法理解汉语语言的。看起来巴耶尔请求做他们的学生,但是他们的答复是他们承担不了这一任务。他们建议巴耶尔去看马若瑟的《汉语札记》,"我们听说,奉国王之令,已在巴黎印刷"。

---

① 1728年马若瑟把他的《汉语札记》送给傅尔蒙。直到一个世纪以后(1831)才在马拉加(Malacca)出版。关于手稿和出版情况见《西人论中国书目》第1664—1669栏中的长注解。至于此处提及的宋君荣的著作,可参见费赖之书第676—686页。严嘉乐的关于中国音乐的著作没有出版,参见费赖之书第656页。(此处费赖之书应指《入华耶稣会士列传》,下同——编者注)

② 神话动物麒麟,"动物中最温驯祥和的",被认为是出现在由一位优秀的王子统治的世界里。有一句话说:"在春天,猎人在西方捉到一只麒麟"——在认为是孔子所著的《春秋》的结尾处。真伪不明的《孔子家书》(*Family Sayings of Confucius*)中描述贤者见麒麟而泣,叹息道:"为何而来?为何而来?"关于麒麟,在卫匡国的《中国上古史》里有一个很长的故事,巴耶尔知道这本书,讲的是某个中国哲学家皈依了基督教。他把麒麟一段解释为孔子的预言,暗指神的羔羊(Agnus Dei)和基督的出生和献身,参见《中国上古史》第4章。巴耶尔早在1716年写给拉克罗兹的一封信里就提到过麒麟,参见《拉克罗兹信件》卷Ⅰ,第6—7页;卷Ⅲ,第16页。在1735年写给宋君荣的信中(见下)他罗列了即将出版的一本书的文章和章节,其中有一章就是关于麒麟的。在格拉斯哥巴耶尔文献里有这样一章的草稿,50页长,标题是"东方基督教会历史"。

至于困扰巴耶尔一生的关于汉字系统的问题,没人帮他的忙。"汉字的结构及其意义和发音、汉字组合方式和用法以及从中产生的语言力度和简约都是值得研究的,不仅是由中国人来研究,欧洲学者也要研究。然而,汉语语言就好像是一片海洋,不能通过书信的溪流和沟渠来传输……"他们还说汉语语言的句法从字典中是学不到的,而且,遗憾的是,中国人写汉字时并不按着印刷体来写。

他们随信寄给巴耶尔一本南怀仁神父写的宗教小书,是用行书写的。他们说初来中国的人都学这本书,因为它书写清晰,内容又都是有关基督教的。耶稣会士告诉巴耶尔,汉语里有如此多的同音字,又没有老师教,埋头于此类未知东西不仅浪费时间甚至还很危险。中国人自己还有困难呢;(经典)著作若没有渊博翔实的注释便无法发表。应巴耶尔的要求,他们还送给他一本音乐方面的小书、一份中国日历和一张天体图。

1733 年 11 月,在收到这些信的两周后,巴耶尔给戴进贤、巴多明、徐懋德、宋君荣、严嘉乐分别回信,每封信都充满了知足和感激之词。现在,巴耶尔与懂汉语的欧洲人士建立了联系,好像在竭力引起他们的关注,他描述了在帝国科学院的一次会议,借此来恭维他们。巴耶尔承认他的《中国博览》的不足之处并强调他急需帮助,同时展示在历史和天文方面的学识,并说他会多种语言。

巴耶尔在给戴进贤的信中称呼戴进贤"钦天监正"。巴耶尔讲述了帝国科学院的会议在如何庄严的仪式上收到并朗读了他们的信,这些信受到奥斯特曼伯爵、新主席基塞尔林男爵以及其他科学院院士的一致称赞。他还加了一些有关帝国科学院情况及安娜女皇如何慷慨大度等信息。然后便是长篇大论地讲希腊天文学家梅顿(Meton)在公元前 4 世纪发现的 19 年周期,卫方济 1710 年在布拉格印刷出版的《对印度与中国的数学和物理学的观察》中也描述过中国人的时间周期,他们的发现有着令人吃惊的相似。[①]

从戴进贤、巴多明、徐懋德、宋君荣和严嘉乐合写的信中巴耶尔明显感觉到字里行间对他的批评,巴耶尔选择在给徐懋德的信中对此进行回复。巴耶尔谦卑地承认《中国博览》中汉字的质量很糟糕,而且"每页上都有很多错误"。然而,可以聊以自慰的是他无畏的精神和为此付出的艰苦努力。不管怎样,他的《中国博览》会使其他学者的研究进行得更容易些。而且,在短

① 19 年周期指月和年的整数,19 个阳历年非常接近 235 个阴历月份。

短的时间内书就几乎售光了，现在他正在想使之更加充实和完善。

在谈到耶稣会士送给他的南怀仁的小册子时，巴耶尔偏离正题，说起传教士的传教技术问题。巴耶尔引用了闵明我的《中华帝国历史、政治、伦理和宗教概观》中批评利马窦的适应路线的一句话，然后用基督教历史中大量的例子来捍卫利马窦的做法。

在给严嘉乐的信里，巴耶尔说到基歇尔的《中国图说》里印的不正确的景教碑文。他很想有一份汉语版的，"因为这个问题值得阐明和捍卫"。显然巴耶尔在第一封信里就提过这个要求，但收到的这三位耶稣会士的答复是：很难弄到，而且至少还需要详细解释。这令巴耶尔非常失望。

写给宋君荣的信很长，充满了学究气。宋君荣说他的很多著作都送到了巴黎，巴耶尔说除了苏西埃的著作，其他的都没有出版，他只找到苏西埃著作的第一卷。杜赫德（Jean Baptiste Du Halde）的书正在印刷中，但巴耶尔害怕由于与法国交战他看不到这本书。[①]

巴耶尔告诉宋君荣，一份手写的土耳其语谱系保存在圣彼得堡。他力图把它翻译过来，但由于其中混杂了很多蒙古语，所以没法准确译出。不过巴耶尔在这本书里读到印度人把中国称作"丝国（Sin）"。于是他便对阿拉伯语、波斯语、土耳其语、蒙古语甚至泰米尔语里中国的名字进行了长篇论述，引用了大量上述语言中的文字材料。

接下来是巴耶尔对柏应理的《中国皇朝编年史》第 39 页中的一段文字的思考，巴耶尔读到 1 世纪后期著名汉朝将军班超出使西域的情况。这会不会是约瑟夫斯（Josephus）提到的罗马皇帝韦斯巴芗（Vespasian）统治时期的阿兰人（Alanes）远征？阿兰人会不会是中国人的讹误？巴耶尔甚至认为他有钱币方面的论据来支持这一假设，巴耶尔 1734 年在圣彼得堡出版的《古代钱币展现的奥斯若恩与埃德萨的历史》里描述了这枚钱币。

在这封信的结尾，巴耶尔告诉宋君荣他有一份署名米诺雷里（Minorelli）的反耶稣会的小册子，这个小册子实际上出自大名鼎鼎的阎当之手。"如果说只是反对中国仪式和耶稣会士给上帝起的名称的话，我不同意他的观点。"但是，如其一贯做法，巴耶尔补充说："唯一使我沮丧的倒是龙华民神父

---

① 杜赫德（1674—1743），法国耶稣会士。他根据从在中国的耶稣会士那儿得来的资料编辑了一部巨著《中华帝国全志》（*Description géographique, historique, chronologique, politique de l' Empire chinoise et de la Tartarie chinoise*），1735 年。

的权威。"①

三天后,巴耶尔写信给宋君荣。巴耶尔说忘了告诉他刊登在《柏林综合文献》第4卷上的德·维尼奥勒和基歇尔的关于"复活节日食"的论文。巴耶尔寄给宋君荣这些论文并提醒宋君荣说他本人在1718年研究过这个问题,但没有给出他那本日食书的名字,而是总结了他的论据,不承认公元33年出现"在耶稣殉难地的黑暗"和《中国年鉴》上记载的日食有什么联系。

在写给巴多明的信中,巴耶尔一再为《汉语-拉丁语词典》向巴多明道谢:"若是没有这本词典,恐怕我早已放弃我的汉语研究了。"可是现在他可以说是生活其中,把他所有的时间和精力都放在编写一部自己的字典上。我们将在本书"《汉语大字典》"中介绍巴耶尔在这项工作中遵循的原则和与巴多明进行的讨论。

一年后,即1734年11月,一个商队准备去往北京,巴耶尔利用这个机会又给北京的耶稣会士写了一批信件。

给宋君荣的信里有一段很有意思,这是在巴黎的苏西埃最近写给巴耶尔的信中的一段文字:

> 在汉语语言方面没有人比傅尔蒙更用功了,也没有人比他得到的慷慨资助更多——国王给了他30多万里弗(livres,古时法国货币)——可在北京学习汉语的那些人却认为傅尔蒙在浪费时间。身在中国之外又没有汉语老师,一个人根本不可能学会说或阅读汉语,甚至一点都学

---

① 龙华民(1565—1654),意大利耶稣会传教士,从1597年直到去世一直在中国,1610年接任利玛窦中国使团团长之职。龙华民摒弃利玛窦的适应路线的做法,引发了著名的礼仪之争,他坚持认为古代中国人是无神论者。1624年,龙华民写了一份报告,题目是《简述汉语中的上帝和其他名称之关联,在华神父的鉴证》(*Brevis relatio super controversias de Xangti aliisque nominibus er terminis sinicis...directa ad Patres residentiarum Chinae, ut ab eis Videatur*),在这份报告里他表明了观点。参见德礼贤(编辑):《利玛窦全集》第一卷,第132页。闵明我在反耶稣会的《中华帝国历史、政治、伦理和宗教概观》里刊登了这篇文章。这份内部资料与巴黎神学院关于耶稣会在中国传播基督教福音的方法展开的激烈争论有关,1701年在巴黎以令人误解的标题《论中国人宗教的若干问题》(*Traité sur quelques points de la importants de la religion des chinois*)再一次印刷出版。在克里斯蒂安·考特尔特出版的重要的莱布尼茨《关于中国哲学的信》第2卷里莱布尼茨对此作了评论。也参见奥利维·鲁瓦(Olivier Roy):《莱布尼茨与中国》(*Leibniz et la Chine*, 1972);龙伯格:《从17世纪到19世纪末欧洲文学中的新儒家形象的注释》('Notes sur l' image du Neo-Confucianisme dans la littéarture européenne du XVⅡe a la fin du XIXe siècle'),载于《第三届国际汉学大会论文集》(*Actes du IIIe Colloque international de Sinologie*),1983年,131—176页。巴耶尔知道印在闵明我书里的这篇文章。在最后一篇关于《春秋》的文章的一个脚注里他提到莱布尼茨的《关于中国哲学的信》,但是没有评论莱布尼茨的注释。

不会。正因为如此,他们不给我们送来任何能帮助我们理解这种语言的东西。[①]

奇怪的是,这时巴耶尔没有利用这个机会询问马若瑟的《汉语札记》的详细情况。

在这封信里还有一条是关于伦敦神职人员海因里希·沃尔特·格迪斯(Heinrich Walter Gerdes,1690—1742)的。巴耶尔正在帮他整理新版本的多语种的《主祷文》。这个格迪斯在巴耶尔死后不久——仅仅4年后——就得到了巴耶尔的汉语书籍和他所有的汉学方面的手稿。[②]

巴耶尔还给宋君荣寄去《柏林医学论文集》(*Acta Medicorum Berolinensum*),并告诉宋君荣在这个论文集中可以找到他感兴趣的东西:门采尔的生平。最后,从这封信里可以看出巴耶尔已经见到了即将占去他暮年大部分时间的《春秋》。因为他向宋君荣咨询其中的最后几个字——关于麒麟的那句话。

在他写给戴进贤、徐懋德、严嘉乐的信以及在不久后写给戴进贤、徐懋德的信里,除其他事外,巴耶尔还请求他们对他在前一封信里写到的关于19年周期的问题发表评论,并告诉他们在翻译从他们那儿收到的天体图的文字时遇到的问题。巴耶尔让他们寄来一本孔子著作——可能是指“四书”——以便和他的一本《中国哲学家孔子》相对照。巴耶尔还说要给他们送去沃尔夫的《宇宙总结构学》(*Cosmographia Generlis*)。

巴耶尔就刚刚送到圣彼得堡的各种各样的礼物写信给巴多明表示感谢:南怀仁的世界地图、中国图画——巴耶尔认为画上是一个清朝官员与他的女儿及妻妾——他将把图画挂在墙上。巴耶尔还感谢巴多明寄来的麒麟图画,他在第一封信里就向他们要过这图画。

巴耶尔宣布说柏林皇家科学院已经决定给北京的耶稣会士送去一整套

---

① 1734年,苏西埃还不知道傅尔蒙已经在1730年从当时流放到广东的马若瑟那儿收到《汉语札记》的手稿。傅尔蒙没告诉别人吗? 戴进贤和他在北京的葡萄牙学院的同事们知道马若瑟已经把手稿送走了,甚至如上所述,相信书已经在巴黎印刷了。然而,更重要的是马若瑟并不同意苏西埃在他的信里所表达的很多耶稣会士所持的普遍观点。1733年,他在最后流放地澳门愤怒地写信给傅尔蒙:“我从没想到你会是读到这本书的唯一的人。像你一样我是为未来传教士和所有渴望获得关于中国古代信息的欧洲学者们编写的。”参见考狄:《18世纪汉学史片断》(‘Fragments d’une histoire des sétudes chinoises au XVIII siècle’),载于《东方语言学院百年纪念》,1895年,第223—293页。

② 关于海因里希·沃尔特·格迪斯,参见附录。显然,这本书从未发表。

他的著作。他本人将送去3卷《柏林综合文献》,几本沃尔夫的《心理学》(*Psychologia*)和《本体论》(*Ontologia*)。他再一次索要带大秦景教碑文文章的书。可能是有意向北京耶稣会士显示他也许能对文章做点什么,巴耶尔在他的前一封信里摘录4页《字汇》里关于汉字"圣"的解释,并给出了读音和意译。正如我们将看到的,这的确让北京的耶稣会士们刮目相看,但是他还是没有得到景教碑文一书,至于原因下文将说明。[①][②]

巴耶尔给严嘉乐的信友好且幽默,巴耶尔向严嘉乐讲起他收藏的一个藏佛——实际上是曼荼罗的一部分——以及来访的蒙古人和日本人对图像的解释。他还引用了印度语写的诗,配上译文,并且说如果神父回到故乡波希米亚的话,他想去见他并学唱中国歌……[③]

1735年1月,从圣彼得堡发出这些信件后不久,巴耶尔从北京收到了一批新的信。现在事情已经告成——在共同的兴趣和学术热情上建立了严肃认真的通信往来,双方以诚相待,友好恭敬。

宋君荣感谢巴耶尔写的学术长信。他对巴耶尔渊博的东方学知识大加赞赏,并且很高兴以各种各样的语言读到中国的名字。宋君荣称赞巴耶尔"在汉语方面取得的了不起的进步"。他想在汉语编年史研究方面为巴耶尔提供帮助并询问巴耶尔在使用哪一本"中国史书",还列出了常用的几本。

---

① 巴耶尔是用毛笔写下《字汇》里选录的字的——他说这还是他自1732年在帝国科学院陪同中国使节写了几个汉字后第一次提笔写汉字。这些汉字虽不优美,但比印在他书中的要好得多了,无论是在《中国博览》还是直到最后在《圣彼得堡科学院评论》里的几篇文章,他几次提到,例如在他写给《日耳曼百科全书》的最后一封信里说他的汉字看起来不像样,至少在某种程度上是由于他不胜任的镌刻工人,这样看来他说得没错。

② 克里斯蒂安·沃尔夫(1679—1754),参见本书第105页注释③。三部书一定是他的《宇宙总结构学》(1732)、《经验心理学》(*Psychologia Empirica*,1731)或者是《理性心理学》(*Psychologia Rationalis*,1732)和《第一哲学或本体论》(*Philosophia Prima sive Ontologia*,1732),所有这些书都是在美因河畔法兰克福印刷的。奇怪的是巴耶尔从没有提起他的《关于中国人智慧的演说》。他不会不知道这本书,但可能没有看到过。这本书最近(1985)以《中国人实践哲学演讲》(*Oratio de Sinarum Philosophia Practica*)的书名在汉堡再版,由迈克尔·阿尔布莱特(Michael Albrecht)译成德文并作了序。

③ 《唐古特(藏)人、中国人、蒙古人、卡尔梅克人、日本人等异教徒的信仰偶像:选自七个地方》(*Idolum Tanguticum, Sinicum, Mungalicum, Calmucicum, Japanicum ex Septem Palatu Direptum*)(亨特藏书,No.246)是一份装订精美的手稿,里面有一张长23.5厘米、宽18厘米的保存完好的唐卡或称曼荼罗,上面是一个坐在虎皮上的蓝色喇嘛教神祇,挥舞着剑。唐卡背后有一段藏文。文中说这是德·雷宾德(De Rehbinder)男爵的礼物,这位男爵可能是Friherre Henrik Johan Rehbinder(1684—1746),他在1709年至1722年间曾是托波尔斯克(Tobolsk)的战俘,而且据说他是一个受过教育的人。参见C.M.V.雷宾德(C.M.V.Rehbinder):《八个世纪的王朝》(*Ätten Rehbinder genom atta sekler*,1925)第229页手稿本身还记载了巴耶尔会晤来访的卡尔梅克人、日本人和印度人时向他们展示了这幅唐卡。

关于阎当的书,宋君荣说他不知道是阎当写的——“当你深入研究汉语时你会发现这位主教的汉学知识远远低于某些人所料想的”。

信中大部分是关于中国书籍里行星会合的讨论以及欧洲天文学家的误解。有一页是关于所谓的“复活节日食”——“仍有一些人相信聂仲迁和毕嘉的假设,因此,关于这一点我给欧洲写了大量的文章”。

一方面宋君荣大致评论了德·维尼奥勒和基歇尔的天文学论文,这些论文是巴耶尔寄给他的,宋君荣谴责先前学者们对待耶稣会士的敌视态度,他们无疑是受了耶稣会敌人的唆使鼓动。另一方面他很高兴获悉基歇尔对他们的评论,并让巴耶尔转告他。在另一封两天后写的信里,宋君荣对据说来自西徐亚和撒马利亚的民族发表他的看法。中国的历史著作说这些部落发源于长城以北。“我知道你对所有民族的历史是多么精通。请告诉我,我想把中国人对西徐亚人、阿兰人、勃艮第人(Burgundians)等民族的观念与欧洲人对这些民族的观念比较一下。”

严嘉乐在信里用优雅的笔迹属名“耶稣会最卑微的侍奉者(Minimus e Minima Societate)”——这是罗耀拉的一个典故。这封信很令人鼓舞:“现在你可以收获你的劳动所得了。”关于巴耶尔渴望更好地翻译景教碑文的想法,严嘉乐还是警告他说这将会非常困难。人们可以一次又一次地翻译这篇碑文,但是“一个精确的译本如果说不是不可能的,也将是非常困难的,这就是它不可模仿的古雅、庄严且又深邃的风格”。

但是,严嘉乐信中大部分内容充满了对每况愈下的身体的伤感以及“对帝国和朝廷风气”的厌恶。他希望能回到家乡布拉格,希望能在那儿见到巴耶尔,可是他已感到自己将不久于人世。虽然重病缠身——严嘉乐在一年后病逝——但他还是不辞辛苦地用楷体汉字从《品字笺》和《纲鉴补》(中国历史的补充)抄录了一整页有关“圣”字的解释。①

戴进贤和徐懋德的信也讨论了“复活节日食”问题,说中国耶稣会士中没几个人相信那个说法,但也有人信。他们采纳巴耶尔关于梅顿周期(Metonic Cycle)和中国文献中的一个情形类似的意见:这很可能来自西方,但他们拿不出证据来。他们送去巴耶尔要的两部著作:利玛窦的《天主实义》(两卷)和柏应理中文版的《耶稣会神父名录》(*Catalogus Patrum S.J.*),并额外送

① 《品字笺》是清代逆序字典,参见柯朗藏书,第4650—4652号。《纲鉴补》是朱熹历史著作《通鉴纲目》的补充,由元代元静所书。

上《圣教信证》和《天神会课》,估计是潘国光写的《教理问答手册》。①

在本书中,巴多明带有一系列附件的长信对我们而言是最重要的,也一定是巴耶尔最满意的一封。很显然,正像巴耶尔希望的那样,巴多明担当起了教师的角色。信中有一页是对巴耶尔的赞赏,不是对他总体学识的夸赞,而是对他的汉语,对一个具体事例的赞赏,这一页令巴耶尔终生难忘。巴耶尔寄给他 4 页汉语文章——85 个字——和他的译文:《字汇》里"圣"字的词项,并让巴多明为他修改指正。

巴多明写道:

> 因为你从小就学习欧洲各门科学和语言,所以对于你在这些方面如此精通我并不诧异。但是谁能相信你竟在汉语文字丛林里沿着崎岖的小路攀登,不能与中国人接触,几乎毫无外援,你竟能轻松摆脱这一切不利因素——我们的后代会为此惊叹不已!你译出的《字汇》部分已经清楚地证明了这一点。我把这 4 页寄回给你,只做了一些小小的修改。

巴多明另外附了 4 页,上面是他让一个中国人写的同样的汉字,这样巴耶尔有机会观察比较两者之间的差别,以便学习。

巴多明还附了一首八行的汉语诗,分别写在两个条幅上,旁边是一幅巨大的耶稣诞生图。字用篆书写就,但是巴多明将其转写成普通字,并标上读音以及相应的行书和草书。他把几个难的字做了一些解释——"这样你就可以借助字典来很好地翻译它了。如果你愿意,有机会你可以把译文寄给我"。另外,作为教学材料,他寄给巴耶尔一首由一位来访学者所作的诗。这位学者对他书房中的书籍和条幅非常仰慕。他解释说:这叫"对子","是单身文人间相互传送的诗作,如果你本人还是单身汉,也许你可以把它挂在

---

① 关于《天主实义》,参见本书第 34 页注释①。巴耶尔在书的封面上写道:"这就是在耶稣会士和多明我派之间引起如此争论的那本书。"参见亨特藏书,第 396 页,第 10 号。巴耶尔在《中国博览》的序言中已经提到了柏应理的《耶稣会神父名录》。汉语标题是《基督教真实箴言》,潘国光的《教理问答手册》是 1661 年在北京印的,而且一再重印。费赖之把书名翻译成《天使会教程》(*Leçons pour la congregation des Anges*),并且说它的文字浅显易懂。

墙上”①。

在这封信里巴多明还安慰巴耶尔说没有几个中国学者认识的字超过3000个;3000字对于阅读和写作已经足够了。可是,他还是禁不住要附上4页《海篇》和《篇海》里保留的已废弃不用的字,根据“反切”和释义的方法注上读音。②

最后巴多明回到上一封他提到的《拉丁-汉语字典》。他现在给巴耶尔寄去沙如玉(Chalier)神父编的一本,尽管他知道这本字典可能对巴耶尔没什么用。里面有一些关于汉语语言的精确信息,不过我们最好还是在“《汉语大字典》”中再讨论吧。

巴多明用下面这段话结束了他这封内容丰富、言辞友好的长信:“诸事略过,北京的三伏天如此炎热,空气似乎在燃烧。”

巴耶尔立即回复了这些信。仅仅在收到宋君荣的信的几日后,即1735年1月11日,巴耶尔就回信给宋君荣。他对宋君荣学识渊博且措辞客气的信表示千恩万谢,并告诉宋君荣北京耶稣会士们的信在帝国科学院的集会上受到热烈欢迎,主席下令说所有的信件——耶稣会士们的和他本人的——都要抄录下来并记载在帝国科学院的刊物上。

考虑到宋君荣询问过介绍有关中世纪旅行家在中国的情况的著作以及他上一封信中提到中国的名字问题,巴耶尔说他已经在这方面做了些研究并将寄去两篇有关文章,其中一篇是关于西藏的中国人的情况。巴耶尔20岁时已开始这方面的工作。接下来巴耶尔列出他有关中东地区基督教会的文章。有一篇讲到中国古典文献中关于耶稣基督的预言,诸如《春秋》末尾关于麒麟的一段描述及在利玛窦的《天主实义》的序言里已说到过的西方圣人;一篇关于向初生基督朝圣的东方三博士,表明他们是来自印度以北的国家;一篇对圣·托马斯(St Thomas)反对拉克罗兹和托兰(Tollius)的辩护,一篇介绍远东天主教信仰;一篇关于压制天主教景教徒的;一篇为景教石柱碑文辩护反对阎当;一篇讲震旦在中国之外;一篇关于约翰长老(Prester John,欧洲文献里记载的东方传奇景教国的国王——译者注),说这一名字是一系

---

① 巴多明把这首诗译成:During the day I work in my room with my books and pictures/in the evening I sit at my window, conversing with the moon and the breeze.(白天我与书画做伴,夜晚倚窗对明月清风。)

② 有几种汉语字典或百科全书叫《海篇》。《篇海》是根据音首和音调编排的字典,起于晋代(1115—1234),随后多次修改。参见柯朗藏书,第4632—4633号。

列国王的共同的名字；一篇关于成吉思汗时期基督教的状况；一篇关于藏传佛教中基督教的遗迹；最后是一篇关于在华耶稣会士的早期历史和耶稣会士在当地发表的宗教书籍及有关礼仪之争的事件。[①] 巴耶尔说他赞成耶稣会士们的适应政策，但提醒他们注意提防龙华民！他以前也说过此事，但是在这里他更加清晰地陈述了这个问题：

> 我必须承认几年前在柏林研读闵明我的书（龙华民的文章在其中）时，感到很不安，直到再一次读的时候仍使我不安。这让我更加清楚地看到什么是正确的，什么是错误的；再清楚不过了。[②]

这份如此渊博的教会历史年表也许让宋君荣很受触动，他从早期的信件中就知道巴耶尔在亚洲问题上学识渊博。巴耶尔隐约在写给拉克罗兹的信里提到他年轻时的一项研究计划，本可能对这项工作极其认真对待。然而，他终究没能写出一部宏篇大作。

巴耶尔继续他关于景教碑文上“大秦”一词的长篇大论——它真的是指罗马帝国？接下来应宋君荣的请求用了整整 3 页讲述西徐亚人的历史——巴耶尔让宋君荣去看《圣彼得堡科学院评论》第 4 卷里他的一篇文章——以及哥特人、瑞典人、摩挲格特人（Masagetes）、阿兰人……匈奴人（Hun）和匈牙利人、土耳其人和德国人的历史……“对于这些事情我已经思考了良久，只是还没有动笔写下来”。

这封不同寻常的信的后面附言里满是希腊文、科普特文和梵文的引文：“印度的独角兽和中国的麒麟是否一样？”等。

给宋君荣回信一周后，即 1735 年 1 月 16 日，巴耶尔回复巴多明的信同样长而且颇有趣。

“我该说什么呢？承蒙您的慷慨和善意！我简直不能相信……”

---

① 利玛窦的《教理问答手册》的前言没有提到“西方圣人”，但是在他的一个地方行政官的朋友冯应京（Feng Ying-jing）写的序言里却出现了。参见德礼贤：《利玛窦全集》卷Ⅱ，第 162—163、292—301 页。拉克罗兹 1723 年就写信给巴耶尔说圣·托马斯给印度人讲福音书的想法是很可笑的，只有科罗曼德尔海岸的愚民才相信，被别有用心的耶稣会士大肆传播。巴耶尔回击了这一假设。参见《拉克罗兹信件》卷Ⅰ，第 49 页；卷Ⅲ，第 62—64 页。Tollius 可能是 Tollandus，也就是约翰·托兰（John Toland，1670—1722），爱尔兰作家，颇受争议的《基督教并不神秘》（1696）等其他亵渎神灵作品的作者。

② 在 1717 年 1 月 26 日的一封信里，拉克罗兹告诉巴耶尔说他最近从里斯本收到了一本闵明我的书。

他热烈地感谢巴多明——和沙如玉神父——给他的精美的字典;无疑对他是极有用的。巴耶尔梦想能将拉丁语翻译成汉语,这本字典使他对这门语言了解得更加透彻,可以把大量篇幅穿插在自己的字典里。巴耶尔还感谢巴多明对他的《字汇》的评语,"作为学生感谢他的尊师"①。

关于自身的处境,巴耶尔说由于其他事务,这一年多来不得不放下汉语研究。然而,现在他已经把古希腊罗马史教授的位置让给了另一位学者②,开始承担并负责东方古代史学研究,他希望这样能够在这个非常重要的领域更加稳步前进。

巴多明从侧面询问巴耶尔的婚姻状况,巴耶尔告诉他自己的婚姻很幸福,有 4 个女儿。"如果我还是个单身汉,可能的话,我早就去找你了。"巴耶尔在这里说他还没有物色到这个新职位的接替者。显然他已经竭力劝说一些年轻人追随其脚步,但令他遗憾的是他们都跑掉了。"我本人永远不会放弃这个领域的研究,我深信这对我们的历史和我们的生活是有用的。"③

信的大部分内容是关于他迫切想掌握中国汉字系统的问题。如今,面对巴多明寄来的一页篆字及其对应的普通写法,巴耶尔感到他一直认为汉语是"哲学语言"的观点面临坍塌的危险。信的这部分内容将在"《汉语大字典》"中讨论。

6 个月后,在 1736 年 5 月 12 日的一封短信里——这是巴耶尔写给他在北京的朋友们的最后一封信——巴耶尔告诉巴多明他将把他的《中国时间》送给巴多明、戴进贤和宋君荣。

"你要告诉我哪个地方写错了,哪个地方我解释得不当,以便使我步入正轨。"

巴耶尔收到巴多明送给奥斯特曼伯爵的那套中国钱币,奥斯特曼伯爵请巴耶尔向他讲解这些钱币。巴耶尔向巴多明评论了一番这些钱币,接下来说:

---

① 这本手写字典在格拉斯哥大学图书馆里(参见亨特藏书,第 392 号):《皮埃尔·丹涅特拉丁语字典由在北京的耶稣会士巴多明神父在北京的一所高中为他的中国学生翻译成汉语》(*Petri Daneti Lexicon Latinum Sinice Conversum in Gymnasii Pekinensis a R.P. Dominico Parrenino S. J. Missionario Pekinensi*, 1734),共 877 页。字典标音细致,多数使用法文的音标。皮埃尔·丹涅特(Pierre Danet)死于 1709 年,与其他法国学者一起编辑《拉法词典》(1691)。沙如玉(1697—1747),法国耶稣会士,1728 年起在中国朝廷中传教。

② 另一位学者为约翰·乔治·洛特。

③ 后来,在 1737 年 5 月 5 日写给约翰·克里斯托弗·沃尔夫的信里,巴耶尔写到他徒劳地激发和鼓励在伦敦和柏林的学者来从事汉语研究——这也是他为什么敬重对这类研究很感兴趣的格鲁吉斯坦的帕达伯爵。参见《沃尔夫信件》增补卷,122。

“我是学生,您是老师。”巴耶尔还说他写了一篇关于这些钱币的文章,寄到《柏林综合文献》,并且说柏林皇家科学院让他把其他有关中国的研究提交上去。①“因此,我现在在写一篇有关柏应理的《耶稣会士名录》(*Catelogus Patrum S.J...*)的文章——我希望您能给我寄来最新的补遗。我正认真记录您的前辈们的汉语名字以及他们著作的汉语标题。”

巴耶尔已经收到了南怀仁的世界地图并翻译了上面的文字。巴耶尔加入了一小部分自己的翻译——关于朱迪亚(Judea)犹太圣地的插页。然而在这里,倒霉的是巴耶尔把一个汉字错认成另一个相似的字了。巴多明在1736年12月的一封信里把这个字改正过来了。巴耶尔1737年6月17日收到这封信,可是没来得及改他的译文,从《柏林综合文献》中的南怀仁的文章可以清楚看到,这篇文章发表于1740年,即巴耶尔去世两年以后。②

巴耶尔的很多信件——1735年1月写的4封信和1736年5月写的最后一封信——花了近两年的时间才到达北京。耶稣会士们给巴耶尔回了3封信,写于1736年12月27日至29日。这些信由特快信使传送,巴耶尔在第二年的6月28日收到。

巴多明在1736年12月29日写给巴耶尔的信里说他收到了巴耶尔的信,包括最后一封。巴多明说他的信大多是途经西伯利亚的(以前多数情况也是如此)郎喀的商队带过来的。巴多明在信的开头对当时北京的情况浮光掠影地描述了一番。早些时候,郎喀谨慎地避免拜访那里的耶稣会士,信件都是由中间人转递的。现在皇帝接见了他,给了他很多礼物并向他发布许可,允许他在北京建立永久俄罗斯驿站。有了这个新身份,他现在可以拜访耶稣会士们了,而且事实上,那些耶稣会士们随时恭候他的到来。巴多明继续用整页篇幅友好地、非正式地谈到从北京到圣彼得堡送信的各种各样的方式。只有在最后一页他才说到巴耶尔的问题:“我将回答你两个问题,这样这封信才不至于对你完全无用。”

首先,巴多明对巴耶尔寄给他的南怀仁的世界地图中关于“朱迪亚”这个地名的翻译发表评论,修正了巴耶尔的“小错误”。然后他精确地解释了皇帝在位的第一年和最后几年是如何标明的,还提醒巴耶尔说皇帝的“年

---

① P.S.巴耶尔(原文如此):《中国钱币》(‘De Re Numaria Sinorum’),载于《柏林综合文献》第5卷,1737年,第175—184页。

② 南怀仁神父著作,尤其是他的《坤舆全图》(‘De Ferdinandi Verbistii S.J.scriptis,praecipue vero de ejus Globo Terestri sinoco’),载于《柏林综合文献》第6卷,1740年,第180—192页。

号”不是皇帝本人的名字。巴多明用一句法语来结束这封信,并说:“我猜想你懂法语,这个语言在学者中很流行,因为很多书都是用法语印的。”早时在信中巴多明承认收到了巴耶尔的《中国时间》和他对奥斯特曼伯爵的钱币的描述以及土耳其语谱系的翻译,但巴多明并没有对这些作任何评论。

总之,这封信让巴耶尔读起来很失望,想到最后那封夸夸其谈的信,巴耶尔肯定对他的“小错误”感到脸红,因为他本可以在《中国博览》字典部分查到这个字而避免这个可笑的错误!

戴进贤和徐懋德的短信既友好又充满了恭维的客套话,信的开头还有一句用中文写的问候语。他们感谢巴耶尔送来《中国时间》,并对书做了重要评论。巴耶尔把《易经》中的第一卦“乾”翻译成“物天”,对此他们的反应是:

> 你不应该把“乾”的意思局限在物质的天,它指的是广泛意义上的天。当今的皇帝封他的年号为“乾隆”,可以译成“天的支柱”。

戴进贤和徐懋德随信寄给巴耶尔两本《易经》的评注,里面附有传统卦图,由皇室家族中的一个叫德沛(De Pei)的人所著,此人已受戴进贤神父洗礼,成为一名基督徒。[①] 这使巴耶尔备受鼓舞,他已经有了带洛图(Lo Figure)与河图(Ho Map)的《易经》版本以及两种排列的六十四卦图。我们将在“《中国时间》”部分再来谈这个问题。

戴进贤和徐懋德告诉巴耶尔去年 8 月严嘉乐去世了。说到巴耶尔给严嘉乐的最后那封抄有印度歌的信和他幽默地谈及当他们在波西米亚相遇时一起唱汉语歌的情景——可能也在指巴耶尔在《中国博览》序言中关于约翰·韦伯书中说汉语是一种原初语言的注释,他们写道:

> 我们虔诚地希望,他已升入天国,在天堂祥和音乐里,吟唱着中国歌和印度歌。他向我们和您——曾提议在波西米亚拜访他的人——发出邀请与他相聚在一起……如果天堂的原初语言是汉语——像我们曾

---

① 两本书中一本的书名是《易图解》,解释《易经》的图形,由德沛(1688—1752)著。书中有两个序言,都是 1736 年写的,由李绂(Li Fu,1675—1750)和甘汝来(Gan Rulai,1684—1739)所书。在恒慕义的《清代杰出中国人》第 714 页和第 455—457 页上分别提到过以上三人。在研究《易经》时,他们极力推荐使用传统的河图和洛图。参见亨特藏书,第 396 页,第 44 号。

认为和有理由设想的那样——那么天堂里的人们不就有可能用那种语言彼此交谈了吗？亲爱的先生，如果您发现您在孜孜不倦研究的语言竟是天堂的初语，您将是何等的愉悦！

来自宋君荣的两封短信也同时到了圣彼得堡，里面没有什么诗情画意的语句，主要谈论的是天文方面的问题，在此，宋君荣提到《中国时间》，称赞巴耶尔在汉学研究中取得的进展。宋君荣还说他听说杜赫德的《中国帝国全志》(1735)已经到了广东。在巴多明的最后一封信里，我们会看到他将就有关巴耶尔的研究而提及此书。

1737年5月北京的耶稣会士为巴耶尔和柏林皇家科学院寄送了几箱图书，随之带去的5月16日和17日的两封信是格拉斯哥大学图书馆收藏中的最后两封，信很可能也是北京的耶稣会士写给巴耶尔的最后的信件。

巴耶尔在1738年1月31日收到这些信。巴耶尔没来得及给他们回信，但是他就其中我们马上要谈及的这封写了一篇东西。

戴进贤和徐懋德的这封信带些官方口吻，而且用词很精确。他们感谢巴耶尔在《圣彼得堡帝国科学院评论》上有趣且极其博学的文章，尤其是关于西徐亚语的那篇，也感谢沃尔夫的《宇宙总结构学》和两卷《柏林医学论文集》。他们在信中附了一个书单，是要寄给巴耶尔的汉语书籍、宗教小册子，还有《康熙字典》①——巴耶尔可能平生第一次看到这本字典——以及一些没特别注明的书，他们称之为中国论题。几乎一整页都在解释汉语的人名和称谓系统，并回答了关于天体图的问题。他们努力向巴耶尔解释为什么柏应理的《中国皇朝编年史》里关于罗明坚和利玛窦的词条看起来很古怪，并开始与巴耶尔就泰勒斯于公元前601年预言的日食显然与《资治通鉴》的记载相吻合这件事展开了一个小小的学术探讨。

巴多明的信像通常一样，亲切、不拘礼节。如以往的信里一样，在此巴多明为自己每天被各种政事缠身，又要做朝廷的汉语-满语-拉丁语的翻译感到无可奈何。

他送给巴耶尔两本宗教小册子，一本关于汉语4种书写的书，一个新的年历，和“译成拉丁文的《论语》的前半部——我没有后半部”。巴多明再一次解释不同的汉字书写方法，简单讨论了如何用拉丁文拼写汉语和满语的专有名

---

① 关于《康熙字典》，参见本书第165页注释①。

词。有一小节是关于杜赫德的伟大著作——“当我们拿到书后,我也许可以告诉你更多些”——长长的一段论及汉字系统,最终意图是把巴耶尔从汉语是哲学语言的奇想中拉出来。我们以后还会再谈这个问题。

巴多明在信的结尾恳求上帝保护巴耶尔和他珍爱的家庭,引导他们踏上通往永恒真理之路。

最后是关于《玺印说明》(*Explicatio Sigilli*)的,解释达赖喇嘛的印。

《玺印说明》与玺印一同保存在格拉斯哥巴耶尔文献馆里,除这一段外,巴多明最后这封信中有一小节也很令人费解。这封信写于巴耶尔收到巴多明上一封信的一周以后。①

4 年前,奥斯特曼伯爵给巴耶尔一份带有达赖喇嘛大红方印的证书让他翻译。巴耶尔把上面的文字抄录下来,但是不懂上面的汉文、蒙古文和藏文。他肯定把玺印的汉语部分寄给了巴多明一份,因为在巴多明最后那封信里,这位传教士把汉语的篆字转换成普通汉字还翻译了几个较难的短语。“有了这些帮助,”巴多明写道,“你可以轻松地翻译整篇文字了。”

《玺印说明》是一份手稿,共有 4 页,显然是巴耶尔写给他尊敬的保护者奥斯特曼伯爵的信的草稿:

> 我希望让我的恩人感到满意,因此我把一份汉语篆字文寄给北京的巴多明神父。在 1737 年 5 月 17 日的信里,神父给我寄来用普通汉字写的这篇汉语文字,还作了一些评论,并建议我应该把它翻译过来——我是他的学生。所以我尽我所能翻译了它,以下便是。

接下来是那篇文字,但只有音译和拉丁译文,对来自他的老师的两处文字巴耶尔认真地作了注释,而另一处他看不懂。

草稿信的最后几行是这样的:

> 我的错误,不管是怎样的错误,也许是由于药物的作用导致的。圣彼得堡,1738 年 2 月 7 日。T.S.B

---

① 格拉斯哥大学图书馆,巴耶尔 MS,A.26。

8.《中国时间》

1735年巴耶尔发表了他关于中国问题的第三本书《中国时间与时间周期记录》(*De Horis Sinicis et Cyclo horario*)。书的篇幅虽不长但却很重要,由圣彼得堡帝国科学院出版社印刷出版。这是一部了不起的著作,内容相当复杂,肯定花费了巴耶尔不少心血。这本书显示了巴耶尔在汉语语言和对中国问题总体研究上取得的进展,而且,尤其令人感兴趣的是它表明巴耶尔已经知道《易经》这本书和书中的口诀。

书里有一篇长长的致辞,是献给他的一个俄罗斯资助人拜隆伯爵(Count Biron)的。[①] 书的本身是以信件的形式写给早年的柏林学者德·维尼奥勒的,巴耶尔称他是"本世纪最重要的年代学家"。

巴耶尔一开始就为没能在《中国博览》中引用德·维尼奥勒的资料为自己辩解,巴耶尔说他本应该那样做,但他不知道德·维尼奥勒1722年发表在《日耳曼图书》上的某篇文章。我们不再停留在这些关于谁先谁后的小问题上。巴耶尔再一次重复了早期关于中国人的时间和日期的讨论。对于月份,巴耶尔坚持说他在《中国博览》里所写的与他在《海篇》里发现的是一致的:月份就用12个汉字系统来表示。然而,在日历上月份的确用了不同的标志。

文中有很大篇幅讨论拜隆伯爵[①]拥有的一个中国日晷。这个日晷被细致地刻印下来,详细加以描述,先是介绍承载日晷本身的可以活动的台板上表示(双组)时辰的12个汉字。这个装置配备一个磁力指南针,由两圈符号环绕。巴耶尔解释了内环的8个符号,还解释了外环24个汉字的复杂系统。关于水平方向盘面的两组汉字,代表24个时刻,巴耶尔让读者参照他在《中国博览》中关于这些问题的讨论。我们不清楚他是否理解活动日晷是可以

① 即恩斯特·约翰·拜隆(Ernst Johann Biron,1690—1772),库尔兰得(Courland)伯爵,宫廷大臣,安娜女皇的宠臣。

随着观察者的纬度而进行调节的这个道理。[①]

在解释这些复杂事情时,巴耶尔提到了《易经》。说到指南针的内环,巴耶尔说内环的8个字符中的4个汉字分别是北、南、东和西,然后巴耶尔继续讲道:

> 另外4个部分显示八卦中的4个卦。中国人相信它们是由始祖伏羲氏发明的,伏羲氏从龙背上抄画下来这些图……这些卦两两相排,根据组合规律形成六十四卦。在《易经》上有图形也有解释。每一卦都有一个特殊的名字。我以下所列的是从《易经》里抄录下来的。

书中列出的卦图从第一个到最后一个都以汉字标出卦的名称,并注有读音和意译。第一个由三条完整的线构成,叫"乾",巴耶尔把它译作"物天",最后一个由三条断线组成,叫"坤",意思是"地"。

> 这个系统叫太极,但是同样的名字也应用于整个六十四卦系统。关于这个系统可以说上很多,我在这里决定略去不谈,只谈这一点:这八卦通常出现在一个八角形环内,每一个角代表世界八个角中的一角。在《易经》里,这个图叫八卦方位图,代表世界的八个角。同样,六十四卦摆放在正圆中,称作六十四方位(Fangwei),即世界的64个角。然而,伏羲氏安排卦的方式与周文王不一样。对此我不再说更多了……

巴耶尔没有明确说他从哪儿弄到这些,但是很可能大部分来自《易经》的一个版本《奎壁易经》里,巴耶尔从某个地方搞到这本书,并在封面上写道"Ye Kim,Liber Prima/Secunda"。这本书里有所有的传统易经图,包括对六十四卦的两种不同编排。巴耶尔在一个脚注里提到"Ye Kim,1.c.p.3 and p.6",可是除了此处,无论是他的著作里还是他与北京耶稣会士的通信中都没

---

① 这个装置很类似李约瑟书中的可携带日晷,参见《中国科学技术史》(*Science and Civilisation in China*)第3卷图134,另外在第310页和第405页有谈到这个装置。

有提及此书。[①] 然而,如我们在“与北京耶稣会士的通信”里看到的,戴进贤和徐懋德一收到巴耶尔的《中国时间》就找机会送给他一本解释《易经》的小书,里面也有这些图,并纠正了他对“乾”卦的翻译。

巴耶尔说六十四卦根据组合规则编排,我们很想知道他究竟是什么意思。巴耶尔没有说这适用于伏羲卦的排列还是文王卦的排列——伏羲卦的排列的确是一套组合系统,而我们从很多的现代版本的《易经》中知道,文王卦的排列并不是一套组合系统。还有,巴耶尔是否想到他年轻时代的偶像莱布尼茨是从伏羲排列中得到关于二项式算术和六线组合形状的观点的?巴耶尔没有谈到这个问题。

书的最后一部分是一个附录,是从 1723 年到 1734 年的中国日历,巴耶尔从三位北京耶稣会士,即戴进贤、徐懋德和严嘉乐 1732 年写给他的信中得到这个日历。在书的结尾巴耶尔提到《中国博览》里关于闰月的问题,说他现在能够更清楚地解释它了。“让我引用……告诉我的话”,其中是上面提到的三位神父的名字。

中亚各民族使用的黄道十二宫的符号与中国人用的很相似,这个问题在《中国博览》中已讨论过,巴耶尔在此更加详细论述,并且用蒙古文、满文、藏文和波斯文精心地写了一张显示这十二系统的名称表。

第一页的首字“Q”里是两个中国人的微型画像,最后一页的文字下方有一蔓叶花饰,画的是两个骑在一个传说中的怪兽上的中国小孩儿,很有些中国情调。而巴耶尔通常不在这些方面放纵自己,他可能觉得在献给拜隆伯爵的书里放上这些图画还是适宜的。

---

① 参见亨特藏书,第 396 页,第 38 号。“方位(Fangwei)”意思是位置或者方向。这里卦的顺序是按照“先天”或者说是伏羲编排的,由宋朝大哲学家邵雍发明,呈献在他的《皇极经世》(*Supreme Principle Governing the World*)中。莱布尼茨从白晋那儿得来的方形和圆形的卦图也是根据邵雍的系统安排的。这个可以按二项式系统来读。文王卦的排列是如在《中国哲学家孔子》里那样,也是通常《易经》(《周经》)版本中的样子。这个排列没有系统,或者至多有一点点规律,如卦的连续映射。这两种在 1899 年伦敦出版的理雅各的《易经——变书》中都有讨论。奎和壁:传统上主宰文运的两个星宿。

9.《圣彼得堡帝国科学院评论》上的文章

"关于《字汇》"

《圣彼得堡帝国科学院评论》第 4 卷出版于 1739 年,但其中的著作和文章宣讲于 1733 年,包括巴耶尔的一篇 25 页的文章,题目是《字汇》。G.F.米勒的《资料》中没有提文章曾在帝国科学院宣讲过,可能从来没有被正式宣讲过。无论怎样,这篇文章不可能在 1735 年 1 月 10 日以前完成,因为里面说巴耶尔当天从北京的巴多明神父那儿收到了消息,总之,巴耶尔在文章里是这样说的。①

文章印刷不够严谨,有多处错误,很显然巴耶尔在死之前没能看到文章印刷出版。其中也有巴耶尔自己的错误,这些错误如果他有时间看到校样就能改正过来——有些汉字印颠倒了,一个常用字的读音在一页是对的,到了另一页就错了,诸如此类的错误屡见不鲜。不管怎样,这篇文章对萌芽期的汉学研究是一项重要贡献,而且对在这一领域起步的 18 世纪的学者们一定很有帮助。因与中国的贸易往来日益频繁,从广东得到一本标准的字典并不难。巴耶尔的文章对于尝试掌握《字汇》或更加庞大的类似字典《正字通》都很有帮助。

文章详细阐述了这本字典的编排和内容,用大量汉字的例子来解释说明。而且汉字首次出现在文章中,不再是用单独的印版来显示,音节带有适当的调号。

巴耶尔说他看过三本《字汇》——其中一本是他自己的;他没说明其他两本的下落。他说其中一本的出版年份是 1724 年,但是巴耶尔告诉我们说

---

① 《字汇》字典是由明朝的梅膺祚编纂的,最先发表于 1615 年。梅膺祚摒弃了古老的"说文"系统,以 540 个篆字部首为基础,产生出行书通常使用的 214 个基本部首字典,非常通用普及。《正字通》是《字汇》极大扩充了的版本。接下来的就是《康熙字典》,是删节并改良的《正字通》,前言由皇帝亲书。这本含 214 个部首的字典成为以后整整 200 年的标准典籍——汉语字典历史参见刘叶秋(Liu Yeqiu):《中文字典释略》(*Zhong-wen Zidian Shi Lüe*),北京,1983 年。

这两本书的每一页几乎都是相同的,只有前言不同。①

字典共有 14 卷本。这些卷本的第 1 卷有前言、索引和各种各样的小篇章,最后一卷的一部分给出音标。这样字典本身是从第 2 卷到第 13 卷。②

巴耶尔精确地描述了第 1 卷。前言后是目录和索引,列出偏旁部首。这些偏旁部首彼此相接形成 17 个部分,他称之为"组",先是 1 画的部首,接下来是 2 画的,直到 17 画的部首。部首总共是 214 个,按照每个部首把分类的汉字列出来;《字汇》共有 38095 个汉字。

关于 214 个部首有一个有趣的脚注,也许是在最后一刻加上的。巴耶尔说他是从 1734 年印在《莱布尼茨致多人信件》卷 1 中莱布尼茨写给拉克罗兹的信中看到的。其中莱布尼茨写到一个叫希马(Cima)的奥古斯都派传教士告诉他"最基本的汉字大概应该有 400 个,其余的都是由这些汉字组合而成"。但是巴耶尔只写道:"实际的部首要比这本字典里收录的要多。"巴耶尔本可以就此展开论述以获取成果,但他没有抓住这个好机会。③

巴耶尔描述了字典第 1 卷后面的 5 个小部分,注明了每一部分的页数。第一部分"运笔",教授书写汉字所要遵循的笔画顺序。下一个部分叫"从古",巴耶尔将其翻译为"简单古字",但是巴耶尔选用的例子和解释表明他把这部分理解成一些汉字的普通或"通俗"形式。接下来两部分是废弃的古字和这些古字的现代对等词。每一部分都有一个例子,有汉字也有其读音和意译。

之后一部分叫"检字"。在这里人们会找到当部首单独以汉字出现或组成其他各种各样的字时的不同形状。就像在他的《中国博览》里那样,巴耶尔强调认识这些字的不同形式的重要性,举出了 39 个例子并加以解释,如"人:组合词中的部首,总是在左边"。最后是排在 32 个"组"里的汉字列表,但像部首一样,也是根据从 1 到 32 画,组成所有汉字。巴耶尔注明这些独立汉字在这里都是部首,或称作指定部首。巴耶尔说这是一个很有用的表,因为经常很难决定把一个汉字指派给某个部首。

---

① 格拉斯哥大学图书馆的《字汇》(参见亨特藏书,第 396 页,第 66 号)封页上巴耶尔书写的几个字,这是提到过的 1724 年版本,不是巴耶尔自己拥有的那本。

② 在巴黎国家图书馆的《字汇》字典的 12 版本中,有一本编号为 4446—4447,最后一卷有音标。其他版本中音标出现在第 2 卷,如哥本哈根皇家图书馆里收藏的版本。

③ 写给拉克罗兹的信写于 1707 年 10 月 8 日。出现在《莱布尼茨致多人信件》的卷 1 第 377—378 页上。奇怪的是巴耶尔在这里没有提他曾在柏林抄录柏应理写给门采尔的一封信,在信里看到过关于 400 个部首的相同论述。

巴耶尔接下来开始描述字典本身。所有的汉字都是按部首来编排的。首先是部首本身及其解释。然后是指派给这个部首的组合汉字,并按额外的笔画分成组。一个黑色圆圈里的白色数字显示笔画数。然而遗憾的是,超过15画的字在最后都混在一起了。更让人感到不便的是汉字中的部首或左或右,或上或下,甚至出现在字的其他组成部分中间,显得杂乱无章。这样,使用这本字典就非常烦琐。"中国人对此不太在乎,但在我编的字典里将会避免这个缺陷。我根据部首在组合字中的位置,以我称之为'次类'的方式,来编排汉字。"夸下这般海口后,巴耶尔接下来用一个鲜明的例子说明"以中国人满意的方式决定在字典里用哪一个部首来安排一个汉字这是很不容易的"①。

然后巴耶尔解释中国人给汉字注音的"反切"方法和音韵方法,给出3个还算准确的例子。如果一个字有一个以上的意思或读音时,文中就用一个小圆圈标注。

文章结尾是一长篇关于汉语词项的一个重要特点的论述:解释汉字的用法和意义时引用很多引文。但是从事这项工作之前巴耶尔明确表示他在这里给出的一系列引文不仅是让读者对一页字典的样子有个印象,而且是首先要讨论一下他关于汉字系统的认识。正如以往,巴耶尔的问题是他不知道如何处理最简单的字:

> 如果你们看一下这些引文(中的一些)你们会看到另一个解释策略,包括把一个汉字简化为其简单的要素以此来显示整个字的意义。显然,9个一级要素——因为还有很多——代表汉字发明者想要把其组在一起形成二级字(两画的字)进而定义(某些)事物,这些想法很清楚明了。

然而,真正清楚的是在这里巴耶尔努力使自己和他的读者相信显然他本人还根本没有弄清楚的东西!下一个句子是"这种情况在较高级的(组)类里显示得最清楚",例如,那些列在笔画很多的部首下面的汉字。当然,这样一来一切就迎刃而解了:

---

① 在他的《汉语-拉丁语大字典》里,巴耶尔的确是按照部首在字中的位置来安排汉字的。在当今时代这种编排方式用于台北1962—1968年出版的《中文大辞典》(*Encyclopedic Dictionary of the Chinese Language*)。

每当几个笔画组合的意思是鸟、鱼、植物、水、狗、火、金、宝石等，那么由这些笔画(偏旁)组合构成的汉字也都与鸟、鱼等事物有关，表明其间存在的关联或是组成成分，有时或者是一个比喻的表达。但即使非常复杂的组合字也并不总是这样，而且笔画少的字就更不容易这么解释了。

巴耶尔还说，李斯于公元前240年改革了汉字，但令人遗憾的是，李斯没有阐释最简单的汉字(笔画)的意思。

为了展示《字汇》字典中的一页，也为了阐明他的组合“策略”的思想，巴耶尔选择了自从他第一次接触汉语就萦绕在他心头的“圣”字，意为“神圣、智慧或完美”。这是1684年米勒呈现的核心词语，其来自《资治通鉴》里关于中国日食的记载，巴耶尔本人在《中国日食》里也已经讨论过。

《字汇》里关于这一字条有7页多内容，巴耶尔把它们都抄了下来，再一次给每一个汉字添加所有的音译和意译。如前文所说，巴耶尔把他的翻译送交给巴多明神父，巴多明把译稿还给巴耶尔时对其大加赞赏并提了几点建议。巴耶尔把这些建议加在这里，以答谢他从北京获得的诸多帮助。

“圣”字的引文来自很多典籍，有“五经”中的《尚书》、关于孔子家族的著作《孔氏传》、宋代一本关于死后谥号的文章、公元前1世纪旧的《说文解字》和评论古代典籍的著作《通论》。①

巴耶尔感兴趣的是最后两部，因为在这两部书里他找到了他的系统“策略”。

《说文解字》里讲“圣”(聖)字由“耳”(ear)和“向尊者呈献”(offering to a superior)两个部分构成。根据《通论》，这个字的意思是洞察、理解。“耳”部的意思并不是指耳朵，而是指对神秘事物的特性能够洞察和理解的心智，就如同耳朵对声音的穿透和理解。

这似乎证实了巴耶尔在《中国博览》里分析“女娲”一词时曾表达的“词源学”观点，但是他在北京的老师警告过他要提防这类分析，于是巴耶尔补充说：

---

① 《孔氏传》可能是《孔氏祖庭广记》(*Kong Shi Zuting Guangji*)的缩写本，书中详细记载了孔氏祖庭的情况，作品写于金代(1115—1235)。《通论》(*Tong Lun*)记载传统古典典籍中的评论，并不翔实。

然而,关于此类玄妙的事情我想引用巴多明神父给我的教导。神父说字典里的解释莫衷一是,并不统一。编者没有遵循一个基本一致的原则,因此作者的意见各不相同。一些人把字写成"王"而不是(与之相像的)"向尊者呈献",于是猜测或臆断这个字的词源,坚持说此字的意思是"耳口之王",即知道何时倾听何时讲话的智者。①

巴耶尔加进这样的解释,"就像学生加入老师的话语"——巴耶尔坚信汉语语言中的"理性"成分,而此时他的信仰遭到了否定,这一定让他焦虑不安。然而,这与他耶稣会的朋友们对他关于汉字笔画组合系统的思想的反应相比,就算不了什么了。这一切来得太迟了,以至于巴耶尔无法把这些写进他的著作里,不过,也难想象巴耶尔会如何处置它们。

最后,巴耶尔描述了第 14 卷,也就是《字汇》最后一卷,里面有一大部分是关于音标,尤其是关于音调的,还有很多列表。

巴耶尔给出这部分和各小节的汉语标题,但是没有详细论述,尤其是对音调部分:"我认为探求这个问题是不值当的。"巴耶尔让读者去参看他的《中国博览》中关于音调的部分。然而,如我们前面所见,巴耶尔在那部书里关于汉语词语音调部分的讨论是非常贫乏可怜的。当然,事实上巴耶尔对这部分也无从理解。巴耶尔可能意识到,就这一点肯定会被他颇为仰慕的巴黎汉学家傅尔蒙击败,因为巴耶尔知道,在巴黎皇家图书馆里,傅尔蒙可以得到跟他一起工作的中国年轻学者黄嘉略的帮助。②

最后,巴耶尔好像是在自我安慰,加上北京巴多明信中的一段来为自己忽视对声调系统的研究而开脱。文字如下:

欧洲人加在汉语词语上的四个声调号实在是毫无用处。汉字本身并不显示声调,中国人在实践中学会声调。而且,当他们说话的时候,声调几乎听不出来。当你听中国使节团成员讲汉语的时候,你本人也许已经注意到这一点了。公使大人奥吉金(the great Ogegin)是东鞑靼人(满族人),但是他生在北京,精通汉语语言和文学。你不是说

---

① 在巴耶尔拥有的一本较全的《正字通》字典里可以找到带有"王"部分的这个字。字典中称其为"俗"体,但是没有关于何时聆听何时讲话的注释。

② 傅尔蒙在他的《汉语思索》的第 10 章"论音调字典"里谈到这一点。

他像英国人那样唱歌和打口哨吗？如果一个欧洲人讲汉语，能够把句子安排正确，比如说不把词序颠倒，即使他的声调发错了，也会被理解。但是如果他把词序改变了，那么别人就不懂了，因为那根本就不是汉语了。①

当把这些话写进文章时，巴耶尔并不知道在其晚年这些话对他有多么重要。

“论《春秋》”

巴耶尔最后一部重要汉学成果是关于“孔子的《春秋》”，文章长达 60 页，在巴耶尔死后第 3 年，即 1740 年，刊登在《圣彼得堡帝国科学院评论》第 7 卷上。如同以往，给出汉语字、词读音——如《字汇》文章，都带有声调——但是几乎所有的汉字都像《中国博览》中那样，刻在印版上，总共有 934 个。

《春秋》是 13 部中国古代典籍文献之一。《春秋》被认为是孔子所著，从汉初的董仲书到巴耶尔同时代的中国学者都对此书充满景仰。这是一本篇幅不大的小书，讲的是公元前 772 年到公元前 481 年鲁国的历史。鲁国在现在的山东省南部，是周王朝下一个近乎独立的属国，是孔子的出生地，据说孔子生活在那个时代的后期。书中以简略的编年史风格叙述了鲁国相继 14 位诸侯在位期间的历史事件，还讲到鲁国与其邻国的关系。

巴耶尔有两个版本的《春秋》，一本收藏在圣彼得堡帝国图书馆，另一本是他自己的，是北京的巴多明神父送给他的。②

巴耶尔在关于《春秋》的文章里比在关于《字汇》的文章中犯的错误还要多。巴耶尔撒手人寰，无法改正这些错误。有些错误是由于编者对手稿的误读，比如出现多次的 Han（汉）印成了“Hia”。

---

① 这一段文字一定是论文交到帝国科学院之后才加上的，因为信是 1734 年 7 月 30 日的。1732 年中国使节团才来到圣彼得堡。马若瑟在他的《汉语札记》里表达了类似的观点，尽管措辞更加谨慎，第一部分第一章第二节：“如果你的一些词的发音声调错了，中国人会知道你是一个外国人，但是只要你的句子各部分顺序安排正确，听懂你的话他们并不感到困难。”

② 格拉斯哥大学图书馆收藏的版本（参见亨特藏书，第 396 页，第 74 号）共有 8 卷，有详细的历史和音标注释。巴耶尔在第一卷的封面上写道：“春秋。古籍第 5 部。孔子用这两个词描绘他那个时代爆发的战争历史，因为每一年都有春和秋，如在修昔底斯（Thucydides）的书里对年的划分。”修昔底斯在《伯罗奔尼撒战争史》中将一年分为“夏”和“冬”。

文章开头有一个长长的论述,对经典古籍加以界定,并列出典籍目录。巴耶尔说《春秋》被看作其中最经典的一部。[①] 巴耶尔讲述了这些古代典籍在历史长河中的命运和劫难。说到公元前2世纪秦始皇统治时古代典籍遭到焚毁,后来到了汉代(公元前206年至220年)很多被毁的著作如何得到修复。巴耶尔在整个叙述中始终穿插着中国与古代欧洲境况的比较。

巴耶尔翻译了序言中的几段,其中有一篇关于从公(gong)到男(nan)5个封建属臣的称号,用从Reguli到Praecedes相对应的罗马词相称。接下来是那个时期120至124个属国中最重要的12个属国的诸侯统治时期的完整编年史,巴耶尔从他自己收藏的《春秋》版本中的注释里算出来这些诸侯在位的年头。浏览整整10页人名和数字让人感到非常乏味——我们要知道在巴耶尔那个时代纯粹年代学是受到高度重视的。由于《圣经》年代学问题,这个学科的研究与神学相关,又由于它的精确性和严密性,年代学还与新兴科学相关。

在下面的段落里,巴耶尔讨论了史书中春夏秋冬的概念和出现的"空项",句子仅仅说:"这是春天的第3个月。"巴耶尔从卫匡国的《中国上古史》中摘引一个故事,讲的是秦朝衰落不久,在一所老房子的墙里找到已经遭到损毁的孔子的文章,这些文章写在树皮和动物皮上。巴耶尔批评柏应理在《中国哲学家孔子》的前言中对书名所进行的道德及抒情解释。显然,巴耶尔没有领会柏应理表达汉语意思时使用的语言:统治王朝和家族犹如美好春天般的开始,到最后是秋天般的没落——这一思想对于已经半汉化的在华耶稣会士来说已经相当熟悉和习以为常了。[②]

巴耶尔注意到,这部书没有提及周朝皇帝的名字或年号,只称为"天王(Heavenly King)"。文中对皇帝、太子和庶民的死使用了不同的词,巴耶尔对此作了正确的解释和说明。

最后,在进入他的译文之前,巴耶尔又回到他喜欢的话题上,即中国日

---

① 在解释"经典"一词时,巴耶尔提到耶稣会士关于《性理大全书》地位的讨论,此书被中国知识界和传教士们或多或少地当作"经典"来看。巴耶尔说无论是龙华民、利安当还是闵明我或是其他反对耶稣会士的人都不否认书是在朝廷的资助下于1415年出版的。巴耶尔在脚注里提到克里斯蒂安·考特尔特出版编辑的《莱布尼茨致多人信件》(1735)卷2里有龙华民和利安当的文章,还有莱布尼茨对文章的评价——《关于中国哲学的信》——但是他对这些问题未作评论。

② 参见《中国哲学家孔子》第19页。

食，提到在巴黎苏西埃出版的宋君荣的著作，但没有提他从他们那里收到的信件。巴耶尔说《春秋》中提到的很多日食据说都发生在“新月”时。我们知道这是肯定的，这些古代天文学家只是及时准确地记载下他们在天空中所观察到的现象。巴耶尔再一次提到公元 33 年的“复活节日食”，这是他 24 岁时写的第一篇汉学文章中所谈的内容。巴耶尔说在中国史书《资治通鉴》中此次日食出现在农历下半月——“但宋君荣已经纠正并解释了这个错误”①。

巴耶尔的《春秋》译文可以跟理雅各或顾赛芬(Couvreur)的现代译本对照来读，但是，当然了，这种比较既不公正也没有意义。②

现在读者知道在 18 世纪 20 年代末当巴耶尔编著《中国博览》时，他对汉语语言是如何认识的。后期与北京的耶稣会士通信后，巴耶尔本人感到学到了很多东西并在关于《字汇》的文章里展现了他的这些新领悟。然而，事实上他对这种语言的了解还是相当有限的，毫不夸张地说，即使不与理雅各的译文相比，只要细读他对《春秋》的翻译，就发现他们的局限性已暴露无疑了。

理雅各从 1861 年开始翻译“四书”，《左传》注释的翻译成为他翻译的中国典籍第 5 卷。这本译作有 900 多页，是一部学术巨著，译者在香港工作了 30 年，是精通中国古典典籍的现代汉学家，而且有一群中国学者给他做助手。就像理雅各编辑的其他古典著作一样，在这部译作中他加入了很多更长的、从各个时代搜集来的注释，比较巴耶尔与理雅各的译作就如同拿一个小学生与一位卓越的数学教授对数学的理解来进行比较。

在译文之前，巴耶尔说：

> 如果仔细看书中的描写，我们也许会欣赏到古代作者言简意赅的风格，但是要想寻求智慧、雄辩或其他任何形式的伟大与古雅却是徒劳的。

巴耶尔说书中有几篇著名文人写的序言，但是他们的观点无非是表达

---

① 在音译中他保留“晦”字，一个月的最后一天，但是在印版上对应的字却是“朔”，一个月的第一天。

② 理雅各：《中国经典》第 5 卷，《春秋与左传》(*The Ch' un Ts' ew, with the Tso Chuen*)，1872 年，第 3 页。顾赛芬：《春秋与左传》(*Tchóuen Ts' iou et Tso Tchouan, Ho Kien Fu*)，1914 年。

对孔子的敬畏。在他看来,《春秋》更像是对诸如日食、即位、出生、死亡等事件的私人记录。巴耶尔还把《春秋》与希腊人和罗马人的古老简洁的编年史进行了比较。

> 我翻译了其中一部分以使读者对我给予此书的消极评价有一个自己的观点。尽管这文章枯燥乏味,我还是坚持从事这一工作,这项工作浪费了我很多时间,如果把这些时间花在其他事情上也许会更有价值。我甚至仔细研读书中其他一些部分,希望能找到一些更有意思的东西——但这也是徒劳。

这个评价——与耶稣会士们的如此不同——在当时很新颖,也必然丰富了人们关于最神圣的中国典籍中有关中华智慧的看法。在这方面,虽然巴耶尔的翻译经常出错,但并无大碍。巴耶尔的译文的确显示出《春秋》枯燥无味的一面。事实上,巴耶尔的判断几乎与百年之后学识渊博的理雅各的判断是一样的。在序言中,理雅各不得不承认:

> 当阅读《春秋》时,我们立即就有一股强烈的失望感。它并不是用历史事件巧妙地穿接起来的历史,而基本上只是鲁国朝廷和政权的极其简要的通告和介绍……在布局谋篇上一点也没有文学韵味,也丝毫没有作者的主观判断。

总体上可以说巴耶尔能够阅读汉语,而且很多句子或者说大部分句子的翻译还算可以。他在文中给出的注释基本上是正确的。他找到那些字并给出读音,标调通常也是正确的,但也有很多可以理解也可以原谅的错误,这些错误清楚地表明翻译这个文章是他力所不能及的。在很多时候巴耶尔的翻译混乱不堪,因为他错把人名当成词语或是把词语当成了人名。有时人们对他在普通词上面犯的错误感到莫名其妙——如:把“杀”译成“谴责”。

当我们把巴耶尔的译文与理雅各的进行比较时,很明显看到理雅各在翻译一个短语或句子时会加入各种评论和注释信息,使译文内容更加丰富、翔实。巴耶尔准确写下“great rain and snow”(大雨和雪),而在理雅各的译文中是“great rain with thunder and lightning and a great fall of snow”(电闪雷鸣的暴雨和纷纷降雪)。同样,巴耶尔写的是“某公主退下回到 Y 处”,理雅各会说“她进了 Y 的闺房”。在有些地方读者很容易看出为什么巴耶尔无法翻译出来,而理雅各却知道其中的来龙去脉:理雅各写道“他(公侯)第一次(只)展示了六行歌舞伎”,接下来是一个长长的脚注,巴耶尔却只能说“他开始摆出六行雁翅”,接着又说这一句似乎指的是某个中国传统仪式,对此他一无所知。不过,巴耶尔成功地解释了一个很不寻常的字“螟”,意思是一种害虫。巴耶尔文中关于“螟”的注解几乎与理雅各的一模一样。

我们不需要详细探讨巴耶尔译作的成功与失败。他决定一心一意翻译《春秋》就是一个错误的选择。在雄心壮志的驱使下,巴耶尔一定是想成为欧洲第一个出版汉语经典译作的人,而且一定要选这一部,因为他知道中国人把这本书看作是孔子著作中最好的一部。巴耶尔作出选择的另一个原因可能是这本书句子短小,貌似简单。

有意思的是 1810 年雷慕沙说巴耶尔的汉字“(比《中国博览》中的)更准确了,但是并不更好看”。雷慕沙对翻译的质量只字未提。当然,他比巴耶尔知道的汉语多得多,但是欧洲汉学在当时是如此羸弱,以至于译好《春秋》是不可能的。①

巴耶尔要是选择翻译《论语》就聪明多了。在《中国哲学家孔子》里,《论语》的译文显然既冗长又不可靠。《论语》第一部分中的上标数字与空缺的汉字相对应,如果巴耶尔利用这一点,仔细对照他的汉语版本中有同样标记的字词,很可能会把《论语》里面一些有趣的故事翻译得更好。但是,最重要的还是,巴耶尔要多学一些汉语。

最后,巴耶尔把这部中国历史经典之作呈献出来,指出书的乏味与迂腐,为 18 世纪中叶欧洲揭开中国文明神秘面纱助了一臂之力。孟德斯鸠(Montesquieu)在他的《论法的精神》(*Esprit des Lois*,1748)里打消了把中华帝国当成理想城邦的念头,约翰·雅各布·布鲁克(Johann Jacob Brucker)在

---

① 参见《皇家图书馆馆藏手稿简介及节选》(*Notices et Extraits des Manuscrits de la Bibliothèque du Roy*,*X*,1818)第 292—293 页(文章写于 1810 年)。在《汉文启蒙》的序言里(第 30 页),雷慕沙列出当时见得到的且可以为学生所使用的带有翻译的汉语著作,在其中我们发现有巴耶尔翻译的“《春秋》片段”,并给出了正确的《圣彼得堡帝国科学院评论》的卷数和页码。他没有评论译文的质量。德祖特莱(Le Roux de Deshauterayes,1724—1795),傅尔蒙的学生之一,翻译了《春秋》的一部分,但是从未发表。手稿保存在巴黎国家图书馆里。雷慕沙有一份手稿的手抄本,参见“汉语图书”,《西人论中国书目》第 1385 栏。巴耶尔从没提到过《左传》,这是汉代对《春秋》所作的经典“评注”——巴耶尔可能根本不知道这本书的存在。

其《批评哲学史》(*Historia Philosophiae Critica*,1742—1744)里嘲笑中国的哲学。大规模的攻击开始了——帕乌(Pauw)的《关于埃及人和中国人的哲学研究》(*Recherches Philosophiques sur les Egyptiens et les Chinois*,1773)在德国问世,书中对所有中国事物发动的种种攻击受到无论是世俗界还是学术界的共同追捧和欢迎。

10.《柏林综合文献》上的小文章

1736 年到 1737 年，巴耶尔给柏林皇家科学院的刊物《柏林综合文献》写了两篇文章。其中一篇关于中国钱币：《中国钱币》，另一篇是一份他与北京耶稣会士的通信：《中国通信》。不久，巴耶尔一定又给编辑寄了第三篇文章，介绍 17 世纪著名在华耶稣会成员南怀仁神父："南怀仁神父的著作，尤其是他的《坤舆全图》"。

标题为《中国通信》的文章是从 4 封信中节选出来的，其中一封是巴耶尔本人写的，其他三封是 1732 年到 1734 年间北京的耶稣会士们写给他的。巴耶尔省去了私人间的寒暄套话以及耶稣会士对他的赞美之辞，也没有对信件加任何评论。这篇文章一定引起了读者的很大兴趣，因为除了著名的《耶稣会士中国书简集》(*Lettres Édifiantes et Curieuses*)，在欧洲很少见到类似的东西。然而，不要让这些节选妨碍我们继续向前，这些信已在"与北京耶稣会士的通信"部分介绍过。

关于中国钱币的文章尤其有趣，因为这说明巴耶尔在与机械和光学教授路特曼院士一起合作，而路特曼跟巴耶尔的研究领域截然不同。

在巴耶尔生活的那个时代，钱币学是一项颇受推崇的科学研究领域，巴耶尔在这方面发表了几篇论文，例如：讨论在普鲁士发现的罗马钱币。巴耶尔关于汉语钱币的文章是欧洲发表的同类文章中的第一篇。这是巴耶尔给其资助人奥斯特曼伯爵的报告的缩略本，奥斯特曼伯爵从在北京的巴多明那儿得来一套钱币，每一枚都分别装在一个纸盒里，用标签注明它是在哪个皇帝当政时发行的。巴耶尔在他的《字汇》字典和巴多明的《汉语-拉丁语词典》的帮助下研究这些钱币。文章中，巴耶尔按年代顺序描述这些钱币并把它们用印版展示出来。[①]

最早的钱币据说是公元前2世纪汉朝的开国皇帝汉高祖时期的，上面用篆字刻着“伍铢”。巴耶尔在《字汇》字典里查到“铢”的现代写法并给出它出现的卷本和页码。巴耶尔正确解释了这个字，还把重要的汉字刻在印版上。[②] 年代更近一点的钱币来自唐朝、宋朝和明朝，最后一枚是当时的皇帝雍正(1723—1736)发行的。

有一枚钱币是金制的，但是巴耶尔说这不是一枚真的钱币，而是皇帝在寿辰之日发给家眷们的纪念币。其他的币都是铜合金的——铜和镍(“中国银”)。这些钱币中有一些看起来像金的，但检验表明合金里没有金的成分。有一些上面似乎有一层薄薄的金箔，好像是喷涂上的，但是放在检测容器里这一层就蒸发了。[③] 巴耶尔说这些试验是他的同事兼朋友路特曼实施的。路特曼是一位优秀的科学家，在很多方面都对巴耶尔给予了帮助。[④]

最后谈谈关于南怀仁和他的地图的那篇文章，这篇文章发表于1740年，即巴耶尔死后第三年。

文章开始是南怀仁12本有关天文学和基督教的汉语著作的书目。巴耶尔把这些书的汉语书名显示在三块印版上；他从北京得到柏应理的《耶稣会士名录》的中文版，从中抄来汉语书名，加上自己的音译和意译。这些汉字比他在圣彼得堡写的文章中的汉字要好得多，且音译和意译都正确，只是漏

---

① 巴耶尔说他从奥斯特曼伯爵那儿复制下钱币的版面，并按年代顺序排列好。实际上，关于这些钱币巴耶尔给奥斯特曼伯爵写了一本小书，书名是《中国古钱币收藏》(*Numophylacium Sinicum*, 1735)。巴耶尔自己抄录的那份现保存在格拉斯哥大学图书馆的巴耶尔文献中。参见亨特藏书，第395号。在书名页的边上，巴耶尔写着“关于钱币(De Re Numaria)”。

② 李约瑟的《中国科学技术史》第5卷第2部分图1324,2显示的伍铢钱与巴耶尔的第5号印版上的一模一样。

③ 在李约瑟的书里，同上，有一段长长的、非常有趣的讨论，讲的是如何给金属表面着色的程序使之看上去像金的。(第5卷第2部分，第251ff页)

④ 路特曼(1667—1736)，德国科学家，1724年发表关于钟表、火力推动塞和水泵方面的科技著作[《实用三叶》(*Trfolium utile*)，维腾堡(Wittenburg)，1724]。1726年，他与巴耶尔一同来到帝国科学院时，他几乎比其他人大了有30岁。从1727年开始，他任机械与光学教授。路特曼是金属检验方面的专家，为此发明了一个非常精密的天平。他被召到莫斯科的帝国造币厂并在那儿工作了不长时间。G.F.米勒说他令人愉快，风趣幽默，对他同事们的争论和叫嚷根本无动于衷——这正合巴耶尔的心意！参见《帝国科学院史料》，第56—57页。

掉了两小句。①

文章其他部分介绍了南怀仁的《坤舆全图》,这是一幅印在两大张纸上的世界地图。巴耶尔描述了地图周边的很多装饰图画和一些不知名的动物图画,并评论经过北京的子午线。他给出地图上很多欧洲国家和城市的汉语名字及汉字:"Loma"(罗马),"Yatenie"(雅典),"Gelhmanyya"(德国),"Pomelaniya"(波米拉尼亚),等等。除了名字,巴耶尔还翻译了中间嵌入的一小段文字:"在这里天主被具体物化,因此被称之为'圣土'(Holy Land)",就在此处巴耶尔犯了一个"小错",误把"圣"字看成了"故"(因此)。

关于很多地名的译法,巴耶尔作了一番评论,可能会使他的读者感兴趣。用汉字写一个外来词语时,每一个音节都有几个同音字可供选择。这样一来,笔者就既可以选择意义通常指美好事物的字,也可选择通常指丑恶或不可接受事物的字。中国人多年来一直都在玩这样的文字游戏。

巴耶尔写道:

> 地图上法国的名字,有意无意间,似乎暗示着一种鄙视的表达,因为"拂郎察亚"(Fae lam çy ya)意味着"小姑娘气的,对男人和主人卑躬屈膝,毕恭毕敬"。这触怒了法国的传教士们,他们把它改成"法朗济亚"(Fa lam çi ya),可以理解为"庄严、严肃的法律和法规"。

这可能有些牵强附会,但是实际上在中国人眼里这两个表达形式无所谓褒义或贬义。

最后,巴耶尔提到他所知道的其他两幅地图。一幅是很多世纪以前由威尼斯人尼古拉斯·德·克米蒂博斯(Nicolaus de Comitibus)带到意大利的,保存在威尼斯城外穆拉诺(Murano)岛上的圣马克修道院里。米勒得到一份,现收藏在什切青图书馆里,巴耶尔就是通过莫克莱尔(Mauclair)的帮忙从那里得到了一份副本。另一幅是汉斯·司洛恩(Hans Sloane)收藏的日本地图——巴耶尔通过毛蒂墨(Cromwell Mortimer)获得了一份。在巴耶尔

---

① 南怀仁(1623—1688),比利时耶稣会传教士,从1658年直到死一直在中国。他是天文学家,在朝廷中担任钦天监监副,非常有影响力。他用汉语发表了大量有关基督教、天文学和宗教法规建立等方面的著作。费赖之在《入华耶稣会士列传》中描述了他的地图《坤舆全图》。

其他出版的或未出版的著作里都没有提到过这些地图。[①]

① 尼古拉斯·德·克米蒂博斯:巴耶尔可能说的是尼可洛(Niccolo),马可·波罗的父亲。莫克莱尔可能是保罗·艾米流斯·德·莫克莱尔(Paul Emilius de Mauclair),参见本书第196页注释①。汉斯·司洛恩爵士,英国内科医生,大收藏家,皇家协会成员,后任主席。克伦威尔·毛蒂墨,1752年逝世,英国内科医生。1730年起任皇家协会执行秘书,是汉斯·司洛恩爵士的好朋友。

在英国图书馆司洛恩的收藏里有一份手稿,标题是《汉语词汇样本》(*Specimen Lexici Sinensis*),作者是"哥特利布·希格弗里德·巴耶尔,圣彼得堡教授。"(Sloane 3960),这是巴耶尔从他的大字典里抄录的9页对开纸的汉字。有两页里有"易"字,带有《易经》的注释。

11.《汉语大字典》[1]

从1731年直至告别人世,巴耶尔一直致力于编纂一部内容丰富的汉语-拉丁语字典。当然,这件事帝国科学院的同事们都知道,在帝国科学院的会议上也讨论过。巴耶尔在给瑞典的本泽流斯主教和北京耶稣会士的信件里讲述过这部字典工程,但是这些信件一直不为人所知。本泽流斯的信件直到1979年才由埃尔瓦·埃里克森(Alvar Erikson)发表,而北京耶稣会士的信函在本书中才第一次正式发表。1741年,即巴耶尔逝世三年后,《日耳曼图书》(*Bibliotheque Germanique*,卷50,第99—113页)上刊登了《关于巴耶尔先生生平和著作的历史回顾》('Mémoire historique sur la vie et les ouvrages de Mr.Bayer')这篇文章。文章主要基于巴耶尔本人1737年给编辑提供的信息,包括已出版的和有待出版的著作索引目录,但是里面没有提到这本大字典。然而,第二年,当I.L.乌尔(I.L.Uhl)出版了《拉克罗兹信件》卷Ⅰ(1742)时人们知道了这本字典的存在。在巴耶尔1736年写给拉克罗兹的最后的信件里,说到他编的一本《汉语-拉丁语大字典》,"皇家档案馆里存有几卷"。

第二次提到这本字典是在1767年。当牛津的东方学家格里高里·夏普发表《托马斯·海德论文汇编》时,加上了一个长长的"汉语词语附录",在这个附录里有一个"T. S. 巴耶尔作品集"的脚注,里面有一条是关于这部大字典的:

> 《汉语钥匙》:巴耶尔从几本汉语字典中花费大量心血编辑而成的一本汉语字典,分30个类别使之便于查找汉字。圣彼得堡帝国科学院图书馆存有一份,还有一份在他女儿手里,他女儿嫁给了特坦波恩(Tettenborn)普鲁士要塞的总监卡里斯(Carius)先生……我相信用不了

① 《汉语大字典》,即巴耶尔的《汉语-拉丁语大字典》。——译者注

多少钱就可以从她手中得到那本字典。

B.多恩(B.Dorn)在《圣彼得堡帝国科学院亚洲博物馆》(*Das Asiatische Museum d.K.Akademie der Wissenschaften zu S.Pb.*,1846)第119页上有两行提到过帝国科学院保存的那本字典。字典的名称印刷正确,据说有23卷,其中有3卷找不到了。字典最终于1890年出版。在G.F.米勒的《资料》里,这部字典以《汉语字典,共26卷本》(*Lexicon Sinicum,26 Bände Royal Folio*)的标题出现在巴耶尔著作索引里。亨利·考狄的《西人论中国书目》的第二版里有很多俄国人的文章,还有大量关于手写的汉语-欧洲语言字典方面的信息,这些手写字典保存在很多图书馆中以及私人收藏里。在此巴耶尔的大字典只以前文提到的夏普书中引用的形式出现。

最后,我们看到弗朗兹·巴宾格尔的博士论文《哥特利布·希格弗里德·巴耶尔》,从G.F.米勒的《资料》的扩展索引里找到这本字典。巴宾格尔说另一本字典,即巴耶尔女儿手中的那本,可能就是在A.瑟拉菲姆(A.Seraphim)的《康涅斯堡市立图书馆手稿目录》(*Handschrift-Katalog der Stadtbibliothek Königsberg i.P.*,1909)里提到的那个15卷对开本。

显然,巴耶尔多年辛苦耕耘完成的著作在以前没有得到研究;不管怎么说,我相信即使是在俄罗斯的文献中也没有关于这部字典的任何信息。

下面我们首先看一下巴耶尔在信件里如何谈论他的字典。然后,我们再介绍保存在列宁格勒科学中心档案馆里的这部字典本身的情况。

巴耶尔信件里的大字典

我们从巴耶尔出版的和未出版的信件中获悉他编这本字典的过程。巴耶尔1732年10月5日写信给在林克平的本泽流斯主教,从这封信里我们知道这本字典已经诞生了。前文引用了信的第一部分,从中我们找到"包括汉语语言所有的词语"这样令人吃惊的话语。巴耶尔继续说:

> 我刚开始编这本字典的时候工作并不是很难。如今我把它看作是一部三幕话剧:根据组合原则安排角色,写出来交给帝国科学院,再留给自己一份。第一卷对开本已经完成,第二卷已经弄出一大部分。我打算在这个工作上花上两年的时间。我如果像这样继续下去,那么将会有10本或更多本这样的厚重的卷本产生。

我在使用《字汇》和《海篇》这两本字典。除了它们我还用到耶稣会士巴多明的词汇手稿。不过,这个字典是根据汉字的读音按字母顺序编排的:ca,cai,cam,fa,fam,fe,等等。我给每个汉字提供了详细的翻译、词组及供学习者使用的多篇选文。字典共有12000个字,比柏林的迪亚兹《字汇》要好得多。不过,我还是要争取通过祈尔奇和格鲁吉斯坦的帕达伯爵弄到字典的副本。

我还有一部关于自然历史的汉语著作叫《本草纲目》(*Ben Cao Gangmu*),有40本。第2卷上有一些图片,包括金银等矿物、石头、植物、昆虫、鱼类、鸟类和动物等。这对我将是多么有用啊——除了植物、鱼类等名称,我还可以加上图片![①]

在1733年4月8日写给汉堡的约翰·克里斯托弗·沃尔夫的信中,巴耶尔说他在写第8卷——整部字典会有12卷左右。巴耶尔说他正在夜以继日力争在6月完成,因为他想离开圣彼得堡回到康涅斯堡。巴耶尔还写道:"现在我对《中国博览》深恶痛绝,后悔出版它。"不过,想到这本书开阔了汉学研究的领域,巴耶尔也感到一丝安慰。《中国博览》可能会激励其他学者们来从事这门语言的研究,而且,不管怎么说,就对汉语一无所知的人来说,这本书还是有用的。我们发现几年后巴耶尔对他的《中国博览》还是耿耿于怀,但总还是令他感到欣慰的。[②]

一年后,即1734年6月22日,在给主教的信中,巴耶尔写道:"由于我非常忙,我的汉语字典进展缓慢,但是还是有所进展,我在编第13卷。"[③]那年冬天,在科学院的一次会议上,巴耶尔提交了几卷——可能是他跟本泽流斯说起过的那13卷。G.F.米勒是帝国科学院的德国历史学家,30年后写了《帝国科学院史料》,其中写到这件事:

巴耶尔教授完成了他的重要著作《汉语大字典》,一部对开本的手

---

① 参见《本泽流斯信件》,第298号。帕达伯爵,参见本书第143页注释①。祈尔奇,参见本书第73页注释③。巴耶尔打算利用他在柏林的天文学家朋友的职务之便,这一点表明1726年以后他与拉克罗兹之间已经疏远,有了隔阂。《本草纲目》:这一定是李时珍著名的药物著作《本草纲目》,最早发表于1593年。巴耶尔在《中国博览》的语法部分已经提到过这个著作,称之为"Cao Mo"。

② 参见《沃尔夫信件》增补卷114,第134—135页。

③ 参见《本泽流斯信件》,第306号。

> 写卷集。在12月2日的会议上,曾决定把这部字典印刷出版。然而,由于要把10000多个汉字刻到木版上,这项工程没有付诸实施。他死后,手稿存放在帝国图书馆里。①

后来,巴耶尔写信给奥斯特曼伯爵,信中写道:

> 承蒙您的恩惠(萨瓦伯爵出借巴多明的《汉语-拉丁语词典》),我深深感动,决定为帝国科学院编纂一部完整的汉语字典。这样我必须承担所有的费用,包括为三年来一直帮我整理文稿的学生们提供饭食。而且,长期从事这项工作使我的健康也受到了威胁,尤其是我的眼睛。到目前为止,我已经送交帝国科学院20卷,大概还要写3卷。②

同时,关于他的这项工程,巴耶尔还写信给北京的巴多明神父。巴多明在1734年夏回复了巴耶尔。巴耶尔于次年1月份回信给巴多明,而巴多明也在1737年再一次给巴耶尔回了信。巴耶尔在死前不久接到这最后一封信。

除了关于字典的部分,巴耶尔对于汉语书写系统的总体认识以及巴多明对此作出的评论连同这些信件在"与北京耶稣会士的通信"中都讨论过。我们现在要看的这部分信件对巴耶尔来说至关重要。巴耶尔的理论是汉字形成了一个哲学系统,而巴多明没有接受巴耶尔的这个理论。面对这一情况,巴耶尔仍力图坚持他的想法,可是,显然他也感到自己的理论有些站不住脚了。

1733年11月26日巴耶尔写信给巴多明,告诉巴多明神父到目前为止他从事汉语语言研究已经两年多了,时时刻刻都在用他(巴多明神父)的词汇表。

> 我给你简单描述一下我是如何编我自己的《汉语-拉丁语大字典》的。不久你会收到一份更详细的字典样本。我是遵照我最熟悉的《字

---

① 关于G.F.米勒的《帝国科学院史料》,参见本书第21页注释②。引文在《帝国科学院史料》第337页上。

② 巴宾格尔从康涅斯堡的一份手稿的第33页引用了这封信。没有日期。

汇》的顺序来编排的。① 第1卷结尾处有完整准确的偏旁部首表,这弥补了《字汇》的不足。我仔细地加上了读音,决不会产生误解,而且我的解释既充分又翔实。不过,因为《海篇》的字更多,所以我以《海篇》为起点,尽管从其他方面上讲《海篇》不如《字汇》。《海篇》的部首排列杂乱无章,我把它们清楚地分成了若干个组。然后,我从《海篇》和《字汇》里选出合成后的汉字添加上去。像《字汇》中的那样,我采用了32个组,因为我不喜欢把一些汉字放在没人能想得到那些部首下或是多个部首下。

巴耶尔给出一个合成字的例子,他认为这个字放错了位置,他说这个字本应放在它的4个组成部分中的一个或另一个项下——巴耶尔所给出的例子在214部首系统中与部首32和34相同,也是部首29的上部和下部。因此,巴耶尔说在他的字典里偏旁部首的数量相当可观。接下来,巴耶尔在信中解释得更详细了:

合成字放在各个组里,第一组是(简单)字本身;第二组里所包含的简单字在右面;第三组里简单字在左面;等等。这对人们查找汉字来说极其有帮助。在每一组里,合成汉字都按照它们的"部首"来编排,基本上与《字汇》和《海篇》里的形式一样,留出充足的空间加上我的解释。其中很多字我是从您的词表里找到的,标注上"P"或"P.Lex"。有时,我也从柏林的迪亚兹《字汇》里摘录汉字的解释部分——迪亚兹《字汇》里的汉字虽然书写精致美观,但远远不及您的。有几个地方我自己做了翻译和音译,对此我是相当有把握的。——到目前为止我已经完成25卷大对开本,每一卷大约有500页。我还得把第4组到第6组的汉字誊写一份。

接下来是一整页关于他在《海篇》里找到的一些例子,都是极其畸形糟糕的汉字,还有一些汉字写颠倒了。巴耶尔问这些汉字是什么意思。在下一页巴耶尔向巴多明介绍他所喜欢的两个主题,即9个基础汉字(笔画)和

① 1733年4月8日巴耶尔写信给沃尔夫:"至于我编排字典的方法,我是尽了最大努力。我在《中国博览》的第一部分的第114页和序言的第92页里已经解释过我是如何做的。然而,日夜耕耘使我采用了更多的办法以提高字典的精确性,很多东西我以前都没有想到。"

汉字是一个系统:

当我认为我可以从一些字的绝妙组合里看到它所指的事物时——经常是一些复杂的而不是简单的字——我开始从《字汇》着手,在这片神奇的领域里训练自己。最让我头疼的是我不知道派生其他字的那9个基础汉字的本质和意义。当我从一个老朋友、现任梵蒂冈图书馆主任的阿瑟马尼那里听说在罗马的宗教界要人中有懂汉语的人——尼古莱(Nicolai)主教和傅圣泽(Foucquet)——我请他询问有关这些汉字要素。他写信告诉我说:"关于你信中提到的那9个基础汉字我问过他们。他们回答说它们本身没有意义,但是其他字都是由它们组成的。"我想他们觉得回答这个问题太麻烦或是太微不足道。因此,我自己尽力到《字汇》和《海篇》里去找它们的意义,但直到现在还一无所获。①

巴多明在1734年7月30日的信里就这些观点和想法回复巴耶尔:

你编汉语字典的方法非常好,只是你不应在那些最简单的字上花费时间,它们用来组成其他汉字。其实这里面没有什么规律和原则,尽管有一些表面上看起来好像有规律可循。

接着在另一段里巴多明回答了巴耶尔对在一些字典里找到的某些怪异汉字的疑问。

李斯,秦始皇的宰相,对古汉字进行了一次改革,但并没有完成。可是,他死后不久,汉字就改成现在用的这个样子了。在这位名宰相以前,汉字不仅形象怪异,而且很多作家对其随意添加或删减(笔画),甚至发明你称之为怪异糟糕的新字,引起很大混乱。② 如你所说,《海篇》

① 乔万尼·尼古莱·德·莱奥尼萨主教(Bishop Biovanni Nicolai de Leonissa),1684年至1699年在中国,1737年死于罗马。关于尼古莱和傅圣泽,参见本书第134页注释①提到的魏若望的新近出版的书。

② 李斯,死于公元前208年,据说他发明了小篆。关于"怪异汉字",参见本书第56页注释①。巴多明1735年送给德·梅朗(de Mairan)一张或一幅有100个"旧体汉字"写的"寿"字(费赖之,第514页)。参见龙伯格的《想象中的中国古代汉字》,载于《中国教会研究(1550—1800)》卷5,1983年,第5—22页。

里有一些，在《篇海》里更多——我给你寄去一些从中选的例子。①

这封信里还有 4 页已废弃不用的古体字，带有完整的词条解释。在下边，巴多明写道："在过去的很多个世纪里已经没有人用这些汉字了。如果它们出现在某本书里，读者，即使是学者，也不得不查字典。"

抛开这些怪字不谈，巴多明告诉巴耶尔当今实际使用汉字的多种写法——碑文和诗歌里的篆体字、楷体字、行书和草书。在行书字的下面，巴多明写道："随笔书(Sui Bi Shu)意味着自由书写。这在信件和笔记中非常普遍。"在草书下巴多明写道："这是商人或匆忙时使用的一种较拙劣的书写形式。"

最后，回答完关于字典中通篇都出现的那些短竖笔画的问题后——它们只是重复的标记——巴多明写了一个长长的关于汉语词汇声调的注解。声调没有太大的用处，因为在正常口语中音调几乎听不出来。我们看到巴耶尔在他的有关《字汇》字典的文章中引用了这个注解，并在他最后一篇文章里又一次谈到这个问题。

这封信对巴耶尔是个巨大的打击。从 1716 年最开始在柏林研究手稿接触书中汉字时巴耶尔就感到汉字是一个系统，莱布尼茨、傅尔蒙和比尔芬格的观点更加深了他这一信念。在这一假设引领下，巴耶尔工作了将近 20 年——尽管这一体系还没有完全明朗，但是汉语书写系统体现了一种哲学思想这一事实是毋庸质疑的。现在，北京的巴多明神父，他的老师用几行字就把这个系统摧毁了，看来巴耶尔的整个思想大厦即将坍塌。

1735 年 1 月 16 日巴耶尔写信给巴多明神父，表达了他绝望的心情：

> 至于组字规律，我最先是从克里斯蒂安·门采尔博士的手稿以及令人景仰的柏应理神父给门采尔的信里得知的，这些手稿和信件对我很有用。然后，通过研究和比较各个汉字，我开始认识到这种组合方式的发明者总是力图再现事物。从马、鱼和鸟字演化来的复杂汉字里我看到了一点，而且在其他情形中也是如此。后来，研究《字汇》字典，这个规律经常是非常明显以至于我根本不怀疑是这个原则在起作用。我不否认汉字的这个属性在复杂汉字中更加明显，但是我一直相信这个

① 《海篇》和《篇海》，参见本书第 155 页注释②。

思想体系贯穿到简单汉字里,且基础汉字也来源其中。有些时候我觉得我的理解与日俱增,而有些时候我还是很困惑。不管怎样,这的确至关重要。

然后巴耶尔转向巴多明信中的那些篆字——这可能是巴耶尔第一次看到篆字。

如果汉字的发明者在界定字的属性时遵循了某种哲学方法,从众多的例子来看一定是这样的,如果他们在造简单字,甚至是那9个演化其他汉字的基础汉字时也坚持同一原则,那么对于古代篆字我们又能说些什么呢?我们在新字中看得出古字的形式,难道还不是汉字的系统和属性?说真的,我不知该说些什么。难道古体字的形式仅仅是偶然?如果在设计它们时没有天才的创造力在起作用,那么新字的艺术性又来自何处?孔子的书也是用这些毫无章法的字写成的吗?而且在孔子以前的——如果是在其之前——《易经》也是如此?……这一切都至关重要;我请求您,尊敬的神父,给我解释一下!

在1737年5月15日的信里,巴多明再一次,也是最后一次,作为巴耶尔的老师向他讲解达赖喇嘛的印玺:

我把这几个字用你知道的通常的形式写在旁边。我告诉你这5个汉字的意思你就很容易把它们翻译过来了,其中两个字意思是西藏,另外三个是人名。"达赖喇嘛"是一个世袭封号,就像我们称"教皇"一样。

巴耶尔在2月2日写给奥斯特曼伯爵的信的草稿里用上了这条信息,我们在"与北京耶稣会士的通信"里也讨论过。但是巴多明引用权威人士并加上他自己的评论又回到作为哲学体系的汉字这个令人头疼的问题上来,再一次使这个问题混淆不清。

你不要猜测古代汉字在形成时是依据了某种规则或是认为它们的发明是为了表示汉字与事物本身之间的关系——你完全是在浪费时间。关于这个问题我问过几个学者,其中有著名的徐元梦,他已经85岁了，是朝廷大臣，负责历史和把汉语翻译成满语——他对这两种语言都很精通。他对我说："你是从哪儿得到这个想法的？"我告诉他听说一些欧洲人在讨论此事。然后，他说："我本人曾受《正字通》(*Tschim Ssee*)字典蒙蔽，浪费了一些时间想要找寻汉字组合的某些原则，比如说，通过各式各样的笔画可以看出每个汉字都是一个事物的图画或者与事物有一定的关联。但是，徒劳无功。除了几个例子，大概有100个，我没有发现这个规律。在这个事情上得不出什么结论。"①

看起来这件事是该结束了，可巴多明继续说：

随着时间的流逝，汉字在变化也在壮大，因此除汉语一直采用的5个基本要素构成简单汉字外找不到其他规律。复杂汉字由简单汉字组成。然而应该看到，在复杂汉字中想表示某物与木、水、金、原因道理等有关时，他们通常把这个概念的符号放在字的左边。"口"字也出现在一些汉字的一边。今天讲的这些对你来说足矣。

这封信一定让巴耶尔更困惑了。寻找规则和关系是浪费时间，中国最好的学者都肯定了这一点。可是还有规则：有简单字和来自简单字的复杂字，汉字里还有与事物相关联的部分！

关于巴多明说的5个基础汉字，巴耶尔也一定充满疑惑。他在门采尔的《拉汉小字典》里看到过7个简单汉字，在《字汇》里看到6个。在谢务禄那儿看到的是9个，而他本人发明的也是9个。巴耶尔在巴多明的信里找到的是他9个基础汉字中的前5个……

巴耶尔还有一封关于他的大字典的信写给他在柏林的老朋友拉克罗兹，这封信写得比较晚，写于1736年2月1日。

巴耶尔搬到圣彼得堡后，他与拉克罗兹的通信好像中断了——巴耶尔在1726年和1728年发出两封信，但是没有收到拉克罗兹的回信。当然拉克

---

① 徐元梦(Xu Yuanmeng，1655—1741)，巴多明写作Su Yven meng。感谢巴黎的吴德明(Yves Hervouet)教授证实这个人的身份。当Su改作Xu，这个满族要人就可以在恒慕义的《清代杰出中国人》(第659页)中找到了，此人是大政治家兼将军舒赫德(Shu-ho-te，1717—1777)的祖父。*Tschim Ssee*字典想必是《正字通》，以其中有很多想入非非的"词源"而闻名，但是这个音译很奇怪——通常巴多明把它写作*Chim Cu*。然而，这封信不是巴多明写的，也不是巴耶尔抄写的，一定是别人为巴多明写的。

罗兹的信件可能不完整,但是在乌尔的《多种论题通信新编》(*Sylloge nova Epistolarum varii argumenti*)里的一封信表明事实上拉克罗兹已经停止给巴耶尔写信了。[①]

1736年巴耶尔写给拉克罗兹的信的开头几句似乎是要表明在过去这些年来他一直不时地写信给拉克罗兹。信的前半部是关于各种各样钱币的问题,不过这看起来像是为在后半部分告诉拉克罗兹有关他汉语研究的情况,尤其是对他早期汉学著作的评价作铺垫。

> 我编汉语字典的过程举步维艰——好多卷标准大对开本。其他一些事情也让我分心,经常是很多天不能做这项工作。巴多明的字典比迪亚兹的好得多,除了这本字典,我两年前得到丹涅特的字典,这部字典被译成汉语,印刷精致,书写美观。当我想知道一个拉丁词的汉语字时我可以用这部字典,这多亏了耶稣会士的帮忙。巴多明的字典与迪亚兹的字典类似(即按字母顺序排列)。在我自己的字典里我录用了大部分,编排如《中国博览》中的一样。这本书写得很糟糕,但是我并不后悔写了它。正是这本书打开了这扇大门,使我能够获得如此丰富的信息。找个时间我们应该讨论一下我是否应该出版一部修订版的《中国博览》。[②]

列宁格勒的大字典

巴耶尔的《汉语大字典》先是保存在帝国科学院东方研究所的手稿室里,现在在列宁格勒科学中心档案馆里。[③] 字典共有23卷,每卷页数在110页到376页之间不等。著作的名称写在第1卷的第1页上:汉语大字典,巴耶尔著,编自古汉语字典和其他书籍,献给圣彼得堡帝国科学院。

第1卷到第7卷是1画至3画的部首和这些部首的派生字。第8卷到第10卷遗失。第11卷到第26卷是剩余的汉字,排在7画至22画部首下。

---

① 信是1737年1月10日写给柏林学术协会的秘书菲力普·约瑟夫·雅格(Philip Joseph Jariges)的。巴耶尔是这样结尾的:"但是告诉我拉克罗兹的情况,我一直把他当作我的父亲一样——难道在过去的12年里他已经把我忘了吗?"参见《拉汉小字典》第4卷;第8卷第4—7页。

② 参见《拉克罗兹信件》卷Ⅰ,第60—62页。

③ 即苏联(AAHCCCP)档案F.783,Op.1——大对开本(27厘米×43厘米)。在封面上从1到23重新为卷本编了号。

后面的这些卷本——即从11卷往后——每一卷都有一页单独的标题,指明里面部首的笔画数,比如,"第11卷包括第7组的前半部分"(7画部首及其派生字)。遗失的卷本可能是巴耶尔在1733年写信给巴多明时谈到的那些,里面是4画至6画的部首,尚未完成。巴耶尔可能从未把这几卷交给帝国科学院。① 尚存的23卷有7500页,大约50000个汉字,总共26卷想必有近60000个汉字。

23卷本的汉字在528个部首项下;26卷的部首总数应该在600个左右。这些部首根据笔画分成组,从1画到22画。很多都有好几个变体。在每个部首下可以找到其派生字,从一两个到2000个左右。根据部首在字中的位置这些派生字被分成若干个组:有成对部首组成的字和部首在右边的、部首在左边的、在上边的、在下边的、在中间、横贯其中的。在每一个这样的组里,派生字按额外的笔画数排列。

这一切看起来都与巴耶尔在上文信中说的相一致,60000个左右的汉字是"所有汉语语言词汇"以及"完整的汉语词汇"——给奥斯特曼伯爵信里使用的字眼——这些本来令人惊诧的字句听起来好像并不言过其实。巴耶尔在1733年年底写给巴多明的信里没有提汉字的数量。巴耶尔说他从巴多明的字典里抄录了很多字的解释,也从迪亚兹的《字汇》里选了一些,还有几个是他自己的发明。巴多明肯定以为巴耶尔的汉字主要来自他(巴多明)的按字母顺序编排的字典,然后根据巴耶尔在《中国博览》中发明的部首系统把这些汉字重新编排了一下。

然而,仔细审视这部保存在列宁格勒的大字典,我们会发现这部巨著还处在十分初级的原始状态,并不是已经准备印刷了,大部分只是《汉语-拉丁语大字典》的一个框架。而巴耶尔在信里没这么说。

1733年,巴耶尔在给巴多明的信里说他在编写这个字典的时候主要依据的是《海篇》,因为《海篇》里的字比《字汇》里的字多,而且还为"我的解释留下了充足的空间"。事实上,在"来自旧汉语字典和其他书籍里的汉语字汇"中,不足5%的汉字有音译和意译。大多数只来自一个出处,通常是《海篇》。浏览巴耶尔的字典,我们看到每页基本上都有6个汉字,左边3个,右边3个;下边是出自《海篇》的注释,如:"《海篇》,卷6,第3页,1.9";这一行

① 根据上文提到的《圣彼得堡帝国科学院亚洲博物馆》一书的作者多恩,遗失的卷本是卷11、13和26,显然是计算错误。米勒的"26卷"似乎是说那时26卷本都在帝国科学院里,但是他可能只是在架子上看到了最后一卷,即"卷26"。

下面是大约 10 厘米的空白。换句话说,巴耶尔的《汉语-拉丁语大字典》——正如它今天存在的状态——基本上是自《海篇》字典中摘录的条目。

《海篇》是什么?

有几本汉语字典的标题都有这两个字"海"和"篇"(用来写字的木或竹签)。我们看到 1734 年 7 月 30 日巴多明在给巴耶尔的信里提到过《海篇》,也提到过《篇海》。这些字典与其他标准字典的不同之处在于它们没有引用文献。中国学者对其评价不高,他们抱怨说里面有大量错字和根本不存在的字。巴多明在信里似乎同意这个看法。

这些字典在 17 世纪和 18 世纪的欧洲广为人知。安德里亚斯·米勒在柏林选帝侯图书馆的中国书籍分类目录 1 中列出两卷《海篇》并且在他的几本著作中都提到这本字典。在巴耶尔那个时期,巴黎皇家图书馆也收藏了一卷或多卷《海篇》。傅尔蒙在他的《中华官话和文字的双重语法》第 356—359 页中详细描述了一部叫《海篇朝宗》(*Hai Pian Chao Zong*)的字典。傅尔蒙说,这一定就是传教士们和米勒提到过的《海篇》字典。这是一部 11 卷本的字典,里面的汉字按"事物的属性"编排——先是关于天、日、月等字,接下来是有关年、月的,再下来是关于各类工具、船舶等,还有身体的各部位等。在《海篇》里,汉字没有像《字汇》里的那样按部首排列,总之,傅尔蒙说,《海篇》更像一个汉字的分类索引而不是一部真正的字典。①

巴耶尔使用的《海篇》是哪一部呢?

巴耶尔从没有明确说他用的是哪一部或哪一版本的《海篇》。在格拉斯哥大学图书馆的巴耶尔文献中没有这个字典。然而,格拉斯哥大学图书馆特殊收藏馆的管理员大卫·J.威斯顿虽然没有找到这部字典,但是却找到一张有趣的纸条,上面写着"两页汉语字典"。这两页——印在一张纸上——来自《海篇》,看起来很可能出自巴耶尔编《汉语-拉丁语大字典》时所使用的那本。有了这页纸我们可以想象巴耶尔在编字典时的情形。②

---

① 如今在巴黎国家图书馆里只能找到这部字典中的两卷。还有几卷是另外两部《海篇》字典的,完整的《海篇》字典有 20 卷。见柯朗藏书,第 4771—4772、4785、4786、4787 号。哥本哈根皇家图书馆里有 10 卷《海篇》,444 个偏旁部首分为 38 组(中国 1300)。

② 《音释海篇》(亨特藏书,第 396 页,第 62 号)卷 16,第 11 页。页面 14 厘米×25 厘米,分别有 49 个和 46 个汉字;3 画至 4 画水字旁汉字——给出了一个或多个读音以及汉字的意义,也有一些双音节词。很多字是"水域的名称",其地理位置摘自《说文解字》。有一些只给出了一个读音。没有文献引文,但在"江"字条下说"三江""九江"和"北江"(或扬子江)出现在《尚书》中的《禹贡》(*Tribute of Yu*)。

传统的汉语书里相连的两页从一个木模板上印下来,印在一张纸上。两页中间的狭窄缝隙里有书名和页码,有时有章节(或卷)数号。当把这些散页集成书时,就沿两页中间折叠,形成双页,文字在外。然后,把所有的折好的散页按顺序排好,用线绳在后面把它们穿起来。每双数页上都有书名,以防由于疏忽而插入同时在装订印刷的其他书中的张页。因此,如巴耶尔在他的《中国博览》中所写的,“读者必须把手放在两页中间才能读到书名”。

巴耶尔既想用《海篇》里的字,又要按照自己的想法来编这本字典,那么对于他来说还有什么比剪断连接两页的装订线更简单自然的做法呢?这样书页就会散开而他也就可以重新安排——或者从中剪下他需要的、适合他的系统的部分。然而,随着时间的流逝,这些散页可能在他的房间里丢得到处都是:桌子上、椅子上……很可能它们中的一张或几张就被放错了地方,混到了其他纸张当中。

1737 年,当巴耶尔把他的书和手稿装箱运往康涅斯堡时,就可能已经决定不带上这些纸页,大概在那个时候巴耶尔对实现他的宏伟计划已经感到绝望了。在格拉斯哥大学图书馆第一次整理巴耶尔的材料时,遗失在其他手稿中的这两页就已被发现了,但是图书馆理员并不知道这两页在巴耶尔编写字典的历史中有多重要,所以只是把它们归于“两页出自汉语字典”标题下。

当然,所有这些只是猜测,但是用来解释为什么巴耶尔用的《海篇》不在巴耶尔的档案馆里以及为什么在收藏中有一页《海篇》这些疑问还不算是无稽之谈。

巴耶尔的字典里没有介绍编纂这本字典的总的构想,字典中没有前言,也没有后记,我们在诸卷中也找不到任何部分解释“从旧汉语字典和其他著作中”编写此字典所使用的方法。然而,通过仔细研究这现存的 23 卷字典可以知道巴耶尔当时的想法。

巴耶尔决定用《海篇》作为他的字典的基础,一方面可能是由于《海篇》里面有大量的汉字——也许是“这个语言所有的字”。另一方面可能是由于在巴耶尔看来《海篇》的作者在编排时“毫无章法”。他,巴耶尔,可以做得更好!实现这一想法就要从这本汉语著作着手,但是要以系统的方式重新安排汉字:第一步,决定部首的数量,把它们按笔画数来编排;第二步,根据部首出现的位置把其派生汉字分成不同的组。看起来巴耶尔好像已经放弃了在《中国博览》里为他的字典发明的那个复杂但并不成功的体系。现在有了《海篇》，按上面陈述的方法重新安排汉字，他仍是在发明一个“体系”，如同以往，“系统”对巴耶尔来说非常重要。这似乎也是对他不重视汉字的读音和语义的唯一解释。巴耶尔从巴多明按拼音字母顺序编排的字典中誊抄了大约10000个字，他本可以从中抄下更多的音译和意译。可是，巴耶尔好像把这部分看成是次要的，可以在将来的某个时间再做。我们必须还要明白巴耶尔从30多岁直到44岁去世一直都在从事这项工作。18世纪，人的平均寿命的确比今天要短得多，但即使这样，对于那个年龄的一个健康人来说，他当然也会憧憬未来，为未来的岁月制订计划。

但是巴耶尔为什么在1734年12月的帝国科学院的会议上递交那几卷呢？其他院士一定一眼就会看出那不是一部准备印刷的完稿。然而，在1734年12月2日的会议记录里有一条很奇怪：“克罗夫(Kroff)坚持认为一定要不遗余力地将巴耶尔的字典尽快出版。”[①]这又该如何解释？可能在提交这些卷本的时候巴耶尔解释说这只是表明他在为帝国科学院勤勉工作，他家里还另有一份并打算日后把很多空白处填补上？我们也只能做些猜测。

然而，在格拉斯哥大学图书馆有一份手稿似乎能为巴耶尔字典工程的进程提供解释。

这是《汉语-拉丁语大字典》中一部分的草稿，上面说到汉字“言”——在214个偏旁部首系统中的第149个部首，随后是带有这个偏旁的190个汉字，从2画到15画。所有的汉字都有音译，前32个和后面部分的十几个字有意译，很多字条项下都有几个汉字，还有一些短语。

这个草稿看起来是巴耶尔刚刚开始他的字典工程但还没有决定采用《海篇》时所为，那时他还不是非常有信心，似乎想按巴多明喜欢的方式来进行：从巴多明的拼音编排的《汉语-拉丁语字典》里抽出属于某个部首或偏旁的汉字，如当前的“言”字旁，根据字的其他笔画的数量编排次序，再加上读音的解释。[②]

巴耶尔放弃了这个相对来说比较容易完成的计划而走上一条完全不同

---

① 转引自科普列维奇关于早期圣彼得堡帝国科学院情况的著作《圣彼得堡帝国科学院基础》(*Osnovanie Petersburgskoi Akademii Nauk*)，1977年，第148页。

② 巴耶尔 MS, E.13——巴多明的《汉语-拉丁语词典》中混有很多法语和西班牙语，我们在巴耶尔的翻译中发现两处有法语词，从这一点可以看出巴耶尔在这里使用的是巴多明的字典。

的道路,初看起来这个巨大的工程似乎愚蠢透顶,尤其对于一个像巴耶尔这样对汉语语言知之甚少的人来说简直是发疯。

然而,在《中国博览》的《汉语语法》我们看到巴耶尔在为书中字典部分的不足找借口辩解,意思是说"如果他手头有全套的 80000 汉字,并有足够的体力,那么他就会找到汉字的真正体系"。也许我们可以这样设想,巴耶尔多年来夜以继日地进行着这个异想天开的计划,实际上他一直相信有一天他会突发灵感,找到这个系统。如果他这样持之以恒地做下去,把"汉语中所有的汉字"从最简单到最复杂的以"哲学的方式"编排出来,傅尔蒙所称的"人类最高成就"的这个系统本身终有一天会向他巴耶尔显现。那样他就拥有了解开汉字的钥匙:真正的汉语钥匙!

但是,还是让我们回到保存在列宁格勒科学中心档案馆里的这个字典,看看它的内容都有些什么。

字典的开头是一组 1 画的部首;就是我们在这本书的前面一再说到的 9 个"简单笔画"。每一个下面都是一些派生字,但是在这里与《中国博览》不同的是,只有在部首中出现的较高类别的字才给出了文字出处。在前 20 页,有一些注释来自卫匡国的语法和门采尔的著作。还有一个长长的注释是关于《中国博览》里字典部分第 8 个汉字的,并加进一些自责的话。只有到了 2 笔画的部首时,出自《海篇》的注解才出现。

巴耶尔的部首及其派生字都是从这本字典中一行行摘录下来的。巴耶尔认为这些部首几乎都是"真正的"部首,巴耶尔的这个观点可以从第 26 卷里面关于一个 20 笔画的字的注释里明显地看出来:"《海篇》第 8 本第 15 页第 7 行把它看作是部首,这是错误的,因为它没有派生字。"

至于巴多明字典中的音译和意译也出现过,只是很少。巴耶尔集中介绍了几个字的派生字:"一""人"和"鸟"。在解释这部分的时候涉及传教士的问题。在第 13 卷里面,汉字"易"(变化)下面是两页对传教士们所关心的《易经》的介绍。在第 14 卷中,部首"皇"下,有"皇帝"一词,"天庭的最高主宰,但按其他人的说法只是与宇宙精神相融合"(巴多明)。巴耶尔补充说:"这个词是耶稣会士与其他传教士分歧的主要原因。参见柏应理的《中国哲学家孔子》的前言。"

总之,巴耶尔之所以没有及时加上音译和意译,显然是由于他所记有读音和语义的那些常用汉语字都是出自《海篇》。

在列宁格勒科学中心档案馆耐心翻阅的人会在巴耶尔字典的结尾处有一

个令人愉快的惊喜发现:第 21 卷里说到"鸟"字时,有 17 种鸟类的小图画。随后,还有一只老鼠、一只乌龟和一条中国龙的图画。巴耶尔说他是从描述中国自然历史和药物的典籍《本草纲目》里看到的。我们在上文,即他 1732 年写给本泽流斯主教的信里,听说过一旦他的《汉语-拉丁语大字典》印刷出版,他会在里面插入一些动物和植物的图片……

12.尾声

1737 年巴耶尔已经决定离开俄罗斯回到家乡康涅斯堡。我们不知道他是怎样打算的,也不知道他们给他提供的条件怎样,但是既然他著述颇丰,肯定会有不止一所德国大学录用他,对此巴耶尔相当有信心。巴耶尔递上辞呈,隆重而体面地离开了。巴耶尔先把他宝贵的书和手稿通过海路运回去,准备在第二年年初携家眷回乡。

不久,巴耶尔收到一封来自《日耳曼图书》的编辑莫克莱尔的信,信写于 1737 年 10 月 25 日,什切青。莫克莱尔写道:

> 尊敬的、最最高尚和博学的教授!
>
> 考虑到万一您不能像我们在这里能够及时看到法文杂志,我随信给您寄去一份您要的资料(来自《学者杂志》)。如果您想维护自己的观点反对傅尔蒙先生,我会把您的反驳翻译成法文,发表在《日耳曼图书》上。然而,由于《汉语思索》是用拉丁语写的,我冒昧地建议您收到这本书后也用拉丁语来回击……①

巴耶尔没有看过《汉语思索》,但是他知道他马上就会有一本。但巴耶尔还是决定不再等待而是立即回击傅尔蒙的攻击,他用德语写了一篇反击文章发了出去。

傅尔蒙对《中国博览》的批驳在《学者杂志》上被省略掉了,因而巴耶尔没有对此作出回应:

> 博学的巴耶尔在谈到我的时候总是极其友好,我永远都珍视他的

① 参见格拉斯哥大学图书馆,巴耶尔 MS, A. 19。保罗 · 艾米流斯 · 德 · 莫克莱尔(约 1697—1742),什切青新教教会的本堂牧师,皇家科学学会成员,《日耳曼图书》的编辑之一。

友谊,我确信他在读到我对他的书的评论时不会见怪。

在这里,我们只引《学者杂志》摘要中的一些主要部分,文章的措辞很不礼貌,正是看到了这些带有侮辱性的字句,巴耶尔在临终前对此作了反驳。巴耶尔看到的文字是这样陈述的:

在这位德国人给我们的汉语语法里,他从未谈及如何来读汉语的字(la méthode de lire caractères)。

所有的汉语词都只给出拉丁文而没有声调标号,这样使得这门语言异常混乱(ce qui jette une horrible confusion dans cette langue)。

一个汉语的音节可以有多种调号,对应同样多的汉字。而且,同一个词,同一个重音(即音调和送气)可以有20、30、50、80,甚至更多的不同的意思,因此也就有同样多的字。例如,ki 可以写出280个不同的汉字。《中国博览》由传教士带到北京,由于没有音调标号人们对它不屑一顾。

巴耶尔的汉字印刷极差,它们一定是出自非常糟糕的手稿。

巴耶尔谈到被称作汉语语法的"钥匙"并且知道它们对编著字典有多重要,那么为什么在他自己的字典中没有在语法方面给予丝毫考虑?

巴耶尔付出了极大的艰辛和努力,可是结果对他的读者来说几乎毫无用处,因为用这样糟糕的汉字可以说无法教授汉语的口语和书面语。①

傅尔蒙关于巴耶尔的《中国博览》的评论大致就是这些。我们很想分析这篇文章,或者说分析《汉语思索》的原文——傅尔蒙都说了些什么,而更重要的是傅尔蒙没说什么。但是,我们还是抑制这个诱惑,只看看巴耶尔的回答吧。巴耶尔的文章发表在第二年的《日耳曼图书》(卷XLⅢ,第51—56页)上,题目是《巴耶尔先生对傅尔蒙先生〈汉语思索〉节选所收作品的不利判断的思考》('Reflections de M.Bayer...sur le jugement peu favorable qu'on a porté sur ses ouvrages dans l'extrait des Meditationes Sinicae de M.Fourmont')。在脚注里,编辑说"已故巴耶尔先生"没有来得及看到傅尔蒙的书,只是从

① 参见《学者杂志》,1737年1月,第413—421页;2月,第552—561页。

《学者杂志》的评论中获悉。编辑还说巴耶尔可能知道傅尔蒙以前曾对他表示过敬意。接下来又说，难怪巴耶尔看到这篇评论时大惑不解。

巴耶尔在《日耳曼图书》上的反驳文章是从他手写的德文文章翻译过来的，这也许可以解释在这篇长 14 页的文章中的一些异常表达。然而，很显然，巴耶尔是在巨大的情感压力下写了这篇文章，而且是强忍着悲愤——这种悲愤几乎贯穿全文。

一开始巴耶尔就说他感到很迷惑：他无法想象卓越的傅尔蒙竟然如此评论他，但是，他又无法怀疑编辑记者所写的真实性。

对省去调号的辩解巴耶尔说得不是很清楚，似乎那并非出自他的本意，也许是因为他那时已经开始坚持让帝国科学院的印刷工把他著作里的“重音标记”印出来。

巴耶尔提醒读者说北京的耶稣会士已经不再标调号了。柏应理在巴黎编辑的《中国哲学家孔子》以及杜赫德与苏西埃的著作里都没有这些标记。巴耶尔还引用了巴多明 1734 年（巴耶尔写的是 1735 年）给他的一封信里关于音调没什么用处的一段话，巴耶尔曾在《字汇》文章里也用过这段话，可是没有印出来。这看起来，多多少少有些偏离了主题，因为巴多明说的是在流利的汉语口语中几乎听不出音调。

对于他没有教他的读者如何读汉字这一指控，巴耶尔的回答是：

> 大约 5 年前，在编我的大字典时，我想我发现了给出汉字读音规则的方法……但是现在我敢向公众保证说米勒和傅尔蒙所许诺的事实际上是完全不可能的。

这里好像有点问题。文章说“旨在使人知晓汉字本来发音的一些规则（les règles certaines pour faire connaitre la prononciation des caractères à leur seule vue）”，但是这几乎不可能是巴耶尔的意思。这可能是巴耶尔的笔误或是翻译的人没有理解他的话。的确，一部分现在被称为“（形）声”的汉字经常暗示一个近似的读音，但并不总是这样。不管怎样，在巴耶尔出版和未出版的著作里都没有谈到汉字的读音规则。而且在 1722 年的文章的节选里，无论米勒还是傅尔蒙都从未提过这样的规则。

巴耶尔一定准确地理解了傅尔蒙关于“阅读此语言文字的方法（la méthode de lire les caractères de cette langue）”的话，即指根据某个规则就可，以明白汉字的意思。这是米勒和傅尔蒙所认为的他们已找到的“汉语钥匙”,这也是巴耶尔毕生都希望发现的。然而,正如我们在“与北京耶稣会士的通信”里所看到的,巴多明的信,尤其是最后一封,向巴耶尔清楚地说明了没有“汉语钥匙”这样的事。总而言之,有了巴多明的话,巴耶尔可以向“公众保证”米勒和傅尔蒙所许诺的——也是他本人在著作中几次暗示过的——是“不可能的事”。

巴耶尔承认他的汉字还不够好。一方面是因为他用的是手写字——行书——不是印刷体,另一方面是刻字工的原因。巴耶尔的一些字笔画之间距离太远了,还有一些字刻得力量不够,也不精确,有时把重要的笔画都丢掉了。而且,他本人也犯了些错误。

巴耶尔说在他没看到傅尔蒙的书以前不对傅尔蒙所说的钥匙作任何评论。

> 正像我在序言里所说的,我承认我的《中国博览》中的字典并不完美,但是并不是完全没有章法。我可以向读者保证在我的大字典的手稿里我所编排的一切都要比中国人安排得更仔细、更精确。

想到巴耶尔在《中国博览》中关于字典和很多“字根”的讨论,这句“不是完全没有章法”听起来很是奇怪。

最后,傅尔蒙说巴耶尔的书在北京受到鄙视,对此巴耶尔不得不挑明他与在华博学的耶稣会士们的关系。巴耶尔说是他本人把他的《中国博览》寄给耶稣会士们的,而且他们接到后“对其非常敬重,我很不敢当,而且他们并不局限于简单的夸奖,而是总给我提出他们对书的意见”。说到他后期与耶稣会士们的通信时,巴耶尔说:

> 他们——北京的耶稣会士们——敦促我继续从事汉学研究,他们帮助我,给我提建议,帮我找到解决问题的方法。《中国博览》之后,如果说我取得了一些进步,我可以坦白地说这些进步要归功于在华的耶稣会士们,而且只归功于他们。那么,又怎么能说他们鄙视我呢?

只是在最后几行巴耶尔才无法自制:

> 评论的最后一部分充满了冲动之言，混乱不堪。为此作出答复只是浪费时间，也有失我的体面。

最后的日子

我们已经听说过巴耶尔在1738年2月8日起草了一封写给奥斯特曼伯爵的信，说到他在解读达赖喇嘛的印章时从北京获得帮助的事。在信的最后一行巴耶尔谈到生病吃药的问题。[①]

在《资料》里，G.F.米勒说巴耶尔于2月11日病倒了。[②] 在前一天，巴耶尔给巴黎写了两封信，一封写给铭文与美文学院的弗雷莱，他是傅尔蒙的同事，另一封是写给在巴黎的北京耶稣会成员苏西埃。两封信同出一辙，都充满悲伤和苦闷，渴求获得帮助。[③]

在给弗雷莱的信里，巴耶尔感谢弗雷莱送给他的一本中国书《竹书纪年》(*Bamboo Classic*)，宣布说他即将完成关于《字汇》和《春秋》的研究并谈到他们在欧洲和北京的共同朋友。接着巴耶尔天真地，实际上可能也是带有讽刺意味地说他们是在同一个领域工作，这样的关系对促进友谊总是有益的。说到下面才是他这封信所要达到的目的。

> 傅尔蒙把他的《汉语思索》(为我)放在德利尔姐姐那里，为此请向他转达我的谢意。我希望在春天能接到这份贵重的礼物。我刚刚在《学者杂志》上看到他对我的《中国博览》的评论——他的话不但尖酸刻薄，令人鄙视，而且还含混不清。我对此的反应是很克制的，我的答复会出现在《日耳曼图书》上。同时，我想让您告诉这位学者我对他的尊敬并没有因此而减弱。我对对手甚至是敌人的真才识学和优点都同样景仰……

---

① 考狄的《18世纪汉学史片断》里第223—224页(参见本书第151页注释①)有巴耶尔1月11日的一封信，但没有注释。这封信没有收件人，但肯定是写给德利尔的。巴耶尔说他卧病在床，求德利尔写信给在巴黎的姐姐，让德利尔的姐姐把傅尔蒙留在她那儿的《汉语思索》带给他。巴耶尔认识一个在波尔多(Bordeaux)做生意的康涅斯堡商人，这个人可以把书带过来。这样他春天就可以在康涅斯堡拿到书了。

② 参见《资料》，第466页。

③ 参见格拉斯哥大学图书馆，巴耶尔 MS，C.23-24。

在给苏西埃的信里，巴耶尔也是谈了其他一些事情之后才进入正题。他刚刚读完杜赫德的4卷本的《中华帝国全志》，他很欣赏这部优秀的著作。在北京的宋君荣说当巴耶尔读完这本书后也许会需要一些额外的信息和解释，他（宋君荣）愿意提供。巴耶尔询问马若瑟的《汉语札记》的下落——戴进贤告诉过他这本书已经送到了巴黎。巴耶尔还说他有苏西埃和宋君荣的4卷本书，也就是苏西埃的《数学观察》。如果第5卷出版了，巴耶尔希望他们能告诉他，这样他可以立即购买——"没有它可不行"。

以上是下面这段话的背景：

> 我非常盼望能得到一本傅尔蒙的《汉语思索》。看到《学者杂志》上的评论，我非常惊诧。我给《日耳曼图书》寄去我的简短而又适度的答复。可是难道你看不出他对我的攻击其实是针对您和杜赫德神父以及所有在北京的耶稣会士的吗？

6天以后，即2月18日，巴耶尔在圣彼得堡帝国科学院的老朋友德利尔也给在巴黎的弗雷莱写了一封信。德利尔谈到他从北京的宋君荣神父那儿收到的信件和礼物，并且告诉弗雷莱神父有关巴耶尔的情况：

> 最近什切青的牧师莫克莱尔先生给巴耶尔寄去一份最近一期《学者杂志》的摘要，莫克莱尔是《日耳曼图书》的编辑，同巴耶尔有密切的书信往来。在这一期傅尔蒙的书评中，巴耶尔遭到了其严厉抨击。巴耶尔立即写了篇文章寄给莫克莱尔进行反驳，文章是用德语写的，巴耶尔让莫克莱尔把文章译成法语，发表在《日耳曼图书》杂志上。虽然巴耶尔能用法语阅读，但写和说不行。随即巴耶尔就病倒了，也没读上他的驳论，巴耶尔在帝国科学院给您写了封信，告诉您此事。我那时不在，不管怎样我也看不懂德语的信。巴耶尔先生告诉我这些事情，我现在把这封信寄给您……①

3天后，即2月21日，巴耶尔离开了人世。G.F.米勒在《资料》的第466

① 这封信发表在艾丹尼的《尼古拉斯·弗雷莱（1688—1749）：18世纪一位人文主义者关于中国的思考》里。

页说巴耶尔死于急症。我们不知道到底是什么病,但是任何一个经验丰富的医生都知道如果一个人受到悲痛和绝望的打击,那么他就很难从恶性疾病中存活下来。

葬礼结束几天后,巴耶尔的遗孀交给帝国科学院几份准备付梓的手稿、一些自传笔记和巴耶尔与国外学者大量的通信。巴耶尔的遗孀要求支付一年的薪水,就像他们曾经给另一个院士的遗孀的一样。他们给她的是当年其余月份的薪水,总共是 808 卢布 45 戈币。

9 月份巴耶尔的家眷回到了康涅斯堡,在那里巴耶尔的父亲还健在。关于后来的岁月我们所知道的是巴耶尔的遗孀在那个城市又生活了 20 年,拥有那份《汉语-拉丁语大字典》的女儿嫁给了特坦波恩的一个军官。

1738 年 7 月,巴耶尔死后几个月,《特雷武文集》上出现了一篇没有署名的短文。

> T.S.巴耶尔,圣彼得堡帝国科学院院士,死于今年 1 月以后,因为他最后写给苏西埃神父的信的落款是 2 月 10 日。几年前他出版了《中国博览》。傅尔蒙在他的《汉语思索》中批判了这部书。巴耶尔只是从《学者杂志》上得知此事,十分谦卑地在《日耳曼图书》上给予反驳。巴耶尔是德国人。彼得大帝一世建立帝国科学院时把他召到圣彼得堡。巴耶尔在帝国科学院《论文集》上发表的文章充分证明彼得大帝的选择是正确的,这些文章说明巴耶尔不止在一个领域有所造诣。他是一位正直而又博学的绅士。

这份声明很可能是苏西埃本人写的。这是有关巴耶尔死亡的唯一讣告,刊登在耶稣会的《特雷武文集》上,为关于巴耶尔和耶稣会士的故事画上句号。①

① 参见《特雷武文集》,1738 年 7 月,第 1510—1511 页。

图 15 巴耶尔《字汇》字典的扉页

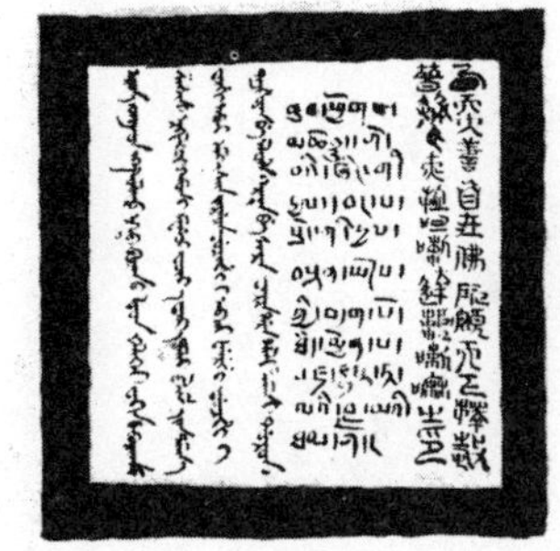

图 16 达赖喇嘛印章

图 17 巴多明的篆体和楷体诗

图 18 巴耶尔《汉语大字典》扉页

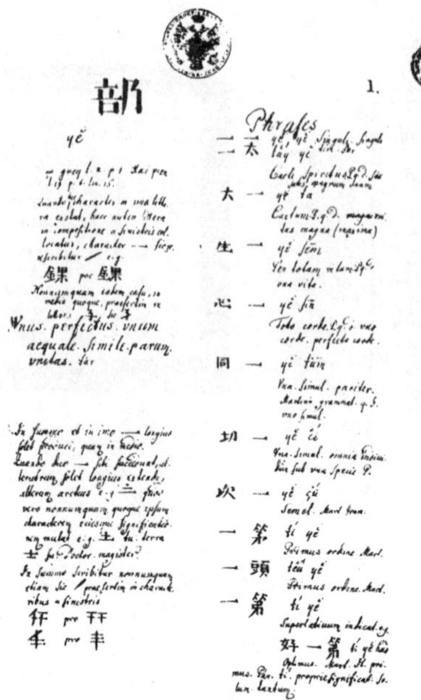

图 19　巴耶尔《汉语大字典》扉页

图 20　巴耶尔《汉语大字典》末卷中的一页

后　记

18 世纪后半叶在华耶稣会士们力求在欧洲出版他们的著作。1776 年至 1814 年巴黎出版了 16 大卷本的《北京耶稣会士中国论集》(*Mémoires concernant l' Histoire, les Sciences, les Arts, les Moeurs, les Usages etc. des Chinois*),后遭教会查禁。耶稣会士的大部分著作是在此之后印刷的。有几篇长文章是关于汉语语言的,总是热情有余却疏于精确。在一处提到了巴耶尔的著作,但只是当作"此类研究",并未受到重视。①

那个时期的欧洲尤其缺乏汉语语言方面的研究。仅有的巴耶尔的《中国博览》和傅尔蒙的两本书,即《汉语思索》和《中华官话和文字的双重语法》很可能使潜在的学习者感到更加无助。显然,既然这两位大学者都不能教他们如何说或读汉语,这种语言对一个欧洲学生而言就显得遥不可及了。

德金(Deguignes, 1721—1800)和德祖特莱属于汉学历史研究者,可事实上他们总的来说还是东方学家和历史学家。他们可能对汉语知之甚少,除了在一篇文章里德金把汉语语言定为"粗俗的""未充分开化和未经雕琢的"。② 他们从没提过巴耶尔的名字。

然而,我们听说 1734 年巴耶尔写信给本泽流斯主教说他的《中国博览》发行不久就几乎售空。除了学识渊博的东方学家,其他读者读此书一定或是出于好奇或是出于消遣。所以我们引用一段有关此书的评论来结束这本书吧。

伯斯瓦尔(Boswell)在 1782 年 2 月第 1 期《伦敦杂志》(*London Magazine*)的《论词语》专栏的最后一段话是这样说的:

我冒昧地在这篇文章里对词语浮想联翩,如果这些肤浅的猜测都

---

① 卷 1,第 278 页。

② 关于德金的话,可参见《铭文与美文学院文集》(*Mémoires de l' Academie des Inscriptions et Belles-lettres*)第 36 卷,1733 年,第 162—163 页。

能引起人们的兴趣，那么当对一门语言的规则系统的研究必将充实我们的心灵和头脑。现在我专注于研究我偶然听说的一本书，是巴耶尔的《中国博览》，于 1730 年在圣彼得堡印刷出版，是专门论述汉语语言的著作；在我看来此书集知识性、创造性和艺术性为一体，这足以让我们静静思索心灵的力量，并对之充满无以表达的崇敬。[①]

在这里巴耶尔终于找到了一个能与他产生共鸣的读者，能理解他问题的核心——汉语语言的系统。

龙伯格

① 感谢阿胡斯国立大学图书馆管理员克劳斯·马格纳森（Claus Magnussen）先生，是他使我注意到这段文字。

附 录

书目——手稿——信件

有4份关于巴耶尔已刊和未刊著作的书目。第一份在他死后3年发表，收入关于他的生平和著作的文章《关于巴耶尔先生生平和著作的历史回顾》，部分参照巴耶尔自撰的一部手稿。该书目列出了39部著作，其中未刊著作11部，未包括巨著《汉语-拉丁语大字典》（《日耳曼图书》卷50，1741年，第99—113页）。第二份目录出现于格里高里·夏普的《汉语及鞑靼语言附录》（*Appendix de Lingua Sinica et Tartarica*），收录在他的《托马斯·海德论文汇编》（牛津，1767）。夏普从一位东普鲁士科学人士那里得到了《汉语-拉丁语大字典》目录，此人名叫约翰·赖因霍尔德·福斯特（Johann Reinhold Forster），是著名旅行者约翰·亚当·福斯特（Johann Georg Adam Forster）的父亲。夏普的通信者似乎知道巴耶尔一家。这份目录包括巴耶尔自己未列入的他的未刊著作，其中有《论中国及鞑靼基督徒》（*Dissertatio de Christianis Sinicis et Tartaris*）。第三份目录被G.F.米勒收入他的《帝国科学院史料》（第467—470页），“一份关于其著作尽可能全面的目录——其人深广的学识的永恒丰碑”。最后一份目录可见于巴宾格尔的《哥特利布·希格弗里德·巴耶尔》它包括了在那份珍贵的书单目录中提及的大部分著作以及多个档案馆收藏的用俄语写成的著作及书籍、手稿。

在格拉斯哥大学图书馆特藏部，有一份全面而重要的“手稿和信件”收藏，该馆另藏有巴耶尔曾拥有的中文书。该收藏包括100余个条目，从他19岁时试图建立一个汉语字典的微弱努力，直到他生命的最后几年，乃至他去世前几天所写的信件。这份收藏是在巴耶尔死后由海因里希·沃尔特·格迪斯从他的遗孀处购得的，格迪斯是伦敦“三一路”（Trinity Lane）“路德会”牧师，曾与巴耶尔通信。1765年至1780年间的一段时间，这份收藏落入威廉·亨特（William Hunter，1718—1783）之手，亨特是著名生理学家、产科医师，死后他将各种收藏全部捐给格拉斯哥大学。［本信息来自与格拉斯哥大学图书馆特藏部助理馆员大卫·J.威斯顿先生的私人交流］部分手稿被列入考狄的《西人论中国书目》(第1633—1634、1650—1653栏)。威斯顿先生目前正在筹备关于格拉斯哥大学图书馆藏全部巴耶尔材料的完整目录。

汉堡国家及大学图书馆(Staats-und Universtitätsbibliothek Hamburg)藏有巴耶尔写给约翰·克里斯托弗·沃尔夫的7封信(Sup.Ep.114,122),讨论汉语研究。

列宁格勒科学中心档案馆藏有巴耶尔的《汉语字典》,对开本23卷。

重要的已刊信件可见乌尔编辑的《拉克罗兹信件》卷Ⅰ—Ⅲ及同是乌尔编的《多种论题通信新编》。几封重要信件收入埃尔瓦·埃里克森编辑的《外国译者致本泽流斯的信件》(*Letters to Erik Benzelius the Younger from Learned Foreigners*,1979)。

汉语词表

Ba Gua Fangwei	八 卦 方 圍
Ben Cao Gangmu	本 草 綱 目
Bi	壁
Cao Zi	草 字
Chun Qiu	春 秋
Cong Gu	从 古
Da Qin	大 秦
Da Xue	大 學
De	德
Dui Zi	對 子
‘Fa Lam Çi Ya’	法 郎 濟 亞
Fanqie	反 切
Fangwei	方 圍
Feng Huang	鳳 凰
‘Foe Lam Çy Ya’	拂 郎 祭 亞
Gang Jian Bu	綱 鑑 補
Gong	公
Gu	故

Guanhua	官話
Gui Hai Hui	癸亥晦
Hai Pian	海篇
Huang di	皇帝
Jian Zi	檢字
Juan	卷
Kai Shu	楷書
Kang Xi Zidian	康熙字典
'Keu'	口
'Kium'	冂
Kong Shi Zhuan	孔氏傳
Kong Shi Zu Ting Guang Ji	孔氏祖庭廣記
'Kua Keu Kuai? (Li) Po Chim Ye'	咼：口戾不正也
Kui Bi Yi Jing	奎壁易經
Kun	坤
Kun Yu Quan Tu	坤輿全圖
Li Si	李斯
Lishi Zongwen Zidian	李氏中文字典
Liushisi Gua Fangwei	六十四卦方圍
Liu Yeqiu	劉葉秋

Mantou 饅頭

Mei Yingzuo 梅膺祚

Ming 螟

Mulu 目錄

Nan 男

Niao 鳥

'Niu' (Nü Gua) 女媧

Pian Hai 篇海

Pin Zi Jian 品字箋

Qian 乾

Qilin 麒麟

Ren 人，亻

Sha 殺

Shang 上

Sheng 聖 （聖）

Sheng Jiao Xin Zheng 聖教信證

Shuowen Jiezi 說文解字

Songban 宋版

Sui Bi Shu 遂筆書

Tai Ji 太極

Tian Shen Hui Ke 天神會課

Tianzhu Jiang Sheng Chu Xiang Jing Jie 天主降生出象經解

Tianzhu Shi Yi 天主實義

Tong Lun 通論

Wan Li 萬曆

Wan You Zhen Yuan 萬有眞原

Wen Lin Sha Jin Wan Bao Quan Shu 文林紗錦萬全書

Wu Zhu 五銖

Xiao Er Lun 小兒論

Xiao Xue 小學

Xing Li Da Quan Shu 性理大全書

Xu Yuanmeng 徐元夢

Yan 言

Yang 羊

Yesu Hui 耶穌會

Yi Jing 易經

Yi Tu Jie 易圖解

Yin	印
Yin Duo Ze	殷 鐸 澤
Yin Shi Hai Pian	音 釋 海 篇
Yu	羽
Yu Jiao Li	玉 嬌 梨
Yun Bi	運 筆
Za Zi	雜 字
Zhang Juzheng	張 居 正
Zheng Zi	正 字
Zheng Zi Tong	正 字 通
Zhi Shan	至 善
Zhou	周
Zhou Yi	周 易
Zi Hui	字 彙
Zi Zhi Tong Jian (Gangmu)	資 治 通 鑑 (綱 目)
Zhongguo Zidian Shi Lüe	中 國 字 典 史 略
Zhong Wen Da Cidian	中 文 大 辭 典
Zuo Zhuan	左 傳

缩略表

Benzelius Correspondence: *Letters to Erik Benzelius the Younger from Learned Foreigners*, Ⅰ-Ⅱ. Ed. A. Erikson. Göteborg, 1979.

Bibliotheca Sinica: Henri Cordier: *Bibliotheca Sinica. Dictionnaire bibliographique des ouvrages relatifs à l' empire chinois*. Deuxième edition. Paris, 1904-1922.

Hunter Books: Mungo Ferguson: *The printed Books in the Library of the Hunterian Museum in the University of Glasgow*. Glasgow 1930. The last page, p. 396, lists 79 'Miscellaneous Books and Papers in Chinese and Manchu Language', with very short English 'titles'.

Hunter MS: John Young and P. Henderson Aitken: *A Catalogue of the Manuscripts in the Library of the Hunterian Museum in the University of Glasgow*. Glasgow, 1908.

Lacroze Correspondence: *Thesauri Epistolici Lacroziani Tomus Ⅰ-Ⅲ*. Ed. I. L. Uhl. Leipzig, 1742-1746.

Materiali: Gerhard Friedrich Müller: *Materiali dlja istorii imperatorskoi Akademii Nauk*, Vol. 6 (1725-1743). St Petersburg, 1890.

Pfister: Louis Pfister: *Notices biographiques et bibliographiques sur les Jésuites de l' ancienne mission de Chine 1552-1773*. Shanghai, 1932.

Sylloge: *Sylloge nova Epistolarum varii Argumenti*, I-V, Ed. I. L. Uhl. Nuremberg, 1760-1769.

Wolff Correspondence: See Appendix: Bibliographies-Manuscripts-Letters.

参考文献

Aiton, A.J.and Shimao, W. 'Gorai Kinzo's Study of Leibniz and the I Ching Hexagrams', in *Annals of Science*, 38(1981):71-92.

Aleni, Guilio. *Tianzhu Jiangsheng Chuxiang Jinglie* ('Historia evangelica'). Nanking, 1637.

——*Wan You Zhen Yuan* (The true origin of all things). Peking, 1628.

Arnauld, Antoine. *Oeuvres de Messire Antoine Arnauld.* Paris, 1780.

Assemani, Simounio, *Bibliotheca orientalis Clementino-Vaticana*. Rome, 1719-1728.

Aubespine, Gabriel de. *Observationes de vercribus ecclesiae ruibus.* Paris, 1623.

Aymon, Jean, 'Observatio circa scientiam universalem Sinensium, in libro Confucii...', in *Acta Eruditorum*, 1713, pp.46-48.

Babinger, Franz. *Gottlieb Siegfried Bayer (1694-1738). Ein Beitrag zur Geschiche de morgenländischen Studien im18. Jahrhundert.* Munich, 1915.

Bayer, Theophilus Sigefridus. 'De Confucii libro Ch'un cieu', in *Commentarii Academiae Scientiarum Imperialis Petropolitanae*, Ⅶ, 1740, pp.362-426.

——*De Eclipsi Sinica liber singularis ... accedunt praeceptionum de lingua sinica duo libri*... Königsberg, 1718.

——'De Ferdinandi Verbistii S.J.scriptis, praecipue vero de ejus Globo Terrestri sinico', in *Miscellanea Berolinensia*, Ⅵ, 1740, pp.180-192.

——*De Horis Sinicis et Cyclo horaria* ... St Petersburg, 1735.

——'De Lexico Sinico Cu gvey', in *Commentarii*, Ⅵ, 1738, pp.339-364.

——'De Re Numaria Sinorum', in *Miscellanea Berolinensia*, Ⅴ, 1737, pp.175-184.

——*Museum Sinicum in quo Sinicae Linguae et Litteraturae ratio explicatur* ... St

Petersburg,1730.

——*Programma quo Bibliothecam Senatus Paleo-politani...* Königsberg,1718.

——*Vindiciae verborum Christi ηλι,ηλι,λαμα σαβαχθανι quorundam oppositae*, Königsberg,1718.

Bernard,Edward.*De Mensuris et Ponderibus antiquis libri tres*.Oxford,1688.

Bold,John.'John Webb.Composite Capitals and the Chinese Language',*in Oxford Art Journal*,4(1981):9-17.

Bouvet,Joachim.*Portrait historique de l'Empereur de la Chine*.Paris,1697.

Boym,Michael.'Clavis medica ad Chinarum doctrinam de pulsibus',in *Miscellanea curiosa sive Ephemerides medico-physica Germanicae Academiae Naturae Curiosorum*.Nuremberg,1686.

——*Flora Sinensis...* Vienna,1656.

Brockes,Barthold Heinrich.*Irdische Vergnügen in Gott*, Ⅰ-Ⅸ.Hamburg,1721-1748.

Buglio,Louis,Magelhães,Gabriel de,and Verbiest,Ferdinand.*Innocentia Victrix*, Guangzhou,1671.

Bülffinger,Georg Bernhard.*Specimen doctrinae Sinarum moralis et politica...accedit de litteratura Sinensi dissertatio extemporalis*.Frankfurt-on-Main,1724.

Castell,Edmund.*Lexicon heptaglotton...* London,1669.

Chamberlayne,John.*Oratio Dominica in diversas omnium fere gentium linguae versa...*Amsterdam,1715.

Chan,Wing-tsit.*A Source Book in Chinese Philosophy*. Princeton, New Jersey, 1963.

Ch'en Shou-yi.'John Webb:A forgotton Page in the early History of Sinology in Europe',in *The Chinese Social and Political Review*(*Peking*)19 (1935):295-330.

Cleyer,Andreas(Ed.)*Specimen medicinae sinicae...*Frankfurt,1682.

Collani,Claudia von.'Chinese Figurists in the Eyes of European Contemporaries',in *China Mission Studies*(*1550-1800*)*Bulletin*,Ⅳ,(1982):12-23.

——*Die Figuristen in der Chinamission*.Frankfurt-on-Main,1981.

——*P.Joachim Bouvet,S.J.-Sein Leben und sein Werke.Monumenta Serica Mono-*

graph Series XVⅡ, Nettetal 1985.

Confucius Sinarum Philosophus sive Scientia Sinensis latine exposita, studio et opera Prosperi Intorcetta, Christiani Herdtrich, Francisci Rougemont, Philippi Couplet, Patrum Societatis Jesu. Paris, 1687.

Cordier, Henri. *Bibliotheca Sinica.* Paris. 1904–1908, with Supplement 1922.

——'Fragments d'une histoire de sétudes chinoises au XVⅢe siècle', in *Centenaire de l'École des Langues orientales vivantes 1795–1895.* Paris, 1895.

Cosmas. *Christian Topography*, in Yule, Henry. *Cathay and the Way thither.* London, 1913–1916.

Couplet, Philippe. *Catalogus S. J. qui post obitum Sti. Francisci Xaverii... im lmperio Sinarum Jesu Christi fidem propagarunt...* Paris, 1686.

Courant, Maurice. *Catalogue des livres chinois, coréens, japonais etc. de la Bibliothèque nationale*, Paris, 1902–1912.

Cummings, J. S. *The Travels and Controversies of Friar Domingo Navarrete.* Cambridge, 1962.

D'Elia, Pasquale (Ed.). *Fonti Ricciane. Storia dell' introduzione del christianesimo in China.* Rome, 1942–1949.

Deguignes, Chrétien Louis Joseph (Ed.). *Dictionnaire chinois, français et latin.* Paris, 1813.

Dehergne, Joseph. *Répertoire des Jèsuites de Chine de 1552 à1800.* Rome and Paris, 1973.

Demoment, Auguste. 'Le Père Dominique Parrenin', in *Mémoires de l'Académie des Sciences, Belles-Lettres et Arts de Besançon.* 175 (1962–1963): 225–243.

Des-Vignoles, Adolphe. *Chronologie de l'histoire sainte et des histoires étrangères* ... Berlin, 1738.

Du Halde, Jean Baptiste. *Description géographique, historique, chronologique, politique de l'Empire chinoise et de la Tartarie chinoise.* Paris, 1735.

Duret, Claude. *Thresor de l'histoire des langues de cest univers*... Coligny, 1616.

Duyvendak, J. J. L. *Holland's Contribution to Chinese Studies*, London, 1950.

Elisséeff-Poisle, Danielle. *Nicolas Fréret* (1688–1749) *-Refiexions d'un humaniste* *du XVⅢe siècle sur la Chine.* Paris, 1978.

Erikson, Alvar (Ed.). *Letters to Erik Benzelius the Younger from Learned Foreigners.* Göteborg, 1979.

Feller, Joachim Friedrich. *Otium Hannoveranum sive miscellanea ex ore et schedis Leibnitii*... Leipzig, 1718.

Fourmont, Etienne. *Linguae Sinarum mandarinicae-hieroglyphicae grammatica duplex*... Paris, 1742.

——*Meditationes Sinicae*... Paris, 1737.

(Fourmont, Étienne) 'Dissertation de M.de Fourmont sur la litterature chinoise' (review), in *Mémoires pour l'Historie des Sciences et des Beaux Arts* (*Mémoires de Trevoux*), 1722, pp.1574–1580.

(——) 'Sur la litterature chinoise' (Secretary's report), in *Histoire de l'Académie royale des inscriptions et des belles-lettres.* Vol. Ⅴ, 1729. pp.312–319.

Franklin, Alfred. *Histoire de la Bibliothèque Mazarine.* Paris, 1901.

Fréret, Nicolas. 'Reflexion sur les principes generaux de l'art d'écrire et en particulier sur les fondements de l'écriture chinoise', in *Histoire de l'Académie royale des inscriptions et belles-lettres*, Vol, Ⅵ, 1729, pp.609–635.

——'De la poesie des chinois', ibid. Ⅲ. 1717, pp.289–291.

(Fréret, Nicolas) 'Sur la langue chinoise' (Secretary's report), ibid. Vol. Ⅴ. 1729, pp.303–312.

(Gaubil) Simon, Renée (Ed). *Le P. Antoine Gaubil, S. J.: Correspondance de Pekin* 1725–1759. Geneva, 1970.

Gause, Fritz. *Die Geschichte der Stadt Königsberg.* Cologne and Graz, 1965–1971.

Gernet, Jacques. *Chine et christianisme.* Action et rĕaction. Paris, 1982.

Gesner, Konrad von. *Mithridates de differentiis Linguis.* Zürich, 1555.

Godwin, Joscelyn. *Athanasius Kircher-a Renaissance Man and the Quest for lost Knowledge.* London, 1979.

Goncalves, J.A. *Diccionario China-Portuguez.* Macao, 1833.

Gonzales, Juan de Mendoça. *Historia de las cosas mas notables, ritos y costumbres, del gran Reyno dela China*... Rome, 1585.

Greaves, John. *Epochae celebriores astronomicis, historicis, chronologices Chataia-*

rum...ex traditione Ulug Beigi... London,1650.

——*Binae tabulae geographicae,una Nessir Eddini Persae,altera Ulug Beigi Tatari...* London,1652.

Haupt,Johan Thomas.*Neue und volständige Auslegung... des Ye-Kim.* Rostock and Wismar,1753.

Hayton the Armenian.*Flos Historiarum Partium Orientis.* The part concerning China is printed in Yule,Henry:*Cathay and the Way thither.* London,1913–1916.

Herbelot de Molainville de,Barthélemy.*Bibliothèque orientale...* Paris,1697.

Hottinger,Johann Heinrich.*Etymologicum orientale sive lexicon harmonicum heptaglotton...* Frankfurt,1661.

Hummel,Arthur W.*Eminent Chinese of the Ch' ing Period.* Washington,1943.

Hyde,Thomas.*Mandragorias,seu Historia Shahiludi.* Oxford,1694.

——*Historia religionis veterum Persarum...* Oxford,1700.

Intorcetta,Prospero.*Historica relatio de ortu et progressu fidei ortodoxa in Regno Chinensi per missionarios Societatis Jesu*,Regensburg,1672.

——(Ed.)*Sapientia Sinica.* Jiangchang,1662.

——(Ed.)*Sinarum Scientia Politico-Moralis.* Canton and Goa.1667.

Kaempfer,Engelbrecht.*Amoenitatum exoticarum politico-physico-medicarum fasciculi V...* Lemgo,1712.

Kirch,Christfried.'Brevis disquisitio de eclipsi Solis,quae a Sinensibus anno 7 Quang Vuti notata est...' in *Miscellanea Berolinensis*,Continuatio Ⅰ,1723,pp. 133–139.

Kircher, Athanasius. *China monumentis qua sacris qua profanis illustrata ...* Rome,1667.

—*Oedipus Aegyptiacus...Rome,1652–1654.*

—*Prodromus Coptus sive Aegyptiacus...* Rome,1636.

Kirchère,Athanase,*La Chine...illustrée...avec un dictionaire chinois et français ...* Amsterdam,1670.

Klaproth,Julius,*Verzeichniss der chinesischen und mandchurischen Büchern und Handschriften der kgl.Bibliothek zu Berlin.* Paris,1822.

Kopelevič, Ju. Ch. *Osnovanie Petersburgskoi Akademii Nauk*. Leningrad, 1977.

——and Juskevič, A. P. *Christian Goldbach 1690–1764*. Moskow, 1983.

Kraft, Eva. '*Andreas Cleyer*', *in Festschrift zum 86*. Deutschen Ärztetag, Kassel 1983, pp. 25–40.

——'Christian Mentzel's chinesische Geschenke für Kaiser Leopod I', in *Schloss Charlottenburg-Berlin-Preussen*, *Festchrift für Margarete Kühn*. Munich, 1975.

——'Die chinesische Büchersammlung des Grossen Kurfürsten und seines Nachfolgers', in *China und Europa*, the catalogue of the Berlin exhibition, 1973, pp. 18–25.

——'Ein Koffler Autograph', ibid, pp. 26–29.

——'Frühe chinesische Studien in Berlin', in *Medizin-historische Journal*, 11 (1976): 92–128.

Lach, Donald F. *Asia in the Making of Europe*, Chinago and London, 1965–1977.

Lacroze, Mathurin Veyssiere de. *Histoire du christianisme des Indes*. The Hague, 1724.

——*Vindiciae veterum scriptorum contra L. Hardurum, S. J. P.* Rotterdam, 1708.

——*Lexicon Aegyptiaco-Latinum*... Oxford, 1775.

Lambech, Peter. *Commentarii de Augustissima Bibliotheca Caesarea Vindobonensi*. Vienna, 1665–1679.

Lange, Lorenz. *Journal de la résidence du Sieur Lange, agent de sa Majesté Imperiale de la Grande Russie à la cour de la Chine dans les années 1721 et 1722*. Leiden, 1726.

Lanier, Lucien. *Etude historique sur les relations de la France et du royaume de Siam de 1662 à 1703*. Versailles, 1883.

Le Chou-King, un des livres sacrés des chinois... traduit par le feu P. Gaubil ... Paris, 1770.

Le Comte, Louis. *Nouveaux mémoires sur l'état présent de la Chine*. Paris, 1696.

Legge, James. *The Chinese Classics*, I–VII. Hongkong and London, 1861–1872.

Leibniz, Gottfried Wilhelm. 'Annotatio de quibusdam ludis: inprimis de ludo quodam sinico', in *Miscellanea Berolinensia* I, 1710, pp. 22–26.

——'Brevis desingatio meditationum de originibus gentium, ductis potissimum ex indicio linguarum', ibid. Ⅰ, 1710, pp.1-16.

——*Collectanea etymologica*(Ed.I.G.Eccard). Hanover, 1717.

——*Dissertatio de Arte Combinatoria*, Leipzig, 1666.

——'Explication de l'arithmétique binaire...(qui) donne le sens des anciennes figures chinoises de Fohy', in *Mémoires de l'Académie royale des Sciences*, 1703, pp.85-89.

——'Lettre sur la philosophie chinoise à Mons. de Remond', in Kortholt's edition of *Epistola ad diversos*, Vol. Ⅱ, 1735. pp.413-494.

——*Opera philosophica*(Ed.J.E., Erdmann) Halle, 1840.

G.G.L.(Ed.)(Leibniz) *Novissima sinica historiam nostri temporis illustratura*...s. 1., 1697 and 1699.

(Leibniz) 'Erklärung der Arithmeticae binariae, welche vor 3000 Jahren bey den Chinesern im Gebrauch gewesen, und bisher bey ihnen selost vorlohren, neulich bey uns wieder funden worden', in *Curieuse Bibliothec*, 1705, pp.81-112.

(Leibniz) Kortholt, Christian(Ed.). *Viri illustris Godofridi Guilielmi Leibnitii Epistola ad diversos*...I-IV. Leipzig, 1734-1742.

Le Moyne, Etienne, *Varia Sacra, seu Sylloge variorum opusculorum graecorum*... Leiden, 1685.

Les deux cousines(Yu jiao li), translated by Abel Rémusat, Paris, 1822 and again by Stanislas Julien, 1864.

Levšin, B. V. (Ed.). *Avtografy učenych v Arkive Akademii Nauk SSSR* Moskow, 1978.

Leyser, Polycarp. *Apparatus literarius...ex omnis generis eruditione depromens studio societatis Colligentium*, Ⅰ-Ⅱ. Wittenberg, 1717-1718.

Li Zhuomin. *Li's Chinese Dictionary*(*Li Zhi Zhongguo Wen Zidian*). Hongkong, 1980.

Longobardi, Niccolo. *Traité sur quelques points de la religion des chinois.* Paris, 1701.

Reprinted in Kortholt's edition of Leibniz's letters, Vol. Ⅱ, 1735, 165-266.

Loose, Hans Dieter. *Berthold Heinrich Brockes* (*1680-1747*)*—Dichter und Ratsherr im Hamburg*, Hamburg, 1980.

Lundbæk, Knud. 'Chief Grand Secretary Chang Chü-cheng and the early China Jesuits', in *China Mission Studies (1550–1800) Bulletin*, Ⅲ (1981): 2–11.

——'Dr. Mentzels kinesiske Børnebog', in *Danmark-Kina*, December 1982.

——'Imaginary Ancient Chinese Characters', in *China Mission Studies (1550–1800) Bulletin*, Ⅴ (1983).

——'Notes sur l'image du Neo-Confucianisme dans la littérature européenne du XVⅡe a la fin du XIXe siècle', in *Actes du Ⅲe Colloque international de Sinologie*, Paris, 1983.

——'The first Translation from a Confucian Classic in Europe', in *China Mission Studies (1550–1800) Bulletin*, Ⅰ (1979): 1–11.

——'The Image of Neo-Confucianism in *Confucius Sinarum Philosophus*', in *Journal of the History of Ideas*, 44 (1982): 19–30.

——'Une grammaire espagnole de la langue chinoise au XVIIIe siecle', in *Actes du He Colloque de Sinologie*, Paris, 1980.

Magaillans, Gabriel de. *Nouvelle relation de la Chine*. Paris, 1688.

Mailla, Joseph Anne Marie de Moyriac de. *Histoire générale de la Chine*, Paris, 1777, 85.

Maizeaux, Pierre des. *Recueil de diverses pieces sur la philisophie ... par Messieurs Leibniz, Clarke, Newton, etc.* Amsterdam, 1720.

Marcianus. *Periplus of the Outer Sea*, in Yule, Henry: *Cathay and the Way thither*. London, 1913–1916.

Martini, Martino. *De Bello tartarico Historia*. Antwerp, 1654.

——*Novus Atlas Sinensis*. Amsterdam. 1655.

——*Sinicae Historiae Decas prima*. Munich, 1658.

(Martini, Martino?) 'Historiae Sinicae Decas secunda', in Thévenot's *Voyages*

Masson, Philippe. 'Dissertation critique ou l'on tâche de faire voir, par quelques exemples, l'utilité qu'on peut retirer de la langue chinoise pour l'intelligence de divers mots et passages difficiles de l'Ancien Testament' Vol. Ⅱ, pp. 96–153.

Continued with slightly varying titles in Vol. Ⅲ. pp. 29–106, and Vol. Ⅳ. pp. 29–69, in *Histoire critique de la Republique des Lettres tant anciennes que modernes*.

Utrecht/Amsterdam, 1712–1718.

Ma Yong, ' Martino Martini, pioneer of modern sinology ', in *Lishi Yanjiu* No.6 (1980): 153–168 (in Chinese).

Mémoire historique sur la vie et les ouvrages de Mr. Bayer ', in *Bibliotheque Germanique*, Vol.50, 1741, pp.99–113.

Mémoires concernant l' Historie, les Sciences, les Arts, les Moeurs, les Usages etc. des Chinois. Paris, 1776–1814.

Meniski, François Mesgnien. *Linguarum orientalium turcicae, arabicae, persicae Institutiones*... Vienna, 1680.

Mentzel, Christian. ' De radice Chinensium Gin-Sen ', in *Miscellanea curiosa sive Ephemerides med. phys. Germ. Acad. Caes. Leopold. Nat. cur* ... Dec. Ⅱ, Annus Ⅴ (1686), pp.73–79.

—*Kurtze Chinesische Chronologia oder Zeit-Register Aller Chinesischen Kaiser*... *auch mit zween Chinesischen erklärten Tafeln* ... *bezogen aus der Chineser Kinderlehre Siao Ul Hio oder Lun genande* ... Berlin, 1696.

——*Sylloge minutiarum Lexici Latino-Sinico-Characteristici*... Nuremberg, 1685.

Montfaucon, Bernard de. *Collectio nova patrum et scriptorum graecorum*. Paris, 1706.

Montucci, Antonio. *Urh-Chih-Tsze-Teen-se-Yin-Pe-Keaou*. London, 1817.

Moule, A.C. *Christians in China before the year 1550*. London, 1950.

Müller, Andreas. *Abdallae Beidavaei Historia Sinensis*. Berlin, 1678.

——*Alpha kai Omega-Alphabeta ac Notae diversarum Linguarum*... Berlin, 1703.

——*Anderer Theil des Catalogi der Sinesischen Bücher bey der Churfürstlichen Brandenburgischen Bibliothec*. Berlin, 1683.

——*Andreae Mulleri Greiffenhagii Unschuld gegen die heftigen Beschuldigungen*... Stettin, 1683.

——*Basilicon Sinense*, Berlin, 1679.

——*Besser Unterricht von der Sinenser Schrift und Druck*... Berlin, 1680.

——*Catalogus Librorum Sinicorum Bibliothecae Electoralis Brandenburgicae*. Berlin, before 1683.

——*Deutsche Übersetzung und Erklärung des zur Probe seines Sinesischen Schlüssels gnädigst fürgelegten Textes und Thematis aus den Sinesischen*

Jahrbüchern...Berlin,1683.

——*Excerpta manuscripti cujusdam Turci,quod ad cognitione Dei et hominis ipsius a quodam Azizo Nesephaeo Tartaro scriptum est* ... Berlin,1665.

——*Geographia mosaica generalis ex Genesios capite decimo.* Berlin,1689.

——*Hebdomas Observationum de Rebus Sinicis.* Berlin,1674.

——*Imperii Sinensis Nomenclator geographicus.* Berlin,1680.

——*Marci Pauli Veneti ... de Regionibus Orientalibus Libri Ⅲ ... itemque ... de Catajo...Disquisitio.* Berlin,1671.

——*Monumenti Sinici,quod anno Domini MDCXXV terris in ipsa China erutum... lectio seu phrasis,versio seu metaphrasis,translatio seu paraphrasis.* Berlin,1672.

——*Oratio Dominica Sinice cumque versione et notis itemque Oeconomia Bibliothecae Sinicae.* Berlin,1676.

——*Specimen Lexici Mandarinici ... uno exemplo syllabae XIM commonstratum* ... Berlin,1684.

——*Speciminum Sinicorum... Decimae de Decimis*... Berlin,1685.

——*Symbolae Syriacae sive Epistolae duo Syriacae amoebaeae* ... Berlin, 1673.

(Müller,Andreas) Ludeken,Thomas(pseudonym). *Oratio orationum...versiones praeter authenticam fere centum*... Berlin,1680.

Müller,August. 'Eröffnungsrede' (Andreas Müller), in *Zeitschrift d. Deutschen Morgenländishcen Geselschaft*,35(1881):Ⅲ-XⅥ.

Müller,Gerhard Friedrich. '*Chinesische Gesandten Ceremonielle*...' in *Sammlung Russischer Geschichte*, Ⅰ,pp.34-74,St Petersburg,1732.

——'De scriptis Thanguticis...',in *Commentarii Academiae Scientiarum Imperialis Petropolitanae*,Vol.Ⅹ,1742.

——*Materiali dlja istorii Imperatorskoi Akademii Nauk*,Vol.6,1725-1743.St Petersburg,1890(in German).

Mungello,David E.'Die Quellen für das Chinabild Leibnizens',in Studia Leibnitiana,Band XIV/2(1982),pp.233-243.

——*Leibniz and Confucianism—the Search for Accord.* Honolulu,1977.

——*Curious Land*: Jesuit Accomodation and the Origin of Sinology. Stuttgart, 1985.

——'The first complete translation of the Confucian Four Books in the West',in

International Symposium on Chinese-Western Cultural Interchange in Commemoration of the 400th Anniversary of the Arrival of Matteo Ricci in China. Taipei 1985, pp.515–541.

——'The Jesuits' use of Chang Chü-cheng's commentary in their translation of the Confucian Four Books (1687)', in *China Mission Studies* (1550–1880) *Bulletin*, Ⅲ, (1981): 12–22.

——'The reconeiliation of Neo-Confucianism with Christianity in the writings of Joseph de Prémare, S.J.' in *Philosophy East and West*, 26(1976): 389–410.

Navarrete, Domingo Fernandez. *Tratados historicos, politicos, y religiosos de la Monarchia de China...* Madrid, 1676.

Needham, Joseph. *Science and Civilisation in China*, Vol. Ⅰ–Ⅴ (10 volumes), Cambridge, 1954–1983.

Needham, Joseph and Lu Gwei-djen. *Celestial Lancets. A History and Rationale of Acupuncture and Moxa.* Cambridge, 1980.

Nessel, Daniel de. *Catalogus sive recensio specialis omnium codicum manuscriptorum graecorum nec non orientalium...* Vienna and Nuremberg, 1690.

Noël, François. *Observationes mathematicae et physicae in India et China facta...* Prague, 1710.

——*Sinensis Imperii Libri Classici Sex ...* Prague, 1711.

Ošanin, I.M. *Kitaisko-Russkii Slovar* (Chinese-Russian Dictionary). Moscow, 1952.

Paravey, le Chevalier de. 'Des patriarches anterieurs à Ty-Ko ou Noë ...', in *Annales de philosophie chrétienne*, Vol.XVI.1837, pp.115–134.

Pfeiffer, August. *Introductio ad Orientem...* Wittenberg, 1671.

Pfister, Louis. *Notices biographiques et bibliographiques sur les Jésuites de l'ancienne mission de Chine 1552–1773.* Shanghai, 1932.

Pinot, Virgile. *Documents inédits relatif à la connaissance de la Chine en France de 1685 à 1740.* Paris, 1932.

——*La Chine et la formation de l'esprit philosophique en France.* Paris, 1932. Plano Carpini, Johannes. *Liber Tartarum*, See Rubrouck.

Polo, Marco. *Travels*. English edition by Yule, Hentry: *the Book of Ser Marco Polo* ... London, 1871/1909.

Possevino, Antonio. *Bibliotheca selecta qua agitur de Ratione Studiorum*... Rome, 1593.

(Prémare) ' Lettre inédite du P. Prémare sur le monothéisme des chinois ', in *Annales de philosophie chrétienne*, Ⅲ (5, serie), 1861, pp.128-151.

——*Notitia Linguae Sinicae*. Malacca, 1831.

——*Vestiges de principeaux dogmes chrétiens tirés des anciens livres chinois*. Paris, 1878.

Rawski, Evelyn S. *Education and popular Literacy in Ch' ing China*. Ann Arbor, 1979.

Really, Conor. *Athanasius Kircher-Master of a Hundred Arts*. Rome and Wiesbaden, 1974.

Reeland, Adriaan. *Dissertationum miscellarium partes tres*. Utrecht, 1706-1707.

Rehbinder, C.M.V. *Ätten Rehbinder genom atta sekler*. Stockholm, 1925.

Remond de Montmort, Pierre. *Essay d' analyse sur les jeux de hazard*. Paris, 1713.

Rémusat, Abel. *Élémens de la grammaire chinoise*. Paris, 1822.

——*Mélanges asiatiques*... Paris, 1825-1826.

——*Nouveaux mélanges asiatiques*, Paris, 1829.

Renaudot, Eusèbe. *Anciennes relations des Indes et la Chine, de deux voyageurs mahométans*... Paris, 1718.

——*Historia Patriarcharum Alexandrinorum Jacobitorum*... Paris, 1713.

Ricci, Matteo. *Tianzhu Shiye* (*The true meaning of the Lord of Heaven*). Peking, 1603.

Roccha (Rocca), Angelo. *Bibliotheca Apostolica Vaticana*... Rome, 1591.

Roy, Olivier, *Leibniz et la Chine*, Paris, 1972.

Rubrouck, William of. *Travels*. English edition by Rockhill, William W.: *The Journey of William of Rubruck with two accounts of an earlier Journey of John Pian de Carpini*. London, 1900.

Rudbeck, Olaus sen. *Atland eller Manheim*. Uppsala, 1675.

Rudbeck, Olaus jun. *Specimen usus linguae gothicae*... Uppsala, 1717.

——*Thesaurus linguarum Asiae et Europae harmonicus*...Uppsala,1716.

Rule,Paul A.*K' ung-Tzu or Confucius? The Jesuits Interpreation of Confucianism.* Unpublished Ph.D.Dissertation,Canberra University,Australia,1972.

Sainte Marie,Antoine de.*Traité sur quelques points importants de la mission de la Chine.*Paris,1701.Reprinted in Kortholt' s edition of Leibniz' s letters,Vol. II , 1735,pp.267–412.

Saumaise (Salmacius) , Claude. *Plinianae exercitationes in Solini Polyhistoria.* Pairs,1629.

Scaliger,Joseph Justus.*Opus novum de Emendatione Temporum*,Paris,1583.

Semedo,Alvaro.*Imperio de la China* ... Madird,1642.

Sharpe,Gregory.*Syntagma dissertationum quos olim Thomas Hyde separatim edidit* ... with an *Appendix de Linguae Sinensi* by G.S.Oxford,1767.

Simon, Walter. ' The China illustrata Romanisations ' , in Egerod, Søren and Glahn, Else (Ed.) *Studia Serica Bernhard Karlgren dedicata*, Copenhagen, 1959.

Souciet,Etienne.*Observations mathématiques, astronomiques, géographiques, chronologiques,et physiques, tirées des anciens livres chinois; ou faites nouvellement aux Indes et à la Chine par les Pères de la Compagnie de Jésus.*Paris,1729–1732.

Spizelius,Theophilus.*De Re litteraria Sinensium Commentarius*...Leiden,1660.

Sutton,Geoffrey Howard.' Neun Briefe von Barthold Heinrich Brockes an unbekannte Empfänger' ,in Hans-Dieter Loose' s book on Brockes,see under Loose.

Tautz,Kurt.*Die Bibliothecare der Churfürstlichen Bibliothek zu Cölln an der Spree.* Leipzig,1925.

Texeira,Pedro.*Relaciones de Pedro Texeira*... s.1,1610.

Tentzel, Wilhelm Ernst. *Curieuse Bibliotec.* Frankfurt and Leipzig, 1704 – 1706. (Tentzel, Wilhelm Ernst) *Monatliche unterredungen einiger guten Freunden*, Leipzig,1689–1698.

Thévenot,Melchisédech.*Relations de divers voyages curieux.*Paris,1663–1672.

——*Veterum Mathematicorum Athenaei*...Paris,1693.

Thomassin,Louis.*Glossarium universale Hebraicum*...Paris,1697.

Trigault, Nicolas. *De Christiana Expeditione apud Sinas suscepta ab Societate Jesu*. Augsburg, 1615.

Uhl, I. L. (Ed.). *Sylloge nova Epistolarum varii argumenti Ⅰ - Ⅺ*. Nuremberg, 1760-1769.

——*Thesauri Epistolici Lacroziani Tomus Ⅰ - Ⅲ*. Leipzig 1742-1746.

Vasil'ev, V.P. *Graphic System of Chinese Characters: An Attempt at the first Chinese Russian Dictionary* (in Russian). St Petersburg, 1867.

Visdelou, A. and Galand, C. (Ed.). *Supplément à la Bibliotheque Orientale de M. D'Herbelot*. Paris, 1780.

Vossius, Isaac. *Variarum Observationum Liber*. London, 1685.

Waldeck, G.F. 'Le P.Philippe Couplet, Malininois.S.J.' in *Analectes pour servir à l'histoire ecclastiaque de la Beigique*, Vol. Ⅸ, 1872, pp.5-31.

Walton, Brian. *Biblia Sacra Polyglotta* ... London, 1653-1657.

——*Biblicus apparatus chronologico-topographico-philologicus* ... Zürich, 1673.

Webb, John. *A historical Essay endeavouring a Probability that the Language of the Empire of China is the primitive Language*. London, 1669.

Wienau, R. 'Sylloge minutiarum Lexici Latino-Sinico-Characteristici, in *Acta historica Leopoldina*, No, 9, 1975, pp.463-472.

Wiesinger, Liselotte and Kraft, Eva. 'Die chinesische Bibliothek des Grossen Kurfürsten und ihre Bibliothekare', in *China und Europa*, the catalogue of the Berlin Exhibition, 1973, pp.166-173.

Wilkins, John. *Essay towards a real character and a philosophical language*. London, 1668.

Witek, John W. *Controversial ideas in China and in Europe: A biography of Jean-François Foucquet (1665-1741)*. Rome, 1982.

Witsen, Nicolaas. *Nord en Oost Tartaryen*... Amsterdam, 1692 and 1705.

Wolff, Christian, *De Sapientia Sinensium Oratio*... Trevoux, 1724.

Yang Guanxian. *Pi Sie Lun (Bie xie lun)*. Peking, 1659.

Zacher, Hans J. *Die Hauptschriften zur Dyadik von G. W. Leibniz*. Frankfurt-on-Main, 1973.